全国医药卫生类院校精品教材

U0642296

康复医学概论

KANGFU YIXUE GAILUN

主　编　杜晓霞　桑德春　　刘　洁

副主编　刘浩阳　李晃金子　张金明

编　者（排名不分先后）

　　　　叶超群　田　伟　田　罡　刘根林

　　　　孙树梅　宋桂芸　张　璞　武建福

　　　　胡雪艳　高明明　景　蓉

中南大学出版社
www.csupress.com.cn
·长沙·

图书在版编目（CIP）数据

康复医学概论 / 杜晓霞，桑德春，刘洁主编. — 长沙：中南大学出版社，2019.7

ISBN 978-7-5487-3681-3

Ⅰ.①康… Ⅱ.①杜… ②桑… ③刘… Ⅲ.①康复医学—高等职业教育—教材 Ⅳ.① R49

中国版本图书馆 CIP 数据核字（2019）第 151307 号

康复医学概论

杜晓霞　桑德春　刘　洁　主编

□**责任编辑**	谢新元
□**责任印制**	易红卫
□**出版发行**	中南大学出版社
	社址：长沙市麓山南路　　　　　　邮编：410083
	发行科电话：0731 88876770　　　传真：0731-88710482
□**印　　装**	定州市新华印刷有限公司

□**开　本**	787×1092　1/16	□**印张** 15.5	□**字数** 346 千字
□**版　次**	2019 年 7 月第 1 版　□ 2019 年 7 月第 1 次印刷
□**书　号**	ISBN 978-7-5487-3681-3
□**定　价**	46.00 元

前言

现代康复医学作为一门独立学科始于 20 世纪 80 年代，在我国兴起和发展已有 30 多年的历史。目前国家卫生健康委员会启动了康复医疗服务体系建设和康复医疗能力建设的进程，康复医学快速发展，人民群众对康复医疗服务需求日益增长。加强康复人才的培养，重点环节仍然是教材、师资和质量。《康复医学概论》为教育部康复专业"十三五"规划教材之一。

本书的编写内容包括绪论，残疾学，康复医学基础，康复医学工作方式和流程，康复评定，康复治疗常用技术，康复医学科的管理，社区康复，康复医学科病历书写规范。其中，桑德春编写绪论，叶超群编写残疾学，杜晓霞、田伟编写康复医学基础，刘洁编写康复医学工作方式和流程，宋桂芸、张璞、高明明编写康复评定，刘浩阳、武建福编写康复治疗常用技术，景蓉编写康复医学科的管理，张金明编写社区康复，李晃金子编写康复医学科病历书写规范。杜晓霞主编负责全书的目录制定和总体内容设计。另外，由于篇幅限制，在康复医学科病历书写规范章节中，由刘根林、田罡等编写附件，我们将内容安排在本书配套的网络资源中展示。

本书的编写人员来自全国各学校及附属医院的康复科，临床和教学经验丰富，编者总结了多年的康复医疗和教学经验，并结合国内外的最新进展，深入浅出加以编著，尽量做到内容丰富，易于使用，注重科学性、先进性、理论性、知识性、专业性和实用性。本书编写过程中，学习并引用了康复医学界专家、学者的著作和文献，以参考文献的方式列于书后，在此一并表示感谢。

由于时间仓促，资讯范围所限，难免出现一些遗漏和不足之处，欢迎批评指正，也欢迎从事康复教育和临床工作的同道提出宝贵意见，在此表示衷心感谢。

杜晓霞　桑德春

目录

项目一
绪论

学习目标

1. 掌握康复的定义和全面康复的含义及内容。

2. 掌握康复医学的定义和康复医学的原则。

3. 了解康复医学的发展历程。

4. 了解健康、疾病、残疾与康复医学的关系。

随着社会的进步、科学技术的发展、公共卫生保健事业的完善，疾病的诊断和治疗水平显著提高，许多疾病得到有效的预防和治疗，延长了人类生命，老年人口不断增多。老年人的特点是易患病、易残疾，加之工业事故、交通事故、竞赛性体育运动事故、地震等因素导致残疾人数量越来越多。为了构建健康社会和解决残疾所带来的个人、家庭和社会等问题，康复与康复医学的理念和方法逐渐被人们认知。康复治疗的基本技术，作为康复医学的重要手段在残疾的预防和治疗过程中发挥着越来越重要的作用，被广泛应用。

▌ 任务一　康复的概念

一、康复的定义

康复（rehabilitation），由词头 re-，词干 habilis，词尾 action 构成。其中 re- 是重新的意思，habilitate 是使之得到能力或适应的意思，action 是行为或状态的结果。综合起来，rehabilitation 是表示重新得到能力或适应正常社会生活的意思。

1

"rehabilitation"这一词的应用有一个演变过程，起初并非用在医学上。在中世纪曾用于表示教徒违反了教规而被逐出教门，经过改造后又重新回到教会的情况，称为康复。也曾用于表示因犯刑满释放后重新回归社会。20世纪初引入医学领域，自1910年起在美国、英国等把康复正式用于残疾人的治疗上，用以表示残疾人重新适应正常的社会生活，恢复做人的权利和尊严的过程。

经过多年的研究、实践，康复的定义逐渐形成。1942年，在美国纽约召开的全美康复会上给康复下了第一个定义："康复是使残疾者最大限度地恢复其身体的、精神的、社会的、职业的和经济的能力。"

1969年，世界卫生组织医疗康复专家委员会给康复下的定义为："康复是指综合地和协调地应用医学的、社会的、教育的和职业的措施，对患者进行训练和再训练，使其活动能力尽可能地达到高的水平。"

以后，又经历了10余年的发展，康复工作者们一致认为，经过系统康复，残疾人应该达到的康复目的是：能够和健全的人平等地参与社会生活，即重返社会。因此，在1981年世界卫生组织医疗康复专家委员会上修订的康复定义为："康复是指采用各种有效的措施以减轻残疾的影响和使残疾人重返社会。"康复不仅是训练残疾人使其适应周围的环境，而且也需要调整残疾人周围的环境和社会条件以利于他们重返社会。在拟订康复实施计划时应有残疾者本人和他们的亲属以及他们所在的社区参与。

1993年，联合国的一份正式文件中提出："康复是一个促使残疾人身体的、感官的、智能的、精神的和/或社会生活的功能达到和保持在力所能及的最佳水平的过程，从而使他们能借助一切措施和手段，改变其生活，增强自理能力。"康复包括重建或恢复功能，提供补偿功能缺失或受限的各种手段。

1998年，著名康复医学专家Delisa从医学模式角度上提出："康复是一个帮助伤病员或残疾人在其生理解剖缺陷和环境条件许可的范围内，根据其愿望和生活计划，促进其在身体上、心理上、社会生活上、职业上、业余消遣上、教育上的潜能得到最充分发展的过程。"

综上所述，康复的定义是：康复指综合地、协调地应用医学的、教育的、职业的、社会的措施，对残疾人进行训练和再训练，消除或减轻伤、病、残者身体的、心理的、社会的功能障碍，改善生活自理能力，重新参加社会生活。康复是使残疾人恢复功能、恢复权利的过程。

需要指出的是，使残疾人的各种功能能够恢复到正常水平是我们追求的最高目标，但由于受残疾人病情、医疗条件等诸多因素的影响，相当一部分残疾人是无法达到这一目标的。因此，不能简单地把康复理解成伤病后完全恢复到健康的过程，这有悖于康复的真正含义。

实际上，受地区文化背景影响，对rehabilitation这一词的理解有所不同，仅从汉字的表述来看，中国香港地区译为复康，中国台湾省译为复建，应正确掌握这些词的使用。

归纳起来，康复内涵具有五个要素：①康复对象是指功能有缺失和障碍以致影响日常生活、学习、工作和社会生活的人群；②康复领域包括医疗康复（身心功能康复）、教育康复、职业康复、社会康复以及在业余消遣上帮助患者发展潜能等方面，以便促进残疾人全面康复；③康复措施包括所有能消除或减轻身心功能障碍的措施，以及有利于教育康复、职业康复和社会康复的措施，不但使用医学技术，而且也使用社会学、心理学、教育学、工程学、信息学等方面的方法和技术，并包括政府政策、立法等举措；④康复目标应同时考虑到可能性、可行性，在患者身体缺陷和环境条件许可的范围内，实事求是地拟订康复计划，积极运用各种手段，尽可能使残疾人或患者各方面的潜能得到最充分的发展；⑤提供康复医疗、训练和服务的不仅有专业的康复工作者，而且也包括社区的力量，而残疾人及其亲属也参与康复工作的计划与实施。

二、全面康复

（一）全面康复的含义

各种原因导致的残疾所带来的问题，不仅限于躯体功能障碍，还会影响到其参与家庭、社会生活。要想使残疾人恢复功能、恢复应该有的各种权利，就要把残疾人作为一个个体全面地考虑完成这一过程需要具备的条件。在康复工作中，全面地分析残疾所带来的问题，采取综合、有效的措施使残疾人得到完整康复，获得重返社会的能力，称为全面康复。

可以从两个方面理解全面康复的含义。一是对于某一残疾人的整体功能而言，从身体上、心理上、职业上和社会生活上进行全面的、整体的康复。康复的目标不仅是改善残疾人的肢体或脏器功能，更重要的是要面对整个人，解决由于残疾导致的所有问题。所以，可以把全面康复理解为整体康复。二是对于残疾人的康复工作内容而言，在医学康复、教育康复、职业康复和社会康复等领域都得到综合康复称为全面康复。也就是说，应该从医学、教育、职业、社会等多方面开展康复工作，以解决残疾人躯体上的问题、由于躯体损伤或疾病带来的参与家庭和社会的能力障碍。全面康复的概念两方面的含义是一致的，内容是统一的，残疾人只有得到各个康复领域的综合康复才能获得整体性的全面康复。

全面康复是现代康复的基本原则，应贯穿于康复医疗服务的始终，以保证残疾人能够得到真正的救助，使他们顺利地回归社会。全面康复有赖于国家政策、法规的支持，经济的发展，科技的进步，各学科康复工作者的共同努力。

（二）全面康复的内容

全面康复的内容包括医学康复、教育康复、职业康复、社会康复等。全面康复的四个内容在康复过程中所起的作用是不同的，但又相互联系。对于不同类型的残疾人所采取的康复方法和介入的时间也是不同的。一般情况下，医学康复首先介入，其他的康复工作在医学康复基础上进行，介入稍晚。社会康复持续时间最长，常贯穿于康复的全过程。但并非所有残疾人都需要这四个过程，某些残疾人可能不需要经过教育康复和职业康复就可以重返社会。

1. 医学康复（medical rehabilitation）　医学康复是指运用一切医学技术和方法对残疾

人进行康复诊断、功能评估、康复治疗等减轻因残疾造成的各种不利影响，实现康复目标。

医学康复是全面康复的第一步，是全面康复的基础，为全面康复提供必要的条件，是实现全面康复目标的根本保证。医学康复的手段是综合性的，包括手术、药物治疗、康复的基本技术（物理治疗、作业治疗、言语治疗、心理治疗、康复护理等）、辅助器具的应用等，同时需要残疾人和亲属的积极配合。医学康复涉及医学的各个领域，要求各专业的人员都要掌握康复医学的基本知识、基本技术，正确把握好康复的时机，尽早进行康复治疗，注意减少各种继发障碍，尽快和最大可能地改善其功能，提高生活自理能力，促进回归家庭和社会。

2. 教育康复（educational rehabilitation） 教育康复是使残疾人实现受教育的权利。针对各类残疾人，通过教育与训练的手段提高残疾人的素质和各方面的能力。教育康复的对象大部分是残疾儿童和残疾青少年。主要内容分为两个部分，一是对肢体残疾人进行的普通教育，如九年义务教育和中高等教育及职业教育。二是对智力残疾人、听力残疾人、视力残疾人、精神残疾人进行的特殊教育，如对盲人的盲文教育和对聋哑人的手语教育等。

教育康复应根据残疾人的身心特点和需求，进行思想品德教育、文化教育和自身缺陷补偿的教育，同时要加强劳动和职业技术能力的培养，为他们适应社会、参与社会打下良好基础。

教育康复应按照国家、各级政府的要求，教育部门、残疾人组织及其他各有关部门共同努力、协作才能顺利进行，是整体康复计划不可缺少的一部分。

3. 职业康复（vocational rehabilitation） 职业康复是帮助残疾人选择、提高适合自身特点的职业就业能力，获得就业机会的过程，包括对残疾后就业能力的评定、选择能够充分发挥其潜能的最佳职业、就业前的训练、决定就业方式、安排就业、就业后随访等。

选择职业工作是人的基本权力，通过劳动来实现人生价值和尊严。部分残疾人因残疾产生自卑、失去价值、依赖于人的感觉。从这种心态中解脱出来最有效的办法是能够恢复职业和就业。职业康复能有效地促进残疾人身心健康，减轻家庭、社会负担，使残疾人的社会生活更加完善。职业康复是残疾人自食其力、自立于社会的根本途径。

残疾人就业难度比正常人大，需要有政策和法律的保障、完善的管理系统、专业的职业康复机构、科学的职业康复程序等，才能使残疾人真正地掌握职业技能，获得就业机会。职业康复不是一个简单的工作安置问题，而是使残疾人确实能够达到具有适应某项工作的能力，并从事这项适当的工作。

4. 社会康复（social rehabilitation） 社会康复是指从社会的角度，采取各种有效措施为残疾人创造一种适合其生存、创造、发展、实现自身价值的环境，并使残疾人享受与健全人同等的权利，达到全面参与社会生活的目的。它与医疗康复、职业康复、教育康复共同形成全面康复的基本内容。

社会康复工作是一门综合运用医学、法学、社会学、工程学等现代科学所提供的知识与技能而形成的以应用为主的专业学科。它是调动社会力量来帮助有特殊困难的人们满足社会需求的一系列有组织、有目标的活动。残疾人是社会中的一员，社会的功能是满足其成员的生活与需求。社会应对残疾人提供帮助，减少和消除社会上存在的不利于残疾人回归社会的各种障碍，营造一个健康、和谐的社会环境。

社会康复的实现，一方面依靠残疾人自己的不懈努力，另一方面则依靠社会对其提供尽可能的帮助。社会康复是康复工作的一个重要方面，并与社会制度、经济发展水平及地域文化等密切相关。维护残疾人权利和尊严，帮助残疾人解决各种困难，改善生活和福利条件，充分参与社会生活，实现自身价值是社会康复的中心工作。

社会康复工作主要通过各种康复机构、社区、家庭来实现，社区康复的对象主要是残疾人。

社会康复的内容有四个方面。①协助政府制定法律、法规，维护和保障残疾人的合法权益。社会康复工作者既要认真贯彻、执行政府的法律、法规、政策，还要在调查研究的基础上向政府有关部门提出建议，协助政府制定法律、法规，以确立残疾人在社会中的平等地位和公正待遇。使残疾人的家庭生活、住房、交通、医疗、教育、文化生活、劳动就业、经济福利等方面都有着明确的法律保障，形成健全的法制环境，保障残疾人真正地回归社会。②改善残疾人经济环境。按照国家、各级政府的残疾人就业保障政策，为残疾人提供接受教育和培训的机会，提高他们的生活自理能力、就业能力和参与社会的能力，使他们获得最大限度的经济自给能力，减轻家庭和社会负担，成为对社会有贡献的劳动者。③消除残疾人在家庭中和社会中的物理性障碍。生活环境的物理性障碍给残疾人的生活造成许多困难，消除这些不利因素，是残疾人走向社会的重要一步。应该在残疾人的居所、公共建筑、道路、交通工具、工厂、学校、商店等公共设施中，根据各类残疾人的特点设计无障碍环境，方便残疾人的家庭和社会生活。④改善残疾人社会精神环境。帮助残疾人参与社会政治生活，维护其政治权利，是社会康复工作的重要内容。残疾人积极参与政治生活，不仅可以提高觉悟、提高政治地位，还可以改变人们的一些不正确看法，纠正社会上的错误观念。

宣传人道主义思想，加强精神文明建设，提高国民素质，消除歧视残疾人的观念，是改善残疾人社会精神环境的重要环节。建立理解、尊重、关心、帮助残疾人的良好社会风尚，形成健康、文明的社会环境，有利于帮助残疾人充分参与社会生活，实现其自身价值。

学习检测

康复的概念是什么？

任务二　康复医学的概念

一、康复医学的定义

康复医学（rehabilitation medicine）是主要利用医学的措施，治疗因外伤或疾病而遗留的功能障碍，并导致生活、工作能力暂时或永久性地减弱或丧失的残疾人，使其功能得到最大程度的恢复，为他们重返社会创造条件的医学学科。

康复医学是医学的一个重要分支，具有独特的理论基础、功能评定方法及治疗技术，旨在促进人体病、伤后的恢复，研究功能障碍的预防、评定、治疗等问题，帮助他们提高生活质量，回归社会。

残疾人康复工作的完成与康复医学有十分紧密的关系，但康复与康复医学不是等同的概念。康复是恢复残疾人的功能和权利的过程。而康复医学本质上是功能医学，它主要是研究患者的功能障碍、伴发功能障碍而产生的各种残疾，以及提高康复治疗效果、改善患者功能障碍、提高患者的生活自理能力。因此，这两个概念应加以区别，正确理解其含义（表1-2-1）。

表1-2-1　康复与康复医学的区别

	康复	康复医学
性质	综合性事业	医学学科
对象	各类永久性残疾人	暂时性和永久性残疾人
目的	恢复残疾人的功能和权力，使他们与健康人平等地重返社会	恢复残疾人的功能，为他们重返社会创造基本条件
方法	医学的、工程的、教育的、职业的、社会的	医学的、工程的
负责人员	从事医学、教育、职业、社会的所有康复工作人员共同完成	主要由从事康复医学工作的各类人员完成

在国际上，有的国家把康复医学称为物理医学与康复（physical medicine and rehabilitation），认为这两个名词是同义词。从这个名称可以理解为，康复医学是物理医学的原理、手段融入现代康复的理念和临床康复技术而形成的一个医学学科，但不等于是物理医学。

二、康复医学的对象、范围

（一）康复医学的对象

康复医学的对象主要是各种急、慢性疾病或损伤导致的功能障碍和能力减退的病伤残者、衰老所带来的功能障碍者、先天发育障碍的残疾人等。

临床医学是以疾病为主导，以治愈患者为目的的。康复医学是以恢复功能障碍为主，为回归社会的目标打基础。所谓功能障碍是指人体的组织器官和心理活动本应具有的功能不能正常发挥的状态，如脑血管病后的运动功能障碍、心肌梗死后的心功能障碍、慢性阻塞性肺疾病的呼吸功能障碍等。功能障碍分可逆的和不可逆的。一般的疾病经过治疗可得到痊愈，不导致功能障碍。有些疾病后可导致暂时的功能障碍，经过治疗后能够逆转。致残性的伤病，经过临床医学手段不可治愈的，可导致不可逆的功能障碍。功能障碍与伤病的关系大体可分为三种情况：与伤病共存的功能障碍；伤病后遗留的功能障碍；与疾病无关独立存在的功能障碍。这些功能障碍，存在于各个系统的各类疾病。因此，康复医学的服务对象涉及临床医学的各个学科。康复医学发展的初期，是以骨科和神经系统疾病康复为主，以后逐渐开展了慢性疼痛、心脏疾病、肺部疾病、癌症等多种疾病的康复治疗（表1-2-2）。

表1-2-2 康复治疗的主要病种

神经系统疾病	骨关节肌肉疾病	脏器疾病	其他
脑血管病	截肢与假肢佩戴	冠心病	精神分裂症
颅脑损伤	骨折	高血压	抑郁症
帕金森病	人工关节置换	周围血管疾病	神经症
吉兰－巴雷综合征	关节炎	慢性阻塞性肺疾病	人格障碍
去皮质状态	运动损伤	慢性肺源性心脏病	听力及语言残疾
缺氧性脑病	腰腿痛及颈椎病	糖尿病	智力残疾
周围神经疾病、损伤	脊柱侧弯	肥胖症	视力残疾
儿童脑性瘫痪	手损伤		肿瘤
脊髓损伤	进行性肌萎缩		疼痛
脊髓灰质炎后遗症	肩周炎		烧伤
			年老体弱者

按世界卫生组织的《国际残损、残疾、残障分类》(international classification of impairments, disabilities and handicaps, ICIDH)，功能障碍可分为组织器官水平的功能障碍、个体水平的能力障碍和社会水平的功能障碍三个层次。按照世界卫生组织颁布的ICF将这三种功能障碍统称为残疾。残疾可分为暂时性残疾和永久性残疾两类，残疾状态持续不到12个月为暂时性残疾，持续12个月及12个月以上时为永久性残疾。康复医学的对象应该是临床医学各科中患病后遗留暂时性和永久性残疾的所有患者。随着康复医学的发展，康复医学的服务对象会继续扩展，康复医学在人类防病、治病的过程中将发挥越来越重要的作用。

（二）康复医学的范围

1.康复医学范围与康复范畴的区别　前已述及，康复与康复医学是不同的概念，虽然两者之间有着很密切的关系，但用康复来表述康复医学是不确切的。康复的范畴很广，涉及医学康复、教育康复、职业康复和社会康复，康复医学只是其中的一个部分。医学康复的对象是各类永久性残疾人。康复医学的对象是暂时性和永久性残疾人。康复的方法包括医学、工程、教育、职业和社会等各个方面的手段，需要从事医学、教育、职业、社会的所有康复工作人员共同完成。康复医学则主要采取医学的手段，主要由从事康复医学工作的各类人员完成。

2.康复医学知识体系的构成 康复医学是一门综合性的医学学科，它的知识内容由康复基础学、残疾学、康复评定学和康复治疗学四部分构成。

康复基础学的主要内容包括人体发育学、运动学、运动生理学、神经系统解剖学、神经生理学、神经病理学、骨骼、肌肉系统解剖学等。

残疾学的内容包括残疾的相关理论知识及神经系统残疾学、循环系统残疾学、呼吸系统残疾学、运动系统残疾学、精神心理残疾学、功能障碍学等。

康复评定学的内容包括躯体功能评定、听力语言功能评定、心理功能评定、职业能力评定和社会功能评定等。

康复治疗学的内容包括物理疗法学、作业疗法学、言语治疗学、心理治疗学、康复护理学、文体治疗学、康复工程学、传统康复治疗学等。

3.康复医学的基本对策 康复医学本质上是功能医学，它主要是研究患者的功能障碍、伴发功能障碍而产生的各种残疾以及提高康复治疗效果、改善患者功能障碍、提高患者的生活自理能力。

康复治疗手段介入的时间，因疾病的种类、疾病的程度、患者的不同状态等而有所不同。但总的原则是只要患者病情稳定，无禁忌证，康复治疗越早越好。康复手段的介入，不仅是功能障碍形成以后，应该在障碍出现前就开始。康复介入可分几个步骤：第一步，通过康复知识的宣教、康复预防措施，防止造成残疾的疾病出现；第二步，一旦疾病出现，应采取积极有效的康复医疗措施避免或减少残疾的出现；第三步，如果出现残疾，应及时通过科学的康复治疗手段，限制残疾的程度，避免造成严重残疾，并解决由残疾带来的一切问题。只有这样，才能把康复医学的方法和措施应用到残疾的防治中去，这是一个很重要的医学观念。整体康复是康复医学的一个原则，采取的康复措施具有多学科性、广泛性和社会性，充分体现出康复医学具有生物、心理、社会的医学模式。

各种原因导致的功能障碍可表现在三个层面上，即器官水平的障碍、个体水平的障碍、社会水平的障碍。康复医学应针对不同层面的功能障碍，采取不同的对策进行处理。以脑出血为例，脑出血后肢体瘫痪为器官水平障碍；由于脑出血所致瘫痪、认知障碍、失语等原因，影响了患者生活自理能力等，使得这一个体存在了障碍，这种情况为个体水平障碍；这类患者除了躯体疾病外，还影响他们参与社会活动，即为社会水平障碍。对于器官水平的功能障碍在促进功能恢复的同时，还应对并发症、废用综合征、误用综合征、过用综合征等进行预防和治疗。对于个体水平的功能障碍，要在医疗措施的基础上，采取适应的代偿的措施。如用轮椅及其他辅助器等，以提高患者的整体功能和日常生活活动能力。对于社会水平的障碍者的对策，除了提高患者的个人能力外，还应改善生活和工作环境，进行适应社会生活训练，顺利地回归社会。对残疾儿童、少年应确保接受教育；对残疾成年人应促使就业；对老年人要使他们过有意义的生活，构造健康的社会生活环境。

三、康复医学的原则

康复医学的对象是暂时性和永久性残疾人。其目的是最大限度地恢复其功能，提高其生活自理能力，为实现重返社会的目标创造基本条件。做好这项工作应遵循以下基本原则。

（一）早期治疗的原则

早期治疗是指从疾病的预防、疾病或残疾发生后，早期介入康复医学的手段，以尽可能地避免或减轻残疾的出现，维护其最佳功能状态。

早期康复治疗，一方面对原发病进行处理，康复医学的方法尽早融入整个治疗过程中；另一方面要对并发症尽早进行康复医学方法干预，避免或减轻继发性残疾，特别是尽可能地减少废用综合征、误用综合征、过用综合征等的出现。

早期康复治疗的效果，已经被许多临床研究工作所证实。一般认为，只要患者病情稳定，没有康复治疗禁忌证，就应该尽早地进行康复治疗。早期康复医学治疗要与其他临床医学治疗同步进行，以提高整体治疗效果。

（二）主动参与的原则

主动参与有两个含义：一是把康复医学的理念和方法主动应用到各类疾病的治疗过程中，扩大康复医学的作用；二是在康复治疗中努力争取患者的主动参与，提高治疗效果。前者可实现康复医学治疗要与其他临床医学治疗同步进行，争取到治疗的良好时机，取得理想的治疗效果；后者能充分地调动患者的潜能，使得康复医学的技术和方法能得到更好的应用。

患者的主动参与，对顺利完成康复治疗起着非常重要的作用。可通过与患者和亲属交谈、健康宣教等形式获得患者的主动参与。即要详细了解患者的疾病情况、家庭情况、生活情况、参与社会情况、心理状态等为其制定合理的康复治疗方案和目标，又要让患者了解所患疾病及相关的一些知识、康复治疗的目的和方法、需要患者完成的内容等争取患者的积极、主动配合。

（三）功能训练的原则

康复医学是研究患者的功能障碍、伴发功能障碍而产生的各种残疾，以及提高康复治疗效果、改善患者功能障碍、提高患者的生活自理能力的学科。它更加关注的是伤病引起的功能变化，以恢复人体的正常功能为主要目的。这一目的的完成，需要采取各种方法进行功能训练，提高运动、感觉、言语、心理、日常生活、社会活动等各方面能力。

功能训练包括针对患者肢体或脏器功能训练、辅助器具使用训练、环境利用能力训练等多方面，使患者能够适应家庭和社会生活。

（四）整体康复的原则

康复医学是在整体水平上开展治疗的，把人体视为一个整体来研究功能障碍所带来的一切问题。以多学科的优势，在生物、心理、社会各方面进行全方位的治疗。

整体康复治疗包括两方面的含义：一是从医学角度上采取多学科、多专业合作的方式，针对伤病带来的各种问题进行处理；二是从全面康复的角度上采取医学、教育、职业、社会的各种方法，解决因残疾而带来的各种问题。

（五）团队方式的原则

康复医学的特点是多学科、多专业结合起来的小组工作形式进行康复治疗。康复医学所面临任务是艰巨、复杂的，任何单一的专业或学科均难以解决因伤病所带来的全部问题。因此，康复医学的实践中逐渐形成了多学科、多专业合作的团队工作形式，在残疾的防治工作中起到了非常重要的作用。只有采取这种工作方式，综合协调地发挥各学科和专业的作用，才有可能改善患者的功能，提高参与家庭、社会的能力，完成康复目标。

（六）提高生活质量的原则

生活质量又称生命质量，是指人们在躯体上、精神上及社会生活中处于一种完全良好的状态。提高残疾人的生活质量是康复医学重要的目标。这一目标是使残疾人在躯体上、心理上、社会上、职业上等全面地得到康复，能够像正常人一样的生活。

学习检测

全面康复包括哪些内容？

■ 任务三　康复医学的发展历程

一、国际康复医学发展历程

康复的概念应用于残疾人事业是 20 世纪初，直到 20 世纪中叶，康复医学才成为一门独立的学科。总体上看康复医学属于较为年轻的学科，但在发展的道路上却走过了一段漫长的历程。归纳起来，康复医学的发生、发展经历了萌芽期、形成期、确立期、发展期等几个阶段。

（一）萌芽期

1910 年以前为康复医学的萌芽期。人类自古就有利用自然因子（如日光、水、温度等）、身体运动、被动活动、牵引等各项措施来治疗伤病和强身健体的传统。公元前，希腊人利用温泉、日光、海水、矿泉、磁石、按摩等治疗慢性疼痛、风湿、损伤等疾患。公元1 世纪，古罗马采用运动、阅读、对话及音乐治疗心理障碍。

公元 2 世纪，希腊医生认为垂钓、造房、造船等劳动都可以用于治疗。公元 2 世纪后，Caeius Aurelianus 提出用滑轮悬挂肢体、步行训练、温泉中运动治疗瘫痪患者。

公元 5 世纪，英国神经学者 Caelius Aurelianus 提出通过主动与被动训练治疗各种瘫痪。

公元 16 世纪，Ambroise Parey 用动静结合的方法治疗骨折，通过运动疗法促进功能恢复。

公元 12 ～ 17 世纪，欧洲创立了许多大学，同时也建了许多医院，兴起了科学研究工作，作业疗法重新被人们重视，在应用于精神科领域的同时，还将骑马等娱乐性活动用于便秘、腹痛、痛风等内科系统疾病。

公元 18 世纪，Joseph-Clement Tissot 提出用作业疗法、医疗体操进行治疗。

公元 19 世纪，一些物理因子（光、电、磁等）应用到医学领域。这一阶段，初期的作业疗法、运动疗法、理疗等开始萌芽，精神残疾人的心理治疗、盲人和聋哑人的特殊教育、残疾人的职业训练等工作开始进行。

我国在春秋战国时代已将温热和按摩用于治疗疾病，汉代已用医疗体操或运动疗法来进行医疗保健，马王堆出土的《导引图》中已绘有医疗体操图多种，名医华佗的《五禽戏》是较早的医疗体操，用于健身强体。我国古代武术运动被视为世界上较早的运动疗法之一。这一阶段的主要治疗对象为轻型外伤后遗症、风湿性疾病、聋人与盲人的特殊教育等。

（二）形成期

1910 年至 1946 年为康复医学的形成期。这一期间两次世界大战和世界范围的脊髓灰质炎（小儿麻痹症）大流行产生了许多残疾人，也推动了康复医学的发展。

1910 年开始，康复一词正式应用在残疾人身上，人们开始关注残疾人的康复治疗。1917 年，最早的康复机构美国陆军身体功能重建部和康复部成立。同年成立了美国作业疗法振兴协会。

1918 年，美国国会通过了战伤者康复法，为战伤者创建了许多治疗设施，同时进行职业康复训练。1919 年，美国开设了波士顿作业疗法专科学校，随后其他地区也相继开办了此类学校，这些学校以后大多发展为大学。1920 年，建立了职业康复方法（smith-fess 法）。产生了对战伤者的治疗和职业训练的一些专用名词，如重建（reconstruction）、再调整（recondition）、再教育（reeducation）、恢复期护理（convalescent care）、康复（rehabilitation）等，同年美国成立了物理治疗师协会。

1920—1930 年，由于脊髓灰质炎的流行，许多医务工作者致力于脊髓灰质炎的治疗，出现了手法肌力检查法、增强肌力的运动疗法、矫形器等，物理治疗师的数量有所增加。1922 年，《作业疗法与康复》杂志诞生。1923 年，成立了美国作业疗法协会，同时发行了该机构的杂志 Archieves。1930 年，英国的第一所作业治疗师学校成立。

1932 年，英国成立了作业治疗师协会，美国作业疗法协会制定了教育、资格认定和会员注册方法，318 名会员在严格考核下登记注册。1934 年召开了第一次英国作业疗法会议。1938 年组织了第一次作业治疗师公认资格考试，作业疗法开始有组织地进行。

1942 年，全美康复讨论会给康复下出了第一个定义。1943 年，英国发表公告，公开承认了康复的概念。1944 年，《物理医学文献》杂志诞生，康复学术体系逐渐形成。第二次世界大战后出现的大量残疾人，进一步提高了社会对康复医学重要性的认识，促进了康复医学的全面发展。

（三）确立期

1947 年至 1970 年为康复医学的确立期。这一期间，开始建立了比较完整的康复医学理念，提出了多学科合作，让残疾人身体 – 心理 – 社会全面恢复的理论，并配合有一系列综合地、全面地训练技术和方案。康复医学的基本方法、康复医疗机构、康复医学学术组织、各种管理体系基本完善。陆续在西方国家建立起来一大批康复中心，并使康复医学在原有物理医学的基础上，发展成为一个新的学科

第二次世界大战期间及以后，以美国医学家 Howard.A.Rusk 为代表的康复医学先驱者们做出了出色的工作，确立了康复医学的地位。Rusk 教授首先在美国倡导创办了纽约大学医学中心康复医学研究所，直至今日，仍是世界最著名的康复中心和康复人才培训基地。

1947 年，美国物理医学会更名为美国物理医学与康复医学会，同时制定了康复医学专业医师的培养制度，出现了专业康复医师。1948 年，成立了世界物理治疗联合会（World Confederation for Physical Therapy，WCPT）。

1950 年，Rusk.H.A 等，将其治疗对象限定为运动功能障碍和部分内脏功能障碍者。将康复医学定义为从医学角度提供的康复手段，并以小组（team work）工作的形式向全美推广。同年，成立了国际物理医学与康复联盟（Internationnal Federation of Physical Medicine and Rehabilitation，IFPMR）。

1952 年，在英国，6 个会员国代表讨论制定了加盟该组织的条件、作业治疗师的教育标准及该组织的有关章程。《作业疗法与康复杂志》更名为《美国物理医学杂志》。

1954 年，成立了世界作业治疗师联合会（World Federation of Occupational Therapists，WFOT）。同年，《物理医学文献杂志》更名为《物理医学与康复文献》。1955 年，Rusk 教授在美国成立了世界康复基金会（World Rehabilitation Foundation，WRF）。1956 年，全世界注册了 52 所作业治疗师培养学校。

1922 年建立的国际伤残者协会于 1969 年更名为康复国际（Rehabilitation International，RI）。同年，成立了国际康复医学会（International Rehabilitation Medicine Association，IRMA）。

这一阶段，脊髓损伤康复获得了完整经验。治疗中枢性瘫痪的 Brunnstrom 技术、Bobath 技术、Rood 技术等神经生理学与神经发育学治疗方法得到广泛应用。康复工程的方法纳入康复治疗手段。心肺疾病康复开始进行，社区康复的概念逐渐形成。这些工作表明，康复医学的发展已臻成熟。

（四）发展期

康复医学的发展期为 20 世纪 70 年代以后。这个时期，在世界范围内康复医学的医疗、教育、科研诸方面都取得了很大的成就，康复医学正向深度发展，已进入神经康复、骨关节康复、内脏系统康复、慢性疾病处理、儿童康复、老年康复等各个领域。在伤病早期，如有功能障碍存在即有康复医学方法的介入，使患者得到及时的治疗，既治愈疾病又获

得良好的身体功能。康复医学已成为现代医学不可分割的一部分。现代康复医学和康复事业迅速发展，全面康复的技术水平有了极大提高，保健、预防、医疗、康复紧密结合，互相渗透，为人类的健康提供全面的服务。

这个时期，在世界范围内建立了大量的康复治疗、康复研究、康复教育等机构。许多国家通过立法的形式，保证了康复医疗工作的顺利进行。许多发达国家建立了康复医学数据库，各项康复治疗向着规范化方向发展。康复技术人员的培养、准入制度和方法日臻完善。康复医学的行业组织、学术组织，在康复医学的普及和发展中发挥了越来越重要的作用。

1976年，实现残疾儿童全面就读。1981年，定为"国际残疾人年"。1983年至1992年为国际残疾人10年，以"完全参加与平等"为宗旨，积极地推动了康复事业的发展。康复医学在残疾的防治工作中发挥着不可取代的作用，将为人们平等参与社会、构建和谐的社会氛围做出贡献。

二、我国现代康复医学发展历程

现代康复医学在我国起步较晚，20世纪80年代初引进了现代康复的概念。国内许多专业人员先后去国外学习带回了经验，并在原有的理疗学、医疗体育、疗养学以及相关临床医学的基础上建立、发展，使康复医学成为独立的学科。康复事业在政府高度重视下得到了迅速的发展。

1982年初，卫生部提出选择若干综合医院和疗养院试办康复医疗机构，通过试点逐步推广。1983年，开始筹建集临床、科研、教学为一体的专业康复机构——中国康复研究中心；中山医学院和南京医学院被确定为康复医学进修教育基地；卫生部与世界卫生组织合作在我国举办了首届康复医学培训班。同年成立了我国第一个康复医学专业学术团体——中国康复医学会。

1984年，卫生部科教司向全国高等医学院校发出通知，要求高等医学院校增设康复医学课程。1985年，中华医学会理疗学会更名为中华医学会物理医学与康复医学分会。1986年，成立了中国残疾人康复协会。同年成立了由21个政府部门和残疾人组织的负责人组成的"联合国残疾人10年中国组织委员会"。

1986年以后，《中国康复医学杂志》《中国脊柱脊髓杂志》《中国心血管康复医学杂志》《中国康复理论与实践》等相继创刊。

1987年，我国进行了首次全国残疾人的抽样调查，对全国残疾人的数量、残疾类型、残疾程度等进行了统计，为各项康复医学的开展提供了依据。

1988年国务院批准颁布实施了"中国残疾人事业五年工作纲要"。同年中国康复研究中心落成，全国民政系统康复医学研究会成立。

1989年12月卫生部颁布的医院分级管理（试行草案）中规定，各级医院均负责预防、医疗、保健和康复的服务任务，康复服务内容包括医院康复和社区康复两个方面。

1990年12月28日全国人大常委会通过了我国第一部"残疾人保障法"，自1991年5月15日开始施行。该保障法有总则、康复、教育、劳动、就业、文化生活、福利、环境、法律责任、附则,共计九章54条。该法全面地维护残疾人的合法权益,是发展残疾人事业,保护残疾人平等地参与社会生活,共享社会物质文化成果,发展康复医学事业的基本法律保障。在第二章中对康复的职责、指导原则、组织实施、人员培训和康复器具都有明确的规定。

1990年,卫生部、民政部、中国残疾人联合会共同组织编写了大型综合性康复医学专著《中国康复医学》。

1991年7月卫生部、民政部、中国残疾人联合会联合颁布了"康复医学事业'八五'规划要点"。1991年12月,国务院批转了中国残疾人事业"八五"计划纲要,提出了1991—1995年的总目标:进一步改善残疾人平等参与社会生活的物质条件和社会精神环境,缩小残疾人事业与国民经济和社会发展水平的差距,使残疾人参与机会增多,参与范围扩大,自身素质提高,生活状况改善。

1996年,卫生部颁布了《综合医院康复医学科管理规范》,对康复医学科的性质、功能、人员配置、设备和各项质量标准等有明确规定。同年国家颁布了《中华人民共和国老年人权益保障法》,其中对于设置老年人康复设施等也做了规定。

1997年,全国卫生工作会议提出为广大社区居民提供防治保康一体化的、高质量的基本医疗服务,为社区康复展现出了广阔的发展前景。

1998年人事部编印了《国家职业分类大典》,在卫生技术人员分类中新增设了"康复医学科医师"的项目。1999年人事部、卫生部关于《临床医学专业中、高级技术资格评审条件(试行)》的通知中,已把康复医学专业包括在所评审的专业系列中。

2000年,卫生部的各类医师考试与资格认定中包括了康复医师。同年,首都医科大学与中国康复研究中心合作成立了康复医学院;中国残疾人联合会与北京联合大学共同创办了北京听力语言技术学院。康复治疗专业开始纳入全日制高等教育计划。

2001年,第九届全国人民代表大会批准的《中华人民共和国国民经济和社会发展第十个五年计划纲要》,制定了"改革和完善卫生服务、医疗保障和卫生监督体系,发展基本医疗、预防保健、康复医疗"的卫生工作指导方针。

2002年,卫生部等六部委经国务院转批的《关于进一步加强残疾人康复工作的意见》提出了到2015年实现"人人享有康复服务"的工作目标。

2008年,重新修订了《中华人民共和国残疾人保障法》,为进一步开展残疾人康复医疗工作提供了法律依据。

目前,我国的康复医学及康复事业受到政府、社会和残疾人团体的高度重视,已形成了规范的管理体系,具有中国特色的康复事业在实践中不断的探索、创新,将逐步走向成熟,在与国际相接轨的道路上迅速发展。全国成立了各级康复医疗机构;相当一部分医科院校开设了康复医学课程,举办了各种有关康复医学的培训班;康复医疗技术的研究进一步深化;建立了各种康复学术组织,每年组织各种学术活动;出版了一些康复医学专著和译著以及多种康复医学杂志;加强了与国际康复医学界的学术交流。我国以中医传统的康复治疗理论和技术贡献于世,在世界康复医学界占有一定地位。

康复医学的知识体系有哪些?

▉ 任务四　健康、疾病、残疾与康复医学

一、康复医学理念与新医学模式

（一）康复医学理念

1.康复医学的整体观念　在本项目任务一已经介绍，康复（rehabilitation）这个词的产生和应用经历了漫长的过程，最终应用到医学上形成了"是综合地、协调地应用医学的、教育的、职业的、社会的措施，对残疾人进行训练和再训练，消除或减轻伤、病、残者身体的、心理的、社会的功能障碍，改善生活自理能力，重新参加社会生活。康复是使残疾人恢复功能、恢复权利的过程。"这样一个定义。从此定义中不难看出，对残疾人的康复，不是简单地改善其肢体状况或恢复脏器功能，而是把残疾人作为一个整体，全面地考虑由于伤病导致的躯体、心理、教育、职业、社会等问题，综合地进行处理，使之能够得到整体改善，达到像正常人一样生活在家庭和社会中的目的。

这里面提示了两个问题：伤病带来的问题是复杂的；与之相对应，需要用综合的措施解决复杂的问题。这就需要以人为主体的观念，分析和解决问题，这也是康复医学能够长期、持续发展的原因所在。

2.整体医学与康复医学　整体医学（holistic medicine）是在用整体主义指导医疗保健工作的过程中产生的，个人应该并能够通过自己的努力，获得身心健康和治愈疾病。整体主义起初是哲学的一个概念，强调每一个生活的有机体都是一个完整的实体，它比构成这一实体的各部分的总和更大、更重要。这一思想在医疗保健中得到了应用，建立了整体保健的理论和实践方法，对康复医学的发展产生了一定影响。

整体医学治疗的特点是：①从整体出发，身心治疗相结合，达到人体内外环境稳定、协调；强调自我保健的重要性，医务人员对恢复健康只起到促进作用；②治疗的对象是人，而不是疾病或症状；③要以人道主义精神对患者进行治疗，建立良好的医患关系；④吸纳各种传统的医学方法，主张使用不同于药物和手术的治疗方式；⑤强调调整生活方式是保持健康的关键。这些特点是与康复医学的基本原则相吻合的，康复医学也恰恰利用整体的治疗观念开展医疗工作。

3.康复医学的本质　康复医学主要以有功能障碍的患者和残疾人为服务对象。以恢复功能障碍为主要目的，为最大限度地提高生活自理能力、回归家庭和社会创造条件。

功能（function）是指组织、器官、肢体等的特征性活动。例如，手的功能是利用工

具劳动；下肢的功能是支撑身体和走路；胃的功能是消化食物；脑的功能是思维等。各种功能均有自己的特征，是不能互相替代的。功能障碍（dysfunction）是指人体的组织器官和心理活动本应具有的功能不能正常发挥的状态。功能和功能障碍是康复医学重点关注的问题，通过评估、训练、代偿、代替、适应等手段解决功能障碍，恢复功能。康复医学的理论正是围绕功能障碍和恢复的研究而形成的，在这一过程中产生了康复医学的功能观，康复医学的本质是功能医学。

康复医学和临床医学对功能的视点有所不同（表1-4-1）。从康复医学的角度看，功能是为达到一定目标而进行的一种有目的可调控活动。这种活动是维持人们日常生活、社会活动等所必需的。临床医学是以治愈疾病为主，以保证人的生存为主，在诊治过程中虽然也要从人的整体出发，但核心是考虑病理过程，治疗病理改变；康复医学是以病人为主体，以恢复功能和改善生活质量为目标，使残疾者最大限度地恢复功能，回到社会中去。

临床医学主要根据病史、体检、必要的实验室检查和影像诊断学依据，对患者做出明确诊断后，即由医师开具医嘱，由护士及相关人员执行。而康复医学则不同，通常以综合的、具有专门技能的多学科协作组的形式来完成，以解决因各种功能障碍所带来的复杂问题。康复治疗组由康复医师担任组长，由具有各种专门技术的人员如物理治疗师、作业治疗师、言语治疗师、康复护士、心理治疗师、社会工作者、康复工程人员等共同组成。在康复组中的各个成员相互协调，共同完成康复治疗。

表1-4-1　康复医学和临床医学对功能的视点区别

内容	康复医学	临床医学
功能水平	个体的、家庭生活的、社会的	分子的、细胞的、组织的、器官的
功能性质	复合的、综合的、心理的、社会的	生物的
功能评定	观察法、量表法、实验室方法	实验室方法
功能障碍的处理	功能训练、代偿、代替、行为适应、社会适应	临床治疗、人工器官或器官移植

（二）新医学模式

1. 医学模式的概念　人类与疾病的斗争过程中产生了医学。医学的持续发展需要遵循与之相关的基本规律和法则，需要建立符合自身特点的模式。模式是指在某一领域中科学地指导人们获取知识和解决问题的概念、假设、法则。医学模式（medical model）又称医学观，是在医学科学发展和医疗服务过程中，在某个时期形成的健康观和疾病观，是人们对待疾病和健康的态度或方式。医学模式引导着不同历史时期医学的发展和实践活动，指导人们进行防病治病，提高人们健康水平。

医学模式普遍存在于人们的思想中，不论是普通人还是医务工作者，都存在着对健康和疾病的认识，普通人的认识相对比较浅显而朴素，医务工作者则比较全面而深刻。从医学产生到现在，医学模式大致经历了神灵主义医学模式、自然哲学医学模式、生物医学模式、生物－心理－社会医学模式几个阶段，生物－心理－社会医学模式也被称为新医学模式。在新医学模式建立之前，应用的是生物医学模式。

生物医学模式（biomedical model）是人类在同传染病的斗争中形成的单因单果的疾病与病因关系的模式。生物医学模式使人们认识了特异性病原体，揭示了急性传染病的流行规律，懂得了如何去寻找疾病的病因，指导治疗。生物医学模式主要针对的是疾病，不对人。忽略了人的思想、心理、生活环境等与健康的密切关系，没有考虑到疾病导致的生物、心理、社会的全面问题。

生物－心理－社会医学模式（bio psycho social medical model）是从生物、心理、社会等方面来观察、分析、思考和处理疾病与健康问题的科学观和方法论，是随着社会经济发展和人口老龄化、慢性病、非传染病的增加，人们对病因的认识进一步提高。生物医学模式与生物－心理－社会医学模式在病因学、病理学、治疗学等方面的认识有所不同（表1-4-2）。

表 1-4-2　生物医学模式与生物－心理－社会医学模式

	生物医学模式	生物－心理－社会医学模式
病因学	生物－疾病	生物－心理－社会－疾病
病理学	病因－病理－症状	病因－残损－残疾－残障
治疗学	病因治疗 症状治疗	病因治疗－控制疾病 症状治疗 功能治疗
治疗目标	身体	身体－心理－社会

2. 医学模式的转变过程　医学科学的发展源远流长，经历了数千年的历史进程。医学模式的产生和转变受自然科学和社会科学发展的影响，人类进步过程中的世界观、方法论的不断发展必然对医学的发展产生重大影响，决定了医学模式的产生和发展。医学模式是在医学实践活动和医学科学发展过程中逐渐形成的，并随着社会的发展而不断转变、完善。

自然科学的高速发展和哲学观的变化，为医学提供了科学的思维方式，人们对疾病的认识由宏观到微观不断加深，逐渐产生了一些针对性的治疗方法，维护了人类健康，推动了医学进步。

早期人类和动物类似，主要靠身体本能来维持健康。不同的是人类已经开始意识到做某种事与治疗疾病有一定的因果关系。但他们还不能完全了解人体的结构和功能，认为疾病的发生和治疗都是由神灵控制的，所采取的治疗方式是对魔法和超自然力量的膜拜，以驱散想象中躲在头脑中的罪恶魂灵，这一阶段的医学模式是神灵主义医学模式。

以后出现了整体的观念对待病人的医学模式，即自然哲学的医学模式。这一模式的特点是以唯物论和辩证法来概括防治疾病的经验，解释疾病的现象，把人体及人体与环境的协调与适应视为统一的整体。古代的希腊医学就属于这一类型的模式，认为医生所医的不仅是病，是整体的人。因此，古代的医者在为人治病时很重视自己的一言一行对病人及其亲属心理上的影响。但由于条件所限无法探索生物病因，还难以控制和防治严重的疾病。

18世纪 Louis Pasteur 等细菌学家研究发现了导致疾病的细菌，形成了疾病细菌学理论，同时内科学、外科学、免疫学等取得了长足进步，医务工作者改变了以往的治病思维方式，把精力投入到基于精密科学实验程序的临床医学。到 20 世纪，人们认识到每种疾病都有明确的病因，治疗疾病的方法是采取生物学的方法控制和消除致病原因。促使医学的重点转向于通过研究人体在生物学方面的改变，产生了生物医学模式。这一模式的优点是理化和工程技术等应用到医学中，把实验和定量研究作为医学的基础，推动了临床医学的进步，同时也促进了解剖学、生理学、病理学、药理学、微生物学等基础医学的快速发展。

20 世纪后期，随着人类学、心理学、社会学的发展及其在医学中的应用，生物医学模式开始逐渐显现出其片面性和局限性。人们意识到人类的健康和疾病除了生物学因素外，还与心理和社会等因素有关。不良的心理状态和社会环境因素，可以引起生理功能改变和疾病的发生；同样，躯体疾病又可以导致心理变化和社会问题。单纯的生物治疗已经难以解决患者的所有问题，在防病、治病、康复过程中，都应该把人视为一个整体去考虑，从生物、心理、社会等多方面加以解决。也就是说，一个完整的个体，不仅是一个生物的人，这个人的生存还与心理、社会等多个因素有关。对待一个完整个体疾病的治疗，既要注意局部病变的病因、病理，还要重视心理、社会因素在疾病的发生、发展、转归中的重要作用；既要及时进行药物、手术等治疗，又不能忽略心理因素和社会环境因素的调整。生物－心理－社会医学模式正是在弥补生物医学模式的不足、全面反映人类健康与疾病的情况下诞生的。

生物－心理－社会医学模式的优势：①能够适应疾病谱和死因谱由烈性传染病向慢性非传染性疾病转换的防治工作；②能够满足人类对健康日益增长的需求；③能够帮助医学各学科之间的相互渗透，共同完成防病、治病的任务。生物－心理－社会医学模式的建立，将促使医学更全面地探明人类的躯体疾病和心理变化、社会环境因素之间的内在联系，更深刻地揭示人类维护健康与战胜疾病的科学本质，将促进康复医学的进一步发展。

二、康复医学与人类健康

（一）健康概述

1. 健康（health）的概念　由于自然环境和社会环境不同，人们对健康的认识有所不同。以往，人们把"无疾病"视为健康，这是片面的、不准确的。随着时代的发展、科学的进步，健康的概念在不断地转换，人们对健康有了新的认识。1948 年，世界卫生组织指出：健康不仅是没有患病或衰弱，而且是一种身体上、心理上和社会适应方面等的完好的状态。按照这个概念，健康至少包括三个方面的内容，即躯体健康、心理健康和社会健康。1990 年，世界卫生组织在上述内容基础上，把道德修养纳入健康的范畴。健康不仅涉及人的体能方面，也涉及精神方面，把道德修养作为精神健康的一部分内容。这是一个整体的、积极向上的健康观，揭示人们对健康的追求越来越完善、越来越科学、越来越现实。

（1）躯体健康：躯体健康（physical health）指人体结构的完整和生理功能正常。躯体健康是人类健康的重要组成部分，是人类健康的基础。健康的身体对人们从事社会活动、进行家庭生活是非常重要的，是征服自然和改造自然的必要条件。躯体健康与否，可通过三个方面来判断。

①形体健康：具有标准体格指数，无明显畸形。

②功能正常：循环系统、呼吸系统、消化系统、泌尿系统、内分泌系统、神经系统、运动系统等各系统功能正常。

③无疾病：经过问诊、体格检查、物理检查、实验室检查等未发现病理改变。

（2）心理健康：心理健康（mental health）指人们的心理行为能适应社会环境变化，能够按着社会要求的标准来实现个人的愿望，满足自己的生活。

心理健康是人类健康的重要组成部分。心理健康与生理健康密切相关，心理变化可引起一系列的生理变化。强烈或持久的负性情绪能引起生理器官或系统功能的失调，从而可以诱发躯体疾病；各种躯体疾病又可导致心理障碍。心理健康并不只是自我感觉良好，而且要与所生存的周围环境协调、适应。心理状态并不是一成不变的，可以在健康与不健康之间相互转换，在这种变化的过程中，心理的调整和治疗起到重要的作用。心理状态的调整需要与躯体疾病治疗同时进行，应正确对待和处理好两者之间的关系，保证康复的整体治疗的顺利完成。

评定心理健康可参考以下标准：①有自知之明；②有充分的安全感；③生活目标切合实际，能现实地对待和处理周围发生的事情；④能与周围环境保持良好接触，并经常保持兴趣；⑤能保持自己人格完整与和谐；⑥情绪豁达与控制适度；⑦具有从经验中学习的能力；⑧能保持良好的和适当的人际关系；⑨能在集体允许范围内做出适度的个性发挥；⑩能在社会规范之内使个人基本需求得到满足。

（3）社会健康：社会健康（social health）指个体人际关系的数量及其参与社会的程度。

人生活在社会中，不可避免地受到社会政治、经济、文化及自然环境等影响。在与人和社会环境的接触中，难免产生感情的冲动、孤独、紧张、恐惧、悲伤、失落、忧患等一些不利于健康的因素。某些因素会使人们在躯体和心理上难以承受，造成不同程度的身心损害。同样，躯体患病后，可直接或间接地影响参与社会的能力，造成各种社会不利。因此，在康复医疗过程中，既要考虑人的自然属性，又不能忽略人的社会属性。人类的健康需要生活在社会中的所有人的维护，要求个人不仅要珍惜和促进自身的健康，还要对他人的健康承担义务，共同维护人们赖以生存的社会环境。

一般认为，评定社会健康有三种方法：①评定承担各种社会角色的总能力；②评定承担1～2种特殊角色的能力；③评定社会支持的程度，即评定人际关系的各项内容。

社会健康评定的内容有：①有一定的社会适应能力；②有一定的社交能力；③能应付一定的紧张压力；④有和谐的人际关系；⑤生活目标切合实际，能现实地处理周围发生的问题；⑥能在社会规范之内恰当地满足个人的基本需求。

（4）道德修养：道德修养（moral cultivation）是人的道德活动形式之一，是个人自觉地将一定的社会道德要求转变为个人道德品质的内在过程。不同社会、时代和阶级的道德修养有不同的目标、途径、内容和方法。

道德修养是公民道德教育的基本内容，是社会发达的要求和原则。诚实、不欺骗、遵守诺言和公民道德规范，是人的一种最重要的品德之一，是一个社会赖以生存和发展的重要条件。道德修养对于唤起人们的道德意识、培养人们的道德品质、形成人们的道德行为，进而达到理想的道德境界，具有重要意义。道德修养必须是一个从认识到实践的不断反复的过程，从而不断地把道德原则、规范转化为人们的感情、意志和信念，并且认真贯彻到行动中去。在这个过程中，还要不断地反省自己的行为，从中获得新的认识，并再贯彻到行动中去，如此循环往复，不断提高。道德的功能是作为社会意识的特殊形式对于社会发展所具有的功效与能力。它集中表现为处理个人与他人、个人与社会之间关系的行为规范及实现自我完善的一种重要精神力量。因此，把道德修养纳入健康范畴，丰富健康内涵是合乎道理的。

道德修养的内容是健康者不以损害他人的利益来满足自己的需要，具有辨别真与伪、荣与辱、善与恶、美与丑等的是非观，按照社会行为规范约束自己的言行。良好的品质、平静的心态、善良待人、心胸坦荡、遇事处以公心有利于健康，而有悖于社会公德的人必定会惶惶不可终日，有害于健康。

2. 亚健康

1）亚健康的概念：亚健康（sub health）是介于健康与疾病之间的一种生理功能低下的状态，是身体在没有器质性病变的情况下发生功能性改变。这种状态，虽然没有明显的躯体、心理方面的疾病，但可出现反应能力下降、体力下降、适应能力下降等情况。

亚健康状态以往多发生在 18～45 岁之间，其中城市白领阶层，尤其是女性多见。这个年龄段的人，因为面临高考升学、人生道路的选择、学习、工作、人际交往、职位竞争、企业经营等激烈紧张的社会活动，长期处于紧张的压力环境中，如果不能科学地自我调节和自我保护，就容易进入亚健康状态。近些年来，45 岁以上的人群的发生率有逐渐增高的趋势，除了上述原因之外，与随着年龄增长自身功能减退有关。

2）亚健康的表现：引起亚健康的原因很多，归根结底与机体各环节失去平衡有关。人的机体是个平衡体，是由多种生理因素相互制约，保证了人体内外环境的统一，处于健康状态。如果这种平衡被打破，各个系统的调节功能不能较好地发挥作用，就会使人处于亚健康状态。目前，亚健康还没有明确的医学指标来诊断，而易被人们所忽视。一般来说，如果没有明确的病症，长时间处于以下的一种或几种情况，就可能是处于亚健康状态了。这些情况可表现在躯体、心理、社会适应不良等方面。

（1）躯体性亚健康：可表现为过早的出现腹型肥胖、脱发、斑秃、早秃、食欲不振、便秘、排尿次数增多、头痛、性能力下降、记忆力减退、计算能力下降、失眠、嗜睡、易疲劳、肌肉和关节酸痛等各个系统功能紊乱的表现。

（2）心理性亚健康：表现为做事经常后悔、易怒、烦躁、悲观、难以控制自己的情绪、注意力不集中、处于敏感紧张状态、恐惧、情绪低落、疑病、焦虑、抑郁等。

焦虑是一个人预料将会有某种不良后果或模糊威胁出现时而产生的一种不愉快情绪。焦虑往往是过于担心造成的，使自己长时间处于一种特定的紧张状态，是一切负面情绪汇合而成的恐慌情绪。焦虑会演变成许多躯体亚健康症状，如头痛、性能力下降、记忆力减退、月经紊乱、失眠、嗜睡、易疲劳、肌肉和关节酸痛、怕黑暗、怕噪声等。焦虑心理的具体表现：①整天感到危机来临，惶惶不可终日，寻找安全地方；②常失去理智，不能控制自己；③做事犹豫不决，怀疑自己的能力，一事无成；④有自我虐待和自我折磨倾向，希望被人重视；⑤过度敏感，有一点不良刺激就紧张，戒备心理强；⑥无法自拔，无病呻吟等。焦虑心理处于轻度状态是紧张，中度状态为亚健康，重度状态是病态，为焦虑症。

抑郁是一种悲哀、沮丧、郁闷的情绪体验，是一种不良的亚健康状态，如不及时调整会发展为抑郁症。抑郁心理有几种表现：①整天感觉不好，疲劳，情绪低落；②不积极对待生活和工作压力，心事重重，悲观失望，缺乏工作热情；③失去以往的兴趣和愉悦，心中只有仇恨；④睡眠障碍，起床后疲惫；⑤身体感到严重不适，出现莫名的疼痛；⑥严重者会出现厌世感、无助感、绝望感，有自杀倾向。

（3）社会适应不良性亚健康：表现为与别人之间的心理距离拉大，人际关系不稳定，与人交往频率减少，怕与人交往，厌恶人多，在他人面前无自信心，感到紧张或不自在。觉得别人都不好，别人都不理解你，都在嘲笑你或和你作对。事过之后能有所察觉，似乎自己太多事了，钻了牛角尖。出现孤独、冷漠、猜疑、自闭等现象。

3）亚健康的康复治疗：亚健康状态如果长期存在，轻者会影响人体神经系统、免疫功能、内分泌功能等的正常工作，重者会引起一些较严重的疾病，如心脑血管疾病、肿瘤、胃肠疾病以及心理疾病等。此外，人如果长时间处于一种非健康状态中，对工作、家庭生活、人际关系等都会有严重的负面影响。因此，亚健康应当积极地防治。

（1）克服不良生活习惯：吸烟、过度饮酒、高脂肪或过量饮食、缺少运动、睡眠不足等不良生活习惯都会使我们健康的身体逐渐转变成为亚健康状态，最后导致各种疾病发生。因此我们必须对上述不利于健康的不良生活习惯进行调整、加以克服。

（2）加强身心健康：心理压力过大，会导致心理失衡。神经系统功能失调、内分泌紊乱能引起亚健康状态乃至各种疾病。保持健康的心理状态，提高心理素质，是抵御亚健康状态和疾病的良好办法。因此，应该有科学的人生观、价值观，淡泊名利，加强心理素质和个人修养，调整好心理状态，预防身心疾病。

（3）消除疲劳、提高身体素质：经常感到疲惫不堪，是典型的亚健康状态。紧张的工作生活节奏，会造成体力和脑力的疲劳状态，疲劳是人体一种生理性预警反应，也是提示人们应该休息的信号。短时间地过度活动所产生的疲劳，经过休息是可以很快恢复的。但长时间的超负荷工作，再加上夜生活过多休息不好，就会产生疲劳的积累——过劳。过劳会损害身体健康，长期下去，会产生疾病。注意合理安排工作、生活，劳逸结合，而且有计划、针对性地进行身体素质锻炼，会提高对疲劳的耐受性，及时缓解疲劳，避免形成亚健康状态。

（4）提高自我保健能力：为预防或治疗亚健康，应学会自我保健、自我防护，及时避免或消除亚健康状态。首先找出躯体、心理、社会等方面的原因，及时进行处理、纠正。保证合理的膳食和均衡的营养。其中，维生素和矿物质是人体所必需的营养素，对人体尤为重要，应及时补充。由于不良的饮食习惯造成的高血脂、动脉粥样硬化，可配以服用鱼油、卵磷脂帮助身体调整脂质代谢能力。工作过于紧张的人，经常睡眠不好，可选用松果体素片协助调整睡眠状态、缓解疲劳。另外，调整心理状态、保持乐观向上的态度、调整生活规律、劳逸结合、增加户外活动等均有利于亚健康的防治。

（二）健康的属性

健康的属性分为生物属性和社会属性。

1. 健康的生物属性　健康的生物属性包括以下几个方面。

（1）身体健全：身体健全是指身体的外形正常，各系统器官的结构完整、功能正常。

（2）行为健全：行为健全指以正常的行为适应社会，在社会中能够与他人和睦相处，以良好的行为状态参与社会活动，服务于社会，贡献于社会。

（3）满足感：能够按照自己的意愿，在家庭和社会生活和工作。

（4）适应性：能够适应生存的环境，并有能力改变周围环境，维护环境的良好状态。

2. 健康的社会属性　健康是生物学问题，又是社会学问题。人作为社会的一分子具有社会属性。人的社会属性包括人的道德性、劳动性、相互依存性、社会交往性、合作性等。人类需要健康来完成这些属性，人的社会属性决定着健康的社会属性。人与人、人与环境、人与社会的协调统一是保证人类健康的基础和必要条件，如果破坏这种协调统一就会打破人类的健康平衡，导致疾病。

人类的健康与社会因素有着千丝万缕的联系，人类的健康可促进社会的发展，社会因素又可影响人类的健康，人类的健康状况被破坏后又可产生各式各样的社会问题。社会发展的核心是要满足人类对物质生活和精神生活的追求与享受，满足人类赖以生存的各种环境的需求。健康的社会性，涉及物质文明、文化教育、生活方式、人际关系、婚姻和家庭、风俗习惯、宗教信仰等与健康的联系及对健康的影响。因此，应该正确地理解和把握健康的社会属性，深入研究健康的各个相关因素，为促进人类健康，构建和谐、向上的人类社会做出贡献。

（三）康复医学与人类健康维护

1. 维护人类健康的医疗卫生服务系统　医疗卫生服务体系由三部分组成，即维持与促进健康的医疗卫生服务保健系统、疾病救治的医疗卫生服务系统、康复治疗的医疗卫生服务系统。

保健系统是通过健康教育、心理咨询、家庭保健等预防医学措施，避免造成残疾的疾病出现，提高人们生活质量，即残疾的一级预防。疾病救治系统的主要功能针对急性病和慢性病，采取积极有效的临床治疗措施，控制和治疗已发生的疾病，避免残疾出现，即残疾的二级预防。康复系统的主要功能是疾病得到救治后，通过康复医学的各个专业手段，帮助患者改善因疾病所致的各种功能障碍，避免轻度残疾发展为严重残疾，提高患者的生活自理能力，重返家庭和社会，即残疾的三级预防。残疾的各级预防是通过康复医学的手段完成的，以此可见，康复医学的方法已经渗透到维护人类健康的医疗卫生服务的各个系统。各医学专业的方法相互连接，共同完成健康的维护和疾病的治疗。

2. 康复医学在维护人类健康中的作用　康复医学是一门新兴的综合性医学学科，是现代医学科学的重要组成部分，它以研究解决功能障碍为核心，以严重危害人类健康的重大疾病、损伤等导致的功能障碍者为服务对象，以提高病残者生存质量并重返社会为宗旨，顺应了经济发展和社会进步的需求，是医学科学发展的必然趋势，在维护人类健康中占据十分重要的地位，发挥不可替代的作用，具体表现在以下几个方面。

（1）在人类健康的保健体系中发挥作用：随着康复医学的发展，康复医学的手段已经不再局限地应用在残疾的治疗过程中，而是从残疾的预防就开始应用。这一阶段主要是通过康复知识的普及、宣教，为健康人或亚健康人制定合理的运动、生活、工作方式，延缓人类衰老，提高健康水平和生活质量，预防造成残疾的疾病出现。

（2）在影响人类健康的疾病治疗中发挥作用：康复医学的重点是要解决伤病所致的各种功能障碍，这些问题是传统的临床治疗方法难以解决的，它可有效地预防或减轻残疾的发生或程度，增强人类的健康状态，提高生活质量。

（3）在造成人类健康水平下降的残疾治疗中发挥作用：康复医学的主要对象是各类残疾人。残疾的出现直接影响了残疾人的生活质量和参与家庭、社会的能力。康复医学的治疗方法可改善残疾人的各种功能，提高他们的日常生活能力，促进他们回归家庭和社会，这是其他治疗方法所不能做到的。

（4）维护人类健康的权益：康复医学的主要目的是要解决因伤病所致的各种能力下降，人人具有健康和平等生存在社会中的权益。康复医学对增进人类健康，起着非常重要的作用。

三、康复医学与人类疾病

（一）疾病概述

1. 疾病的概念　疾病（disease）是在一定病因作用下自稳调节紊乱而发生的异常生命活动过程，并引发一系列代谢、功能、结构的变化，表现为症状、体征和行为的异常。一定的原因造成的生命存在的一种状态，在这种状态下，人体的形态和（或）功能发生一定的变化，正常的生命活动受到限制或破坏，在不同的阶段表现出相应的症状，这种状态的结局有恢复正常、长期残存、死亡三种情况。

2. 疾病的种类

（1）传染性疾病：传染性疾病是生物病原体引起的疾病。病原体包括病毒、立克次氏体、细菌、真菌、原虫、蠕虫、节肢动物等。由于病原体均具有繁殖能力，可以在人群中从一个宿主通过一定途径传播到另一个宿主，使之产生同样的疾病。烈性传染病常可造成人员大批死亡。现在发达国家的死因分析中传染病占1%以下，中国约为5%。

（2）非传染性疾病：随着传染病的逐渐控制，非传染性疾病的危害相对地增大，人们熟悉的肿瘤、冠心病、脑出血等都属于这一类。在中国大城市及发达国家中这些疾病在死因分析中都居于前三位。非传染性疾病按成因分为以下几类。

①遗传性疾病：指受精卵形成前或形成过程中遗传物质改变造成的疾病。

②物理和化学损伤所致疾病：损伤可以是急性的，如化学物质的中毒、烧伤等，其症状、体征可以立即显示出来，病因十分清楚；也可以是慢性的，需经过多年，甚至下一代才表现出来，这种病因需经调查研究才能确定。人类的慢性中毒可出现于天然状态下，如饮用水中含氟量过高，可造成斑釉，甚至影响骨质生长，形成氟骨症。但更多的疾病是人为造成的，许多职业病和公害病，如硅肺、有机汞中毒引起的水俣病等。许多药源性疾病也是一种化学损伤。物理因素可造成冻伤、烧伤、电击伤、放射性损伤、高原病、潜水病等。

③免疫源性疾病：指免疫反应紊乱所致的疾病，可分为两大类：一是对外部或环境中某种抗原物质反应过强；二是免疫系统对自身的组织或细胞产生不应有的免疫反应，称为自身免疫。

④异常的细胞生长所致疾病：这类疾病是造成死亡的常见疾病之一。细胞的不正常生长称为增生。增生时细胞的形态并未改变，仍具有原来细胞的功能，如甲状腺细胞增生，引起甲状腺增大，分泌甲状腺素过多，出现甲状腺功能亢进。一般增生都由激素或慢性刺激引起，人体内正常细胞的增殖有一定限度，到了这个限度就停止增殖。增殖的调节机制削弱，就出现细胞的增生；而这一调节机制完全丧失就导致肿瘤。

⑤代谢病和内分泌疾病：包括先天性和后天性代谢病和内分泌疾病。

⑥营养性疾病：包括营养不良和营养过剩导致的疾病。

⑦老年性疾病：老年人由于存在有衰老的因素，往往很难区分随年龄增长引起的退化和老年性疾病引起的表现。因此，老年人疾病已经形成了独立系统的疾病。老年人最常发生问题的部位是心脏、血管和关节。老年人的抵抗力减退，容易发生感染、创伤。

⑧心因性疾病：亦即精神障碍。可分为器质性及非器质性心因疾病两大类。器质性心因性疾病有明显的遗传倾向，特别是精神分裂症，常有家族史。非器质性心因性疾病是人面临生活中的压力而表现出来的精神症状，常见的是焦虑和抑郁。非器质性心因性疾病可由全身各个系统疾病引起，除了原发疾病的临床表现外，还有心因疾病的症状。

（二）康复医学在疾病治疗中的作用

1.康复医学在疾病的系统治疗中发挥作用　康复医学是医学的分支，所采用的方法是医学学科中的专门技术，是使由于伤病导致功能障碍者的潜在能力和残存功能得到充分发挥的医学科学体系。

由于疾病的特点和各个医学学科的局限性，决定了康复医学与其他临床医学有着不可分割的联系。绝大多数疾病会出现不同程度的功能障碍，在其临床治疗过程中需要康复治疗的参与。由此看来，康复医学的治疗方法已经融入疾病的治疗中。

从另外一个角度讲，康复医学的治疗手段是综合性的，需要多学科的合作，采取综合措施才能起作用。特别是疾病的早期治疗，包括药物、手术治疗的成功与否，对以后的系统康复治疗效果有着非常重要的影响，这些方法可贯穿在康复治疗的始终。例如，对脑出血的患者，急性期可通过手术清除血肿、药物活化脑细胞等治疗；康复治疗在患者病情稳定后开始介入；系统康复治疗过程中同样需要药物进行调整，加强整体治疗效果，对诸如足下垂等情况，必要时需要手术进行矫治。所以，康复医学的方法与其他医学专业的方法在疾病的治疗过程中是相互渗透，相互联系的，共同完成治病的任务。临床学科的发展，促进了康复医学的发展；同样康复医学的发展，也推动了临床学科的发展。

2. 康复医学在疾病治疗中具有特殊性　康复医学已经作为一门独立的学科，主要研究和治疗各种功能障碍，如神经系统功能障碍、言语功能障碍、循环功能障碍、呼吸功能障碍、运动系统功能障碍等。这些功能障碍是由疾病所引起的，即可以是存在的，也可以是潜在的；可以是可逆的，也可以是不可逆的；可以是部分的，也可以是完全的；可以与疾病共同存在，也可以独立存在等。解决这些问题，需要采取康复医学的特殊手段，如物理疗法、作业疗法、言语疗法、心理治疗、社会康复等，发挥其在疾病治疗中的特殊作用。

康复医学涉及各个系统疾病，在与其他各学科的密切联系过程中，逐渐形成了神经康复、骨科康复、儿科康复、老年康复、肿瘤康复、心脏康复、呼吸康复等多个康复医学分支，共同构成了康复医学体系。疾病治疗的临床治疗阶段也恰是康复治疗的阶段，两者的协同作用是疾病得以恢复的必要条件。

康复医学的特殊性决定了它与临床医学的区别。临床医学治疗的主要目的在于挽救生命、消除病因和逆转疾病的病理过程，采取的主要方法是药物、手术等。康复医学治疗的主要目的是恢复因伤病所致的各种功能障碍，预防继发性残损，提高生活自理能力，促进回归家庭和社会。采取的主要手段是多学科、综合性的，针对的病种是多系统的。因此，康复医学具有多科性、广泛性、社会性的特征。目前普遍认为，康复治疗最好在疾病发生后，估计出现功能障碍之前就开始进行。早期康复治疗有利于促进患者整体功能及早恢复。

3. 康复医学在疾病治疗中的内容

（1）针对原发损伤的治疗：大量基础和临床研究证明，康复医学的治疗方法不是简单的运动，它是依据疾病的发生、发展规律形成的科学治疗方法。这种方法对原发疾病造成的损害有明确的治疗作用。例如，康复医学的方法对脑血管病所致的偏瘫、言语功能障碍、认知功能障碍等均有治疗作用，而这种治疗作用是大脑功能恢复的直接结果，其恢复机制与中枢神经系统可塑性和功能重组有关。

（2）对继发损伤有防治作用：康复医学的治疗方法对预防和治疗疾病后各种原因造成的继发损伤有较好的效果。这些继发损伤包括废用综合征、误用综合征等。

废用综合征（disuse syndrome）是指长期卧床不活动或活动量不足或各种刺激减少的患者，由于全身或局部的生理功能衰退而出现继发性结构、功能障碍，如肌萎缩、骨萎缩、骨质疏松、关节挛缩、体位性低血压、静脉血栓、坠积性肺炎、压疮等（表1-4-3）。这些问题可造成机体的二次损伤，严重时会形成继发性残疾，应加强防治。多数废用综合征是可以用合理的康复方法预防的，废用综合征的防治应从疾病的早期开始。

误用综合征（misuse syndrome）是指不正确、不科学的治疗方法导致的人为的继发性损害，如治疗方法不得当造成肌肉、关节、韧带损伤，痉挛加重，错误的运动形式出现等，这种情况可以通过正确的康复治疗方法预防和治疗。

康复治疗的早期介入可以有效地减少许多可能发生的并发症，对提高患者的整体治疗效果，促进其功能恢复具有十分重要的意义。

表 1-4-3　常见的废用综合征

1	运动系统	肌力下降、肌萎缩、骨质疏松、关节挛缩
2	循环系统	运动耐力下降、体位性低血压、静脉血栓
3	呼吸系统	换气障碍、坠积性肺炎
4	消化系统	食欲下降、便秘
5	泌尿系统	泌尿系结石、膀胱炎、肾盂肾炎
6	精神神经系统	抑郁状态、瞻妄、神经反应下降
7	皮肤	压疮

四、康复医学与人类残疾

关于残疾的概念、残疾的分类及一些相关问题将在项目二中介绍，本部分重点叙述残疾对人类的影响、康复医学对残疾的预防和治疗作用。

（一）残疾对人类的影响

残疾多是由伤病造成的。它可以与伤病同时存在，也可以发生在伤病之后。前者是残疾与疾病共存的功能障碍，这种功能障碍随着伤病的控制可以逐渐恢复；后者是伤病后遗留的功能障碍，给患者带来各种不利。残疾也可以与伤病无关，是独立存在的功能障碍，如先天性畸形或肢体、脏器缺失等。各种情况所致的残疾对人类的影响基本是相同的，一般有以下几个方面。

1. 对残疾人本身的影响　残疾可导致残疾人器官水平的功能障碍，对躯体造成直接影响，如脑血管病人的肢体运动功能障碍。残疾对残疾人的个体产生影响，造成他们生活自理能力下降，给日常生活带来不方便。残疾对残疾人参与社会产生影响，使他们学习、工作、经济收入及参与其他社会活动能力下降，产生社会不利。这些不利因素的影响，最终导致的结果是残疾人的生活质量下降。

2. 对残疾人家庭的影响　残疾人作为家庭的一员，他所发生的问题不仅是个人问题，不可避免地要产生家庭问题。许多残疾人需要家庭成员照料，使得家庭关系发生了变化，残疾人在家庭中的角色发生了变化，增加了家庭的负担。

3. 对社会的影响　残疾人是社会的一分子，残疾后除了可以影响残疾人参与社会外，也同样会给社会带来影响。社会需要根据残疾人的实际情况，制定相应的政策、法规，组织相关的人力、物力、财力去解决残疾人生活、学习、工作等问题，恢复残疾人的各种权利。

针对这些影响，如何预防残疾的出现、改善残疾人的躯体功能、提高生活自理能力、减轻家庭和社会负担是摆在康复医疗工作者面前十分艰巨的任务，也是康复医学的重要工作内容。

（二）康复医学对残疾的预防作用

残疾预防是指伤、病、残发生前后采取措施，防治残疾发生或减轻功能障碍的程度。残疾的预防是康复医学的重要内容，是减少残疾的有效手段之一。残疾的预防应在残疾的发生、发展过程中不失时机地进行，应在人类出生、发育、成熟、衰老的不同时期进行。残疾预防即康复预防，与康复治疗互补，是康复医学的组成部分。我国医疗卫生工作的方针是预防为主，残疾人的康复医疗工作也同样遵守这一原则。残疾的预防对保障人民健康、保护人力资源、提高人体素质、推动社会发展具有十分重要的意义。

人类的残疾具有发生的普遍性、后果的严重性、预防的可能性的特点。残疾并不是注定要发生的，随着人们预防意识的加强、科学的进步、康复医学的发展，会有更多致残因素得到控制，残疾得到预防。

残疾预防从层面上分一级预防、二级预防、三级预防。一级预防的主要目的是预防造成残疾的疾病出现；二级预防的主要目的是疾病发生后，防止残疾出现；三级预防的主要目的是残疾出现后，防止发生严重残疾。

预防医学和康复医学的技术在残疾的预防过程中是相互渗透、相互联系的。一般的预防手段失去作用后，康复医学的方法就显得尤为重要，并贯穿在残疾三级预防的全部过程中。大量的临床实践证明，康复医学的方法可减少造成残疾的疾病出现、疾病出现后可减少残疾的出现、残疾出现后可减少严重残疾的出现，这是其他方法不可替代的。

（三）康复医学对残疾的治疗作用

1. 对各种疾病所致残疾的治疗作用　康复医学的主要研究和治疗对象是各种类型的残疾人，康复治疗的范围包括肢体残疾人、智力残疾人、视力残疾人、听力语言残疾人、精神残疾人等。

躯体疾病所致残疾方面，除了肢体残疾外，对各种脏器疾病所致功能障碍也有较好的治疗效果。例如，在神经系统疾病中的脑血管病、颅脑损伤、帕金森病、吉兰－巴雷综合征、去皮质状态、缺氧性脑病、周围神经疾病、儿童脑性瘫痪、脊髓损伤、脊髓灰质炎后遗症等；骨关节肌肉疾病中的截肢与假肢佩戴、骨折、人工关节置换、关节炎、运动损伤、脊柱侧弯、肩周炎等；脏器疾病中的冠心病、高血压病、周围血管疾病、慢性阻塞性肺疾病、慢性肺源性心脏病、糖尿病、肥胖症等；其他方面疾病中的肿瘤、疼痛等疾病所致的残疾等都已有了较好疗效和治疗经验。

康复医学对各类残疾的治疗手段是康复医学所特有的，方法是综合性的。其基本方法有物理治疗、作业治疗、语言治疗、心理治疗、中医治疗、康复工程、康复护理及残疾人的特殊教育或训练等。治疗目标是限制或降低残疾程度，克服由于残疾所导致的各种障碍，改变残疾造成的不利状态。

随着科学技术的发展、康复治疗技术的更新，康复医学的治疗谱会不断扩大，在各种疾病所致残疾的治疗中必将发挥越来越重要的作用。

2. 对残疾整体治疗的作用　残疾所带来的问题涉及身体、心理、精神、家庭、职业、社会等多方面，也体现出残疾治疗的整体性。要想达到有效的康复治疗目的，必须有针对性的采取各种康复措施，包括医学的、工程的、教育的、职业的、社会的等一切可利用的手段和方法，致力于功能水平的全面提高。这些治疗措施组成了康复治疗的主要内容，构成了康复工作的领域。由于残疾的多样性，决定了康复措施的多学科性和综合性。

　　康复医学是残疾整体治疗的基础，与教育康复、社会康复、职业康复的方法结合构成了残疾的整体治疗体系，是残疾人生活自理、回归家庭和社会的必要条件。康复医学能够在残疾的整体治疗中发挥重要作用，其原因是康复医学的方法可以解决残疾人身体、心理、精神等方面的问题。而教育康复、社会康复、职业康复的前提是需要残疾人有能够适应这些训练的身体基础。康复医学的特殊手段，决定了在残疾整体治疗中的特殊地位。医疗康复的治疗效果，决定了残疾人的康复治疗周期和其他康复手段的介入时机，影响着其他康复治疗的成效，但在残疾的整体治疗中不是孤立存在的，是与教育康复、社会康复、职业康复的方法相互联系、密切配合，共同完成残疾整体治疗的目标的。

学习检测

　　叙述康复医学对残疾整体治疗的作用。

项目二
残疾学

学习目标

1. 掌握残疾的基本概念，ICF 的结构和内容，中国残疾分类标准，残疾的三级预防，康复目标及对策。

2. 熟悉常见致残原因，知道 ICIDH 分类标准及其与 ICF 的区别。

3. 了解残疾流行病学的研究内容和方法，以及中国残疾人现状。

残疾（disability）是全球性普遍存在的社会问题；是康复医学产生的基础和发展动力。全面深刻认识残疾将有助于预防残疾、减轻或消除残疾、促进残疾人康复，是康复医学的重要内容。

■ 任务一　概述

案例导入　◆

姚先生，35 岁，大学教师，车祸致胸 12 椎体爆裂骨折，经骨科医师行胸 12 椎体骨折脱位复位内固定术后，转入康复科行康复治疗。

思　考

1. 姚先生会发生残疾吗？其残疾的原因是什么？

2. 如何预防姚先生发生残疾？如果发生残疾，其康复目标是什么？可采取什么措施？

一、残疾

（一）概念

残疾（disability）是指由于各种躯体、心理、精神疾病或损伤，以及先天性发育异常所导致的人体解剖结构、生理功能的异常和（或）丧失，造成机体长期、持续或永久性的功能障碍状态，这种功能障碍不同程度地影响身体活动、日常生活、工作、学习和社会交往活动能力。

残疾与疾病的概念不同，它主要涉及的是那些能影响到活动能力的疾病，这些疾病可以导致不同程度的功能障碍。

1. 暂时性残疾 各种损伤、疾病均会不同程度地影响相应组织、器官、肢体的功能，使患者出现暂时性的功能活动受限，如骨折、肌腱断裂、关节损伤等，可使患者暂时丧失活动能力，但随着骨折的愈合、肌腱的修复、关节损伤的恢复，患者会逐渐恢复功能活动，这种短暂性、可以逆转的功能活动障碍称为暂时性残疾。

2. 永久性残疾 对于那些由疾病或损伤造成的不可逆转的功能障碍称为永久残疾，一般其持续时间在 1 年以上，如外伤后截肢、完全性脊髓损伤后的四肢瘫和（或）截瘫等。

（二）残疾人

残疾人是指具有不同程度的躯体、心理、精神疾病和损伤或先天性异常的人群的总称。他们的机体结构、器官功能、心理与精神功能障碍或丧失，不同程度或完全失去以正常方式从事正常活动的能力，如小儿麻痹症后遗症患者、痴呆儿、聋哑人等。

上述有关残疾、残疾人的概念是基于"国际残损、残疾与残障分类"的框架而形成的。随着残疾分类系统的发展，对残疾和残疾人的内涵有了新的认识，第 54 届世界卫生大会 2001 年 5 月 22 日通过的国际残损、残疾及健康分类（ICF）进一步描述了残疾的新概念，它将残疾建立在一种社会模式基础上，从残疾人融入社会的角度出发，将残疾作为一种社会性问题（即残疾不仅是个人的特性，也是社会环境形成的一种复合状态），强调社会集体行动，要求改造环境以使残疾人充分参与社会生活的各个方面。因此，残疾的定义是多维度的，是个体和环境互相作用的结果，包括身体结构与功能损伤、活动受限和社会参与限制，同时强调残疾的背景性因素（个人情况，生活中的自然、社会和环境等）对患者的健康和残疾情况的影响。2006 年 12 月 13 日第 61 届联大通过的《残疾人权利公约》进一步对残疾和残疾人概念进行了明确的表述，它确认"残疾是一个演变中的概念，残疾是伤残者和阻碍他们在与其他人平等的基础上充分和切实地参与社会的各种态度和环境障碍相互作用所产生的结果"，"残疾人包括肢体、精神、智力或感官有长期损伤的人，这些损伤与各种障碍相互作用，可能阻碍残疾人在与他人平等的基础上充分和切实地参与社会。"

二、残疾学

（一）概念

残疾学是以残疾人及残疾状态为主要研究对象，专门研究残疾病因、流行规律、表现特点、发展规律、结局以及评定、康复与预防的一门学科。残疾学是以医学为基础，涉及社会学、教育学、管理学和政策法令等诸学科的交叉性学科。

（二）对象

残疾学的主要研究对象是残疾人，重点针对残疾状态包括功能、能力和健康状态及其与环境间的互相影响及其结果。事实上，每个人在其一生当中，都会发生疾病、损伤等情况，存在功能、能力及健康状况与环境间的相互作用，因而，从广义上讲，残疾学的对象是所有人及社会。

（三）内容

残疾学的主要内容包括残疾的流行病学、病因学、残疾预防学、残疾评定与康复学。其中，残疾评定和康复学又构成了康复的核心内容。

三、残疾的原因

致残的原因众多，而且受文化背景、社会条件、自然环境和医疗条件的影响，因此在不同历史时期及不同的国家和地区致残原因具有一定的差异。例如，在发展中国家，致残原因主要是营养不良、传染病、围产期损伤以及各种事故，约占全部残疾病例的70%；在发达国家，致残原因则主要包括意外事故、慢性疾病、精神病、慢性疼痛、劳损等。一般来说，常见致残原因主要有以下几种。

（一）疾病

1.传染病　如脊髓灰质炎、乙型脑炎、脊柱结核等。

2.孕期疾病和围产期疾病　如宫内感染、孕期病毒性感染尤其在孕期前3个月发生，易导致新生儿的先天性白内障（视力残疾）、先天性心脏病（内脏残疾）、短肢畸形（肢体残疾）等；围产期疾病如窒息、新生儿病理性黄疸、颅内血肿等可致脑瘫等。

3.慢性病和老年病　如心脑血管疾病、慢性阻塞性肺疾病、类风湿关节炎、恶性肿瘤等。

（二）营养失调

1.营养不良　每年有很多人由于维生素A缺乏而致盲，由于维生素D严重缺乏而导致骨骼畸形；在非洲一些地区，则因战争、自然灾害等导致蛋白质等摄入不足引起儿童生长发育障碍、智力受损而致残。

2.营养过剩　在发达国家，营养过剩不仅是肥胖症、糖尿病和心脑血管疾患的主要危险因素，而且可对患者心理和智力造成危害。

（三）遗传

遗传因素可导致畸形、精神发育迟滞、精神病等。

（四）意外事故

如交通事故、工伤事故、运动损伤、产伤等，可致颅脑损伤、脊髓损伤、骨骼肌肉系统损伤。

（五）物理、化学因素

如噪声、烧伤、链霉素或庆大霉素中毒、酒精中毒、药物成瘾等。

（六）社会、心理因素

可致精神病。

（七）其他因素

有些残疾目前原因尚不明确，如近年来发病率逐步升高的自闭症等，其原因并不明确。

四、残疾的预防

由于疾病谱的改变，预防的重点已从生物学预防进入社会预防阶段，特别是对慢性病以及因慢性病造成的残疾的预防已成为当前卫生工作的重点之一。残疾预防是残疾学和康复医学的重要内容，是指从不同的层次上采取相应的措施减少残疾的发生；需卫生、民政、教育、司法、残联多部门共同努力，在国家、地方、社区、家庭不同层次和胎儿、儿童、青年、成年、老年不同时期进行。

（一）一级预防

一级预防是指防止可能导致残疾的各种损伤和疾病的发生，主要针对各种致残因素，措施包括优生优育、严禁近亲结婚、加强遗传咨询、产前检查、孕期及围生期保健；预防接种，积极防治老年病、慢性病；合理营养；合理用药；防止意外事故；加强卫生宣教、注意精神卫生。在残疾的预防中，一级预防最为有效，可降低残疾发生率的70%。

（二）二级预防

二级预防是限制或逆转由损伤和疾病造成的残疾，其核心是早期发现、早期治疗已发生的疾病或损伤，措施包括疾病的早期筛查、合理的药物治疗、必要的手术治疗、早期康复治疗和心理治疗等。二级预防可降低残疾发生率的10%～20%。

（三）三级预防

三级预防是防止残疾进展，以减少残疾对个人、家庭和社会所造成的影响。措施包括全面康复和社会、环境改造。全面康复包括系统的康复医疗、教育康复、职业康复、社会康复。康复医疗包括如运动疗法、作业疗法、心理疗法、言语疗法以及假肢、支具辅助器、轮椅等。社会教育和环境改造,则是指对残疾人的居住环境和社会环境进行改造,利于残疾人融于社会、自理、自立。

五、残疾的康复

残疾的康复是残疾学和康复医学工作的重要内容,是全球普遍关注的社会问题。残疾的康复是采取各种措施以减轻残疾带来的影响和调整残疾人的周围和社会环境以促进残疾人重返社会。合理的预防是最具效益的减少残疾的措施,具有重要意义。但残疾发生后,必须适时开展康复治疗,以促进残疾人的功能恢复,改善其自理和社会适应能力,提高生活质量。

(一)残疾的康复目标

积极的康复治疗是改善残疾者功能、能力和提高其生活质量的必要措施。其基本目标是改善残疾人身心、社会、职业功能使残疾人能在某种意义上像正常人一样过着积极的生产性的生活。它又包括两方面:

(1)在可能的情况下,使残疾人能够生活自理,回归社会,劳动就业,经济自主。

(2)由于残疾严重、残疾人老龄化等原因,在不能达到上述目的的情况下,增进残疾人自理程度,保持现有功能或延缓功能衰退。

(二)基本对策

(1)疾病和损伤发生并造成一定的功能障碍时,需采取各种措施以达到以下目的:①恢复或改善存在的功能障碍;②预防和治疗并发症;③调整心理状态,加强接受与克服困难的心理。

(2)对已形成残疾者:①利用和加强残存的功能,如偏瘫的健肢单手操作、截瘫的上肢训练,以代偿功能的不足以及必要的矫形手术等;②假肢、支具、轮椅、辅助器的装配和使用,以代偿功能。

(3)对因残疾导致的社会参与受限者:①改善居住和社会环境,包括住宅、公共建筑、街道、交通工具等;②改善家庭环境,包括残疾患者亲属在心理上、护理上、经济上的支持;③促进就业,保证受教育和过有意义的生活。以上三个侧面的问题常同时存在,因此三方面的原则不可偏废。

六、残疾相关的政策法规

残疾人在实现个人潜能中受到生理、法律、社会等多方面因素的影响。国际社会和各国政府制定和颁布了一系列残疾相关的政策法令法规,有力地保证了残疾人合法权益,促进了残疾人事业的发展。

(一)国际上残疾相关的政策法规

联合国在 1971 年第 26 次大会上通过 2856 号决议:《精神发育迟滞者权利宣言》;1975 年第 30 次大会上通过了 3447 号决议:《残疾人权利宣言》;1982 年第 37 次大会通

过 3752 号决议，确定 1983—1992 年为联合国残疾人 10 年，制定了《关于残疾人的世界行动纲领》。1994 年，联合国又发布了残疾人机会均等的标准条例。2006 年 12 月 13 日联合国大会通过了《残疾人权利公约》，公约具有法律约束力，用于指导各国立法，从建筑、城市规划、交通、教育、就业和娱乐以及残疾康复等方面，改善残疾人的生存状况，旨在促进、保护和确保所有残疾人充分和平等地享有一切人权和基本自由，并促使对残疾人固有尊严的尊重。国际上还规定每年 12 月 3 日是"国际残疾人日"。

同时，国际社会还制定了相应的政策和纲领文件，指导和推动残疾预防和康复事业的开展。世界卫生组织于 1980 年制定了"国际残疾分类"方案，1981 年发表了"残疾的预防与康复"。1994 年国际劳工组织、联合国教科文组织、世界卫生组织发表了联合意见书：《社区康复（CBR）——残疾人参与、残疾人收益》。2001 年世界卫生组织又修订通过了"国际功能、残疾、健康分类（ICF）"。这些文件对推动康复事业的发展起了极为重要的作用。2005 年 5 月，第 58 届世界卫生大会通过《残疾，包括预防、管理和康复》的决议，要求各成员国加强执行联合国关于残疾人机会均等标准规则，促进残疾人在社会中享有完整的权利和尊严，促进和加强社区康复规划，卫生政策和规划中纳入有关残疾的内容。该决议和《联合国残疾人机会均等标准规则》成为世界卫生组织行动主要依据的两个指导性纲领文件。

（二）我国残疾相关的政策法规

我国现代康复起步较晚，自 20 世纪 80 年代初引进以来，残疾人事业受到政府高度重视。

1988 年，国务院批准颁布实施了《中国残疾人事业五年工作纲要（1988—1992）》，有创见地提出了三项康复（白内障复明、小儿麻痹后遗症矫治、聋儿听力言语训练），取得了很大成绩，引起了国际关注。1990 年 12 月 28 日第七届全国人民代表大会常务委员会第十七次会议全体一致通过了我国第一部《残疾人保障法》，该法自 1991 年 5 月 15 日起生效。该法全面地规定残疾人权利的保障，有利于他们平等参与社会生活。2001 年，国务院总理在我国第十个发展纲要报告中，将康复纳入其中。2002 年 8 月，国务院办公厅转发卫生部、民政部、财政部、公安部、教育部、中国残联《关于进一步加强残疾人康复工作的意见》提出目标：到 2015 年实现残疾人"人人享有康复服务"。2017 年 6 月 21 日国务院正式批准将每年的 8 月 25 日设立为"残疾预防日"，旨在进一步推进残疾预防。

国家教育部和国务院分别于 1994 年和 2007 年发布实施了《残疾人教育法》和《残疾人就业条例》，以保障残疾人接受教育的权利和劳动权利，发展残疾人教育事业，促进残疾人就业。

我国每一个五年计划期间，都制定有中国残疾人适应计划纲要（八五、九五、十五），提出该五年期间的残疾人适应的总目标，和分年度的工作具体指标，分别由各省、市、自治区完成，对残疾人工作起了明确的指导作用。我国还规定每年 5 月第三个星期天为全国助残日，每年有特定的目标和主题。开展全国助残日活动，不仅可以为残疾事业做许多具体、切实、有效的工作，也在不断地教育群众、提高人们对残疾的认识和康复意识。

政府各部委也发布许多相关文件，推动我国残疾人康复事业。尤其是国家建设部、民政部和中残联在 1988 年发布《方便残疾人使用城市道路和建筑物设计规范》，确定建筑物内外部的无障碍设计要求。包括坡道、音响交通信号、触感材料（盲道、建筑物、公用设施等）使用的规定，电梯、走廊、厕所、盥洗、浴室电话、信箱、饮水设施便于残疾人使用的要求。我国也已接纳使用国际残疾人相关标识、规定，在大多数公共设施中，均标有残疾人可以进入、使用标志。残疾人国际通用标志见图 2-1-1。

图 2-1-1　残疾人国际通用标志

（三）关心支持康复事业的国际组织

关心支持康复事业的国际组织有联合国儿童基金会（UNICEF）、联合国粮农组织（FAO）、联合国发展总署（UN-DP）、联合国经济社会理事会（UNESC）等。一些非政府的国际组织（NGO）也对康复事业的发展起着指导、推动作用，如康复国际（RI）、残疾人国际（DPI）、世界物理治疗联盟（WCPT）、世界作业治疗师联盟（WFOT）以及国际物理医学与康复医学学会（ISPRM）等。其中，ISPRM 于 1999 年成立，由原"国际医学与康复学会（IFPMR）"及"国际康复医学会（IRMA）"合并组成；RI 影响巨大，20 世纪 80 年代初期，制定《80 年代宪章》先后递交世界各国领导，1999 年又制定《第三世纪宪章》。

【案例分析】

1. 姚先生会发生残疾吗？致其残疾的原因是什么？

依据 ICF 理论和概念，残疾是伤残者和阻碍他们在与其他人平等的基础上充分和切实地参与社会的各种态度和环境障碍相互作用所产生的结果，是一个动态演变中的概念。因此，在本任务的案例中，如果姚先生经过系统康复和环境改造，其能生活自理，重返社会和讲台，就不是残疾；如其经过系统康复和环境改造后，生活不能自理、不能重返岗位和社会，则形成残疾。其残疾的原因是损伤，即车祸伤导致胸 12 椎体爆裂骨折、胸脊髓损伤。

2. 如何预防姚先生发生残疾？如果发生残疾，其康复目标是什么？可采取什么措施？

在此案例中，预防车祸的发生为残疾的一级预防，即防止可能导致残疾的各种损伤和疾病的发生；然而，姚先生已因车祸导致胸 12 椎体爆裂骨折，需对其进行二级预防，即限制或逆转由损伤和疾病造成的残疾，措施为积极治疗，即骨科医师对其进行手术治疗；然而，手术仅重建了脊柱的稳定性，没有恢复姚先生的脊髓功能，因此将其转入康复病房进行康复治疗，此为残疾的三级预防，即防止残疾进展，以减少残疾对个人、家庭和社会所造成的影响，其措施为全面康复和社会、环境改造。此时，其康复基本目标是改善姚先生的身心、社会、职业功能，使之能生活自理、重返社会；措施包括对姚先生进行心理康复，双下肢功能及大小便等功能训练，以尽可能恢复其功能，如果不能恢复其功能，则训练其利用轮椅代步，并对家庭居住环境和学校环境进行改造，利于其生活自理和重返岗位。

学习检测

1. 请简述残疾概念及常见致残原因
2. 请简述残疾预防的目的与措施
3. 残疾康复的目标是什么？相应的对策有哪些？

■ 任务二　残疾的流行病学

案例导入 ◆

　　　　近年，各地自闭症患儿明显增加，但目前确切患病人数、发病原因、对患儿功能影响均不清楚，因而缺乏有针对性的行之有效的康复方法。

　　思　考

　　　　1. 为了解自闭症在北京地区的患病情况、发病因素，需采取什么方法？
　　　　2. 调查过程包括哪些步骤？

一、概念

（一）流行病学

　　流行病学是指研究人群中疾病与健康状况的分布及其影响因素，并制定预防、控制疾病及促进健康的策略和措施的科学。

（二）流行病学调查

　　流行病学调查是指用流行病学的方法进行的调查研究，主要用于研究疾病、健康和卫生事件的分布及其决定因素。通过这些研究提出合理的预防保健对策和健康服务措施，并评价这些对策和措施的效果。

（三）残疾的流行病学

残疾的流行病学指研究人群中残疾的分布、原因及其影响因素，并制定预防、控制残疾的策略和措施的科学。

残疾流行病学的研究范围不仅涉及研究防治残疾的具体措施，更应研究预防、控制残疾的对策，以达到有效地控制或预防残疾、伤害、促进和保障人类健康。残疾流行病学的研究对象是人群，包括残疾人和健康人；主要研究方法是到人群中进行调查研究；研究任务是探索残疾的病因，阐明其分布规律，制定预防、控制对策，并考核其效果，以达到预防、控制和消灭残疾的目的。

二、残疾流行病学的研究内容

残疾流行病学的研究内容主要包括残疾的病因学研究和残疾的预防与控制，具体来说主要包括以下内容。

（一）残疾分布及影响分布的因素

研究各类残疾在不同地区、不同时间、不同人群中的发病率、患病率或病死率等。由于在不同的时间、地区、人群发生某种残疾的数量差异，可提示发病因素的分布，并可进一步寻找影响分布的因素。

（二）残疾的流行因素和病因

很多残疾的原因或流行因素至今尚不明，残疾流行病学应探讨促成残疾发生的原因及流行因素。

（三）残疾患病概率的预测

根据人群调查研究，可以估计某因素引起个人患某种残疾的危险性，以及不患某残疾的概率。例如，流行病学调查资料表明，噪声、长期戴耳机听随身听可导致发生听力残疾的危险性增加。

（四）研究制定预防对策和措施

采用哪种对策或措施可减少残疾发生，或使一个地区既经济又迅速地控制某种残疾等。例如，流行病学调研发现，中国脊髓损伤发病率逐年升高与交通事故、运动损伤等因素有关，因此，残联、交通、民政等多部门通过研究、协作，制定了一系列法规政策及相应的多种措施以减少交通事故及运动损伤的发生，进而降低脊髓损伤发病率。

三、残疾流行病学的研究方法与应用

残疾流行病学研究主要包括观察性研究和实验性研究两大类，各类又包括不同的研究方法。

（一）观察性研究

观察性研究是指研究者不对被观察者的暴露情况加以限制，通过现场调查分析的方法，进行流行病学研究；主要包括横断面研究、病例对照研究和定群研究三种方法。

1. 描述性研究　描述性研究是流行病学研究的基础，主要方法为现况研究，通过调查，了解残疾在时间、空间和人群中的分布情况，为研究和控制残疾提供线索，为制定卫生政策提供参考。

2. 分析性研究　通过观察和询问，对可能的残疾相关因素进行检验。一般是选择一个特定的人群，对由描述性研究提出的病因或流行因素的假设进行分析检验。分析性研究主要包括病例 – 对照研究（case-control study）和世代研究（cohort study）（也称定群研究或队列研究）。

（1）病例 – 对照研究是选取一组存在某种残疾的人（病例），再选取另一组无此种残疾的人（对照），收集两组人中某一或某几个因素存在的情况，再以统计学方法来确定某一因素是否和该残疾有关及其关联的程度如何。

（2）世代研究则是选取一组暴露于某种因素的人和另一组不暴露于该因素的人，再经过一段时间后以统计学方法比较两组人发生残疾的情况，以确定某因素是否和某种残疾有关。

一般来说，世代研究比病例 – 对照研究的结论更可靠，但世代研究耗时很长（如研究噪声与听力残疾的关系要数年甚至数十年的时间），需要更多的资源。

（二）实验性研究

实验性研究是指在研究者控制下，在人群现场中进行的，将观察人群随机分为试验组和对照组，给试验组施加或消除某种因素或措施，观察此因素或措施对研究对象的影响。实验性研究可划分为临床试验、现场试验和社区干预试验三种试验方式。

（三）数学模型研究

数学模型研究又称理论流行病学研究，即通过数学模型的方法来模拟残疾流行的过程，以探讨残疾流行的动力学，从而为残疾的预防和控制、卫生策略的制定服务。例如：人们通过模拟精神残疾在不同人群中和社会经济状况下的流行规律来预测精神残疾对人类的威胁并比较不同干预策略预防和控制精神残疾的效果。

四、残疾流行病学调查研究的基本步骤

（一）制定调查设计方案

制定调查设计方案包括资料搜集、整理和分析资料的计划。搜集资料的计划在整个设计中占主要地位，包括以下内容。

1. 明确调查目的和指标　调查目的有两类，一是了解参数，用以说明总体的特征，如了解某地视力残疾患病情况；二是研究事物或现象之间的关系，以探求残疾的有关因

素或探索残疾原因，如研究自闭症的发病原因和相关因素，将调查目的具体化为指标。

2.确定研究对象和观察单位　调查对象是根据研究目的确定的调查总体的同质范围；观察单位是要调查的总体中的个体，也是统计计算的单位。

3.选择调查方法　调查方法按调查范围，可分为全面调查和非全面调查，全面调查是对总体中每个个体都进行调查，如人口普查，某种疾病的普查；非全面调查又有典型调查和抽样调查。典型调查是有意识选择好的、中间型的或差的典型进行调查；抽样调查是从总体中随机抽出一部分进行调查，是医学研究中常用的方法，中国第一次和第二次残疾人调查就是采用抽样调查的方法。

4.决定采取的调查方式　有直接观察、采访、填表和通信四种调查方式。前两种方式由调查人员亲自参与和记录，调查质量可靠。后两种方式由被调查者自己填写，若被调查者文化水平高，素质高，乐意配合调查，也可以得到可靠的资料。

5.设计调查项目和调查表　调查项目包括备查项目和分析项目。备查项目用于核查资料，如被调查者的姓名、性别、住址、电话以及调查者和调查日期。分析项目用于计算统计指标，分析健康相关因素或病因。备查项目不可过多，必要的分析项目不能少。将调查项目按逻辑顺序排列即可成调查表。

6.估计样本含量　若进行抽样调查，须估计样本含量，其方法有查表法和公式计算法。

（二）制定调查实施方案

制定调查实施方案包括人、财、物的准备，调查人员的培训，统一调查方法。最好开展预调查，获得经验，完善调查方案。

（三）正式调查

正式调查按方案正式实施调查。调查时注意把好质量关，保证收集的资料完整、准确、及时。

（四）整理、分析资料，写出调查报告

将收集的资料进行综合、分类、整理，并运用统计学方法科学地进行分析，用规范的格式写出调整报告。

五、中国残疾人流行病学调查和现状

世界卫生组织（WHO）估计目前全世界大约有各类残疾人 5 亿，占全球人口的 1/10，并以每年平均 1500 万人的速度增长。儿童残疾占残疾人总数的 1/3，而 2/3 的残疾人生活在发展中国家。在发达国家，大部分残疾是由慢性疾病所致，其中残疾严重者 50% 以上是由脑血管意外、帕金森病、多发性硬化等造成，25% 以上是由类风湿关节炎、肿瘤、截瘫、老年性疾病造成。2006 年第二次全国残疾人抽样调查显示我国目前残疾人总数已达 8296 万人，占总人口的 6.34%，虽然较 1987 年全国第一次残疾人抽样调查数据（全国五类残疾人总数为 5164 万人，4.9%）明显升高，但明显低于 WHO 统计资料（10%～12%），其差异的主要原因是由于我国的残疾标准中没有包括内脏残疾，诸如心肺、

胃肠、泌尿、生殖等内脏器官的功能缺陷。

（一）中国残疾人流行病学调查

中国分别于1987年和2006年进行了两次全国残疾人流行病学抽样调查，主要情况如下。

1. 第一次全国残疾人抽样调查　1987年，我国进行了首次残疾人抽样调查，结果发现全国约有各类残疾人共5164万人，占总人口的4.89%，也就是说，每20人中就有一名是残疾人（不包括心肺残疾、肾衰竭等内脏残疾）。在调查的五类残疾中，以听力语言残疾现患率最高，为21.81%，智力残疾、视力残疾、肢体残疾和精神残疾的现患率依次为12.68%、10.08%、9.16%、2.47%，并呈现以下分布特征：

（1）城乡差别明显：乡村残疾的总现患病率高于城镇，听力语言残疾、智力残疾和肢体残疾乡村高于城镇，视力残疾和精神病残疾城市高于农村。

（2）经济、文化和卫生水平较低的地区残疾人的比例偏高。

（3）年龄、性别的差异显著：残疾的总现患病随着年龄增长而增加，尤其是视力残疾和听力语言残疾主要以老年人为主，肢体、精神病残疾在青壮年中高发，智力残疾在儿童人群中高发（表2-2-1）。

表2-2-1　各类残疾的年龄构成情况

年龄组	听力语言		智力		肢体		视力		精神病	
	人数	占比/%	人数	占比/%	人数	占比/%	人数	占比/%	人数	占比/%
0～14	1738	6.55	8075	53.00	928	8.21	272	2.41	21	0.72
15～59	10564	39.84	6697	43.96	7047	62.34	4073	36.04	2486	85.52
>60	14216	53.61	463	3.04	3330	29.45	6955	61.55	400	13.76
合计	26518	100.0	15235	100.0	11305	100.0	11300	100.0	2907	100.0

注：各年龄组间比较：$P<0.001$

从致残原因上看，智力残疾（尤其儿童）以先天残疾为主，占53%；其他各类残疾以后天致残为主。先天性致残因素主要为遗传因素（如先天性白内障、先天性耳聋、垂体性侏儒、呆小症、苯丙酮尿症和唐氏综合征等）和环境因素（胎儿期子宫的内环境、出生前和出生时的产科环境），后天致残因素包括意外伤害、各种致残性疾病、理化因素、营养失调和社会心理因素。

2. 第二次全国残疾人抽样调查　2006年，我国开展了第二次全国残疾人抽样调查，目的是进一步了解中国残疾人的现实状况，分析其变化特征和变动规律，为制定实施国民经济和社会发展计划以及残疾人事业发展规划、确定残疾人小康指标和措施提供可靠依据。此次调查应用的是根据世界卫生组织及亚太经社理事会的要求和运用ICF标准，而制定的新的、规范的残疾评定标准，该标准在延续第一次全国残疾人抽样调查标准的基础上，存在如下变化：

（1）残疾类别由原来的视力残疾、听力语言残疾、肢体残疾、智力残疾、精神病残疾五类增加为视力残疾、听力残疾、言语残疾、肢体残疾、智力残疾、精神残疾六类，即把"听力语言残疾"分列为"听力残疾"和"言语残疾"两类，与《中华人民共和国残疾人保障法》所规定残疾类别一致。

（2）名称上的变化，原来的"精神病残疾"改称"精神残疾"，原来的"综合残疾"改称"多重残疾"。

（3）对各类残疾定义应用ICF，考虑了影响日常生活和社会参与等功能障碍因素，与国际接轨。该标准与国内现行的多种残疾评定标准互相衔接。

据第二次全国残疾人抽样调查数据推算，全国各类残疾人总数为8296万人，按照国家统计局公布的2005年末全国人口数，推算出本次调查时我国总人口数为130948万人，据此得到我国残疾人占全国总人口的比例为6.34%。各类残疾人的人数及各占残疾人总人数的比重分别是：视力残疾1233万人，占14.86%；听力残疾2004万人，占24.16%；言语残疾127万人，占1.53%；肢体残疾2412万人，占29.07%；智力残疾554万人，占6.68%；精神残疾614万人，占7.40%；多重残疾1352万人，占16.30%。

与1987年调查结果比较，我国残疾人口总量增加，残疾人口比例上升，残疾类别结构发生改变。在各类残疾中，听力残疾和智力残疾比率降低，肢体残疾、视力残疾和多重残疾比率增加，尤其肢体残疾和精神残疾增加明显。导致这些变化的因素与我国人口总量的增长、人口结构变化（老龄人群增加）、残疾标准修订和残疾评定方法变化、社会与环境变化有关。

（二）中国残疾人现状

第二次全国残疾人抽样调查结果从残疾人的分布、年龄性别构成等自然特征和教育状况、经济收入、生活环境等社会经济状况较为全面地反映了我国残疾人现状。

1. 地区分布 据推算，大陆31个省、自治区、直辖市2006年4月1日零时各类残疾人总数为8296万人，各省（区、市）残疾人占其总人口的比例在5.3%（辽宁省、上海市、新疆维吾尔自治区）～7.6%（四川省），各地区具体分布见表2-2-2。

表2-2-2 中国残疾人地区分布

地区	残疾人口数/万人	占总人口比例/%	地区	残疾人口数/万人	占总人口比例/%
北京市	99.9	6.5	湖北省	379.4	6.6
天津市	57.0	5.5	湖南省	408.0	6.4
河北省	495.9	7.2	广东省	539.9	5.9
山西省	202.9	6.0	广西壮族自治区	337.5	7.2
内蒙古自治区	152.5	6.4	海南省	49.4	6.0
辽宁省	224.2	5.3	重庆市	169.4	6.1
吉林省	190.9	7.0	四川省	622.3	7.6
黑龙江省	218.9	5.7	贵州省	239.2	6.4
上海市	94.2	5.3	云南省	288.3	6.5
江苏省	479.3	6.4	西藏自治区	19.4	7.0
浙江省	311.8	6.4	陕西省	249.0	6.7
安徽省	358.6	5.9	甘肃省	187.1	7.2
福建省	221.1	6.3	青海省	30.0	5.5

续表

地区	残疾人口数/万人	占总人口比例/%	地区	残疾人口数/万人	占总人口比例/%
江西省	276.1	6.4	宁夏回族自治区	40.8	6.8
山东省	569.5	6.2	新疆维吾尔自治区	106.9	5.3
河南省	676.3	7.2			

2. 有残疾人的家庭户人口　全国有残疾人的家庭户共7050万户，占全国家庭户总户数的17.80%；其中有2个以上残疾人的家庭户876万户，占残疾人家庭户的12.43%。有残疾人的家庭户的总人口占全国总人口的19.98%。有残疾人的家庭户户规模为3.51人。

3. 性别构成　全国残疾人口中，男性为4277万人，占51.55%；女性为4019万人，占48.45%。性别比为106.42（以女性为100，男性对女性的比例）。

4. 城乡分布　城镇残疾人口为2071万人，占24.96%；农村残疾人口为6225万人，占75.04%。

5. 残疾等级构成　残疾等级为一、二级的重度残疾人为2457万人，占29.62%；残疾等级为三、四级的中度和轻度残疾人为5839万人，占70.38%。

6. 年龄构成　全国残疾人口中，0～14岁的387万人，占4.66%；15～59岁的3493万人，占42.10%；60岁及以上的4416万人，占53.24%（65岁及以上的3755万人，占45.26%）。

7. 婚姻状况　全国15岁及以上残疾人口中，未婚人口982万人，占12.42%；已婚有配偶的人口4811万人，占60.82%；离婚及丧偶人口2116万人，占26.76%。

8. 受教育程度　全国残疾人口中，具有大学程度（指大专及以上）的残疾人为94万人，高中程度（含中专）的残疾人为406万人，初中程度的残疾人为1248万人，小学程度的残疾人为2642万人（以上各种受教育程度的人包括各类学校的毕业生、肄业生和在校生）。15岁及以上残疾人文盲人口（不识字或识字很少的人）为3591万人，文盲率为43.29%。

残疾儿童受教育状况：6～14岁学龄残疾儿童为246万人，占全部残疾人口的2.96%。其中视力残疾儿童13万人，听力残疾儿童11万人，言语残疾儿童17万人，肢体残疾儿童48万人，智力残疾儿童76万人，精神残疾儿童6万人，多重残疾儿童75万人。学龄残疾儿童中，63.19%正在普通教育或特殊教育学校接受义务教育，各类别残疾儿童的相应比例为：视力残疾儿童79.07%，听力残疾儿童85.05%，言语残疾儿童76.92%，肢体残疾儿童80.36%，智力残疾儿童64.86%，精神残疾儿童69.42%，多重残疾儿童40.99%。

9. 就业与社会保障情况　全国城镇残疾人口中，就业的残疾人为297万人，不在业的残疾人为470万人；有275万人享受到当地居民最低生活保障，占城镇残疾人口总数的13.28%，9.75%的城镇残疾人领取过定期或不定期的救济。在农村残疾人口中，有319万人享受到当地居民最低生活保障，占农村残疾人口总数的5.12%。11.68%的农村残疾人领取过定期或不定期的救济。

10. **家庭户的收入** 全国有残疾人的家庭户 2005 年人均全部收入，城镇为 4864 元，农村为 2260 元。12.95% 的农村残疾人家庭户年人均全部收入低于 683 元，7.96% 的农村残疾人家庭户年人均全部收入在 684～944 元之间。

11. **残疾人曾接受的扶助、服务和需求** 残疾人曾接受的扶助、服务的前四项及比例分别为：曾接受过医疗服务与救助的有 35.61%；曾接受过救助或扶持的有 12.53%；曾接受过康复训练与服务的有 8.45%；曾接受过辅助器具的配备与服务的有 7.31%。残疾人需求的前四项及比例分别为：有医疗服务与救助需求的有 72.78%；有救助或扶持需求的有 67.78%；有辅助器具需求的有 38.56%；有康复训练与服务需求的有 27.69%。

12. **残疾人的生活环境** 在第二次全国残疾人抽样调查的残疾人所在社区（村、居委会）中，68.13% 的社区距离最近的法律服务所（司法所）在 5000 米以内，21.86% 的社区距离最近的特殊教育学校（班）在 5000 米以内，47.35% 的社区建有文化活动站（室），71.95% 的社区设有卫生室（所、站）。

尽管随着社会经济的快速发展和中国残疾人事业的发展，中国残疾人在居住、教育、就业、保障、康复医疗服务等各方面有了明显的改善，但是，其经济收入、教育程度、社会保障及康复医疗服务离理想状态、实际需求还存在很大差距。总体来说，我国残疾人现状存在如下特点：

（1）残疾人总体比例低于世界总体水平，但随人口数量增加和老龄化，也面临着较大的残疾规模，且残疾发生率随年龄增长而增加。

（2）残疾分布在性别上男女间无差别，但两性在残疾类别上存在差异，如北京地区调查显示女性视力残疾和精神残疾现患率明显高于男性；在地区分布上农村高于城市，且言语残疾、肢体残疾、智力残疾、多重残疾的现患率农村高于城市。

（3）残疾程度以轻中度占大多数。

（4）在致残原因上，总体以后天获得性残疾为主，非传染病是主要致残原因，男性因创伤及伤害致残的比例远高于女性；儿童伤残以产前致残因素（新生儿窒息、早产、低体质量、营养不良等）为首位，以智力残疾为多。

（5）残疾人家庭收入低下，且存在地区差异，农村地区明显低于城市地区。

（6）残疾人受教育程度及就业率低。

（7）残疾人社会保障取得较大进展，但社会保障率及救济率仍较低。

（8）为残疾人提供的医疗服务与救助、康复服务明显改善，但接受医疗服务与救助、扶持、康复训练与服务率、辅助器具的配备与服务率明显低于实际需求。

因此，预防残疾、改善中国残疾人现状是一项系统、综合的工程，是一项长期艰巨的任务，需要残疾人和全社会共同努力。

【案例分析】

1. 为了解自闭症在北京地区的患病情况、发病因素，需采取什么方法？

针对此案例，可采用描述性研究（它是流行病学研究的基础，主要方法为通过调查，了解残疾在时间、空间和人群中的分布情况）来了解北京地区自闭症的患病概率、分布情况；然后通过分析性研究中的病例－对照研究（选取一组存在自闭症的人（病例），再选取另一组无此种残疾的人作为对照，收集两组人中某一或某几个因素存在的情况，再以统计学方法来确定某一因素是否和自闭症有关及其关联的程度如何）来比较分析与自闭症发病相关的可能因素；进一步通过实验性研究（将观察人群随机分为试验组和对照组，给试验组施加或消除某种因素或措施，观察此因素或措施对研究对象的影响）来探索针对性的预防、康复措施。

2. 调查的过程包括哪些步骤？

调查过程须包括下述主要步骤：①制定调查设计方案：具体包括明确调查目的和指标、确定研究对象和观察单位、选择调查方法（可采用全面调查或抽样调查）、决定调查方式（有直接观察、采访、填表和通信四种调查方式）、设计调查项目和调查表、估计样本含量（若进行抽样调查，须估计样本含量）；②制定调查实施方案：包括人、财、物的准备，调查人员的培训，统一调查方法；③正式调查：按方案正式实施调查，调查时注意把好质量关，保证收集的资料完整、准确、及时；④整理、分析资料，写出调查报告。

学习检测

1. 为什么要进行残疾流行病学调查研究？其主要研究方法包括哪些？
2. 请简述残疾流行病学调查研究的主要步骤。

任务三　残疾分类

案例导入

任务一案例中的姚先生经系统康复治疗后双下肢仍无法站立、行走，但在轮椅上可完全自理，借助轮椅又重新回到讲台。

思　考

请利用此案例说明 ICF 框架中各部分结构间的关系。

世界卫生组织（world health organization，WHO）于 1980 年推荐的"国际残损、残疾与残障分类"（international classification of impairment，disabilities and handicap，ICIDH）曾被康复医学界普遍采用。它从三个侧面反映身体、个体及社会的功能损害程度。后来，国际上对残疾有了进一步的理解和认识，在此分类方法基础上，形成了 ICIDH-2 分类系统；2001 年 5 月第 54 界世界卫生大会通过了该分类系统并将其改名为 ICF，同时通过了其在全球实施的决议；ICF将残疾建立在一种社会模式基础上，从残疾人融入社会的角度出发，将残疾作为一种社会性问题，强调社会集体行动，要求改造环境以使残疾人充分参与社会生活的各个方面。该分类系统包括健康状况、功能和残疾、情景性因素两部分，在功能和残疾部分，除身体功能和结构成分外，活动和参与是另一个成分，活动和参与是通过能力和活动表现来描述的。在情景性因素中，含环境因素和个人因素；这些因素与健康状况交互作用，决定功能状况；可见，ICF是以活动和参与为主线来进行功能、残疾和健康分类的，强调环境与个人因素以及各部分之间的双向作用；因而，"残疾"不再被分成残损、残疾、残障三个层次，而是"对损伤、活动受限和参与限制的一个概括性术语"。该分类系统提供了能统一和标准地反映所有与人体健康有关的功能和失能的功能状态分类，作为一个重要的健康指标，广泛用于卫生保健、预防、人口调查、保险、社会安全、劳动、教育、经济、社会政策、一般法律的制定等方面。由于健康状况是ICF构架的组成部分，使用时，可共同使用国际疾病分类（international classification of diseases，ICD）和ICF互为补充来描述健康状况及其对功能的影响。

一、国际残损、残疾和残障分类

1980年发布的《国际残损、残疾、残障分类》（ICIDH）将残疾划分为三个独立的类别，即残损、残疾、残障。这是根据疾病对个体生存主要能力的影响，进行不同侧面的分析，根据能力丧失情况制定的对策。

（一）基本内容

1. 残损 残损指心理上、生理上或解剖结构上、功能上的任何丧失或异常，是生物器官系统水平上的残疾。可分为：①智力残损；②其他心理残损；③语言残损；④听力残损；⑤视力残损；⑥内脏（心脏、消化、生殖器官）残损；⑦骨骼（姿势、体格、运动）残损；⑧畸形；⑨多种综合残损。在每一类残损中又细分多个项目。

2. 残疾 残疾是由于缺损使能力受限或缺乏，以致人不能按正常的方式和在正常的范围内进行活动，是个体水平上的残疾。残疾可分为：①行为残疾；②交流残疾；③生活自理残疾；④运动残疾；⑤身体姿势和活动残疾；⑥技能活动残疾；⑦环境适应残疾；⑧特殊技能残疾；⑨其他活动残疾。在每一类残疾中又细分为多个项目。

3. 残障 残障是由于残损或残疾，而限制或阻碍一个人完成正常的（按年龄、性别、社会和文化等因素）社会作用，是社会水平的残疾。残障可分为：①定向识别（时间、地点、人物）残障；②身体自主残障（生活不能自理）；③行动残障；④就业残障；⑤社会活动的残障；⑥经济自立残障；⑦其他残障。在①～⑥类残障中又分成9个等级，第⑦类中分4个等级。

（二）残损、残疾、残障之间的关系

我国习惯上把残损、残疾、残障合称为残疾，但只有后面两者才是肯定的残疾。残损是否属于残疾，需作具体分析。残损、残疾、残障的关系见ICIDH模式（图2-3-1）。残损、残疾、残障之间没有绝对的界限，其程度可以互相转化，残损未经合适的康复治疗，

可转化为残疾，甚至残障，而残障或残疾因合适的康复治疗也可向较轻程度转化。一般情况下，残疾的发展按照残损、残疾、残障的顺序进行，也可能发生跳跃。一些残损患者，因心理障碍而自我封闭，发展到与社会隔绝即残障程度，但此类患者经康复、心理治疗后，完全可以转化为残损。脊髓损伤后截瘫患者，在下肢功能丧失后，失去了步行活动能力，完全可以转化为残损；如果患者得不到积极康复治疗，下肢瘫痪可以使其终生卧床，丧失工作能力和与社会交往的能力，发展为残障。残损、残疾和残障之间没有绝对界限，残疾在三个层次上表现出各自特征、评估方法和治疗途径，表 2-3-1 帮助我们进一步认识残疾的分类。

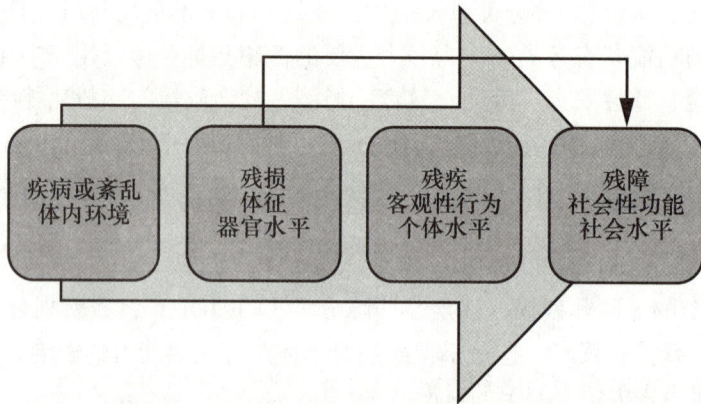

图 2-3-1　ICIDH 模式图

表 2-3-1　残疾分类特征、表现以及相应的康复评估和治疗途径

分类	障碍水平	表现	评估	康复途径	康复方法
病损	器官水平	器官或系统功能严重障碍或丧失	关节活动范围、徒手肌力、电诊断等	改善	功能锻炼
残疾	个体水平	生活自理能力严重障碍或丧失	ADL 评定	代偿	ADL 训练
残障	社会水平	社交或工作能力严重障碍或丧失	社交和工作能力评估	替代	环境改造

二、国际功能、残疾和健康分类标准

在 ICF 框架（图 2-3-2）中，功能是包含身体功能和结构、活动与参与的概括性术语，残疾是指身体功能和身体结构上有障碍，活动受限与参与局限；尽管功能与健康状况（包括疾病、障碍和损伤）有关，但不只是健康状况导致的结果，而是由健康状况和环境因素交互的结果，这种交互作用是动态和双向的，其中一种成分的变化可能影响其他成分。

如图所示，ICF 模型还描述了影响个体功能和残疾程度的环境和个人因素的基本组分。环境因素可以成为障碍（产生或加大残疾的严重性）或者有利因素（改善甚至是消除残疾），因此，在描述个体功能水平时，必须考虑环境因素。

健康情况（障碍或疾病）

身体结构和功能　　　活动　　　参与

环境因素　　　个人因素

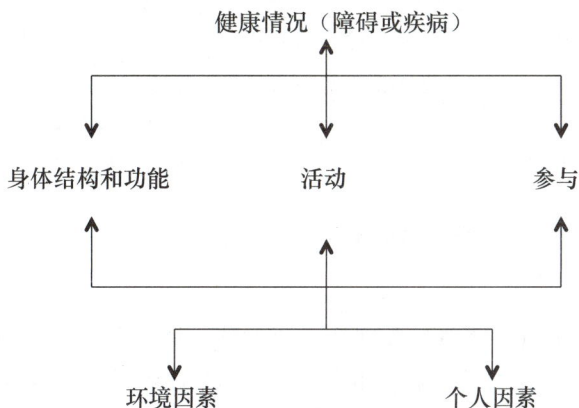

图 2-3-2　ICF 模式图

（一）ICF 的构成

1. 身体的功能 / 结构与残损

（1）身体的功能：身体的功能是指身体各系统的生理或心理功能。身体结构，是指身体的解剖结构，如器官、肢体及其组成部分。例如，手的功能是利用或不用工具劳动；走的功能是指承载体重和走路；胃的功能是消化食物；脑的功能是思维等。它们各自的特征是不能相互取代的。身体的功能和身体的结构是两个不同但又平行的部分，如眼结构组成视觉功能。身体除了指各个器官外，还包括各器官所具有的功能，像脑器官是身体的一部分，它所具有的意识功能（高级皮质功能）也是身体的一部分。

（2）残损：残损是指身体功能或解剖结构上的缺失或偏差，是在身体各系统功能和结构水平上评价肢体功能障碍的严重程度，指各种原因导致的身体结构、外形、器官或系统生理功能以及心理功能损害，仅限于器官、系统的功能障碍，不涉及组织、细胞、分子水平的病损。它是病理情况在身体结构上的表现。残损可以是暂时的或永久的，可以是进行性发展或静止不变的，可以持续或间断性出现的。对功能活动、生活和工作的速度、效率、质量可能有一定影响，会干扰个人正常生活活动，如进食、个人卫生、步行等，但仍能达到日常活动能力自理。残损比疾病或紊乱的范围更广泛，如截肢是身体结构的残损，并不是疾病，也不意味患者处在疾病或身体虚弱状态，残损也可以身体强健，如有些截肢者是十分优秀的运动员，他与正常人比较存在某些缺陷，功能受限，但通过康复的介入，凭借本人顽强的意志，可以完成常人都难以完成的动作。残损的程度可以用丧失或缺少、减少、附加或过度及偏离来衡量（表 2-3-2）。

表 2-3-2　ICF 构成成分

	身体功能与结构	活动	参与	情景性因素
构成	身体（身体部分）	个体（作为一个完整的人在标准环境中）	社会（人在现实环境中）	环境因素（功能的外在影响）+个人因素（功能的内在影响）
特征	身体功能和身体结构	执行任务的能力	现实生活中完成任务的能力	身体、社会的态度、世故的特点+人的特质
积极方面	功能和结构完整	活动	参与	促进因素

续表

	身体功能与结构	活动	参与	情景性因素
消极方面	损伤	活动限制	参与限制	障碍/阻碍
限定值:				
1 类限定	一般的限定值: 范围和程度			
2 类限定	部位	帮助程度		

2. 活动与活动受限

（1）活动：活动是指个体执行某项任务或行动。活动涉及的是与生活有关的所有个人活动，是一种综合应用身体功能的能力。这些活动从简单到复杂（走路、进食或从事多项任务），必须观察到个人实际完成活动的全过程，不包括个人对完成活动的态度、潜力和能力。身体功能和基本生活可以在个体活动水平上体现出来，如组织和计划性的认知功能既是身体的功能，但计划每日安排也是一项个体水平上的活动。

（2）活动受限：活动受限指个体在进行活动时可能遇到的困难，是从个体或整体完成任务、进行活动的水平上评价功能障碍的严重程度。活动首先建立在残损的基础上，包括行为、交流、生活自理、运动、身体姿势和活动、技能活动和环境处理等方面的活动受限。活动受限可以是完成活动的量或活动的性质变化所致。辅助设备的使用和他人辅助可以解除活动受限，但不能消除残损，如患者进食困难可以通过吸管改变进食方式后完成进食活动。并非所有残损都会引起活动受限，如一只眼球被摘除或一只小指被截去的患者，从器官水平上看属于残损，但并未影响到患者的日常生活，患者可以根据情况选择适合他的一般性工作。

3. 参与与参与局限

（1）参与：参与是指个体投入到一种生活情景中；是与健康状态、身体功能和结构、活动及相关因素有关的个人生活经历，以及与个人生活各方面功能有关的社会状况，包括社会对个人功能水平的反应，这种社会反应既可以促进，也可以阻碍个体参与各种社会活动，是个人健康、素质及其所生存的外在因素之间复杂关系的体现。参与和活动的不同在于影响前者的相关因素是在社会水平，影响后者的因素设在个体水平，参与需要解决个体如何在特定的健康和功能状况下去努力生存，环境因素是否妨碍或促进个体参与。

（2）参与局限：参与局限是个体投入到生活情境中可能经历到的问题。参与局限是从社会水平上评价功能障碍的严重程度，指由于残损、活动受限或其他原因导致个体参与社会活动受限，影响和限制个体在社会上的交往，导致工作、学习、社交不能独立进行。

常见的参与局限包括定向识别（时间、地点、人物）、身体自主、活动就业、社会活动、经济自主受限，如脊髓损伤造成四肢瘫痪的患者，在生活完全不能自理的情况下，也完全丧失了工作和社交能力，他们必须靠家人和社会的救济才能维持生活。此外，环境因素对同一个残损或活动受限的个体会有影响。例如，某个个体可以在移动性方面表现为活动受限和参与局限，活动受限是由于其不能行走所致，参与局限是由于环境障碍物或无交通工具所致。所以，参与局限直接受社会环境影响，即使是个体无残损或活动受限也会如此，例如，无症状和疾病的肝炎病毒携带者不存在残损或活动受限，但他会受到社会的排斥或工作的限制。

（3）情景性因素：情景性因素是指个体生活和生存的全部背景，包括环境因素和个人因素。环境因素是指社会环境、自然环境、家庭及社会支持，它与身体功能和结构、活动、参与之间是相互作用的。个人因素指个体生活和生存的特殊背景，包含了个体的特征，如性别、年龄、生活方式、习惯、教育水平、社会背景、教养、行为方式、心理素质等。由此可见，健康情况、功能和残疾情况以及情景性因素之间是一种双向互动的统一体系。

（二）ICF 各构成成分之间的关系

ICF 对于健康、健康相关状态以及功能和残疾状态采用 ICF 模式图（图 2-3-2）的方式进行描述：ICF 将功能与残疾分类作为一种作用和变化的过程，提供多角度的方法，个体的功能状态是将健康状况与情景性因素相互作用和彼此复杂的联系，干预了一个项目就可能产生一个或多个项目的改变。这种相互作用通常是双向的。

（三）ICF 内容

（1）ICF 应用字母数字编码系统对其每一项评估即身体结构（body structures）、身体功能（body functions）、活动和参与（activities and participation）、环境因素（environmental factors）以及个人因素（personal factors）进行编码，其中，字母 b、s、d 和 e 分别代表身体功能、身体结构、活动和参与以及环境因素。首字母 d 代表活动和参与，根据使用者的情况，可以用 a 或 p 替代首字母 d 以分别指代活动和参与。且每一项可以逐级分类，级别数越高（如第三或第四级别），分类越具体，共有 1454 项条目。例如，第二级 ICF 水平"b730 肌力功能"是"b7 神经肌肉系统和运动相关功能"的成分之一；而"b7 神经肌肉系统和运动相关功能"是 ICF 组成成分之一"b 身体功能"的一部分。个人因素由于其特异性原因，至今尚未分类。

（2）ICF 定量分级采用 0～4 分的分级方法表述问题的严重程度，但是分级范围不是平均分配。分级方法是：

0——没有问题（无、缺乏、可以忽视等，0～4%）

1——轻度问题（轻、低等，5%～24%）

2——中度问题（中等、较好等，25%～49%）

3——严重问题（高、极端等，50%～95%）

4——全部问题（最严重、全部受累等，96%～100%）

8——无法特定（当前信息无法确定问题的严重程度）

9——无法应用（不恰当或不可能使用）。

（3）环境因素分为障碍因素和促进因素两个方面。

以上有关 ICF 内容可参考表 2-3-3 所示。

表2-3-3 ICF内容

限定值	身体功能	身体结构			活动与参与局限		情景性因素	
		一级（损伤程度）	二级（变化的性质）	三级（指出部位）	一级活动受限程度	二级（无辅助时参与局限程度）	障碍因素	有利因素
0	无残疾	没有损伤	结构没有改变	多于一个部位	无困难	无困难	无	无
1	轻度残疾	轻度残疾	完全缺失	右侧	轻度困难	轻度困难	轻度	轻度
2	中度残疾	中度残疾	部分缺失	左侧	中度困难	中度困难	中度	中度
3	严重残疾	严重残疾	附属部位	两侧	重度困难	重度困难	重度	充分
4	完全损伤	完全损伤	异常维度	前端	完全困难	完全困难	完全	完全
5	—	—	不连贯性	后端	—	—	—	—
6	—	—	偏离位置	近端	—	—	—	—
7	—	—	结构性质改变（包括积液）	远端	—	—	—	—
8	未特指	未特指	未特指	未特指	未特指	未特指	—	—
9	不适用	不适用	不适用	不适用	不适用	不适用	—	—

（四）ICF应用价值

1. 国际交流工具　ICF作为国际通用的描述功能、残疾和健康状况的国际语言和概念，使得国际间就某一疾病的交流变得容易，且使得疾病前后变化具有可比性。

2. 多学科的交流工具　ICF的目标是提供统一、标准的语言和框架描述健康和与健康有关的状况。它从概念上把以前侧重的"疾病结局"分类转变为现在的"健康成分"分类。"健康成分"需要确定由哪些因素构成人的健康状况，而"疾病结局"则只能反映疾病（包括损伤、中毒）对健康造成的影响和危害。因此ICF可以应用于：医院管理和质量控制体系、康复医疗评估体系、医疗保险评价体系、社会工作评价体系。

3. 临床功能评定的实用工具　ICF是疾病、健康和残疾相关问题的标准语言，有可能成为医学领域通用的功能评估工具。在康复医学领域有十分重要的临床价值。

（五）ICF与ICIDH

1. 分类术语的改变　ICIDH中身体、个体、社会水平上分类使用的是残损、残疾、残障。ICF中三水平的分类则变成了身体功能与结构、活动、参与，且每一水平的评估有积极与消极两方面。消极的一面分别为损伤或残损、活动限制和参与局限。功能表示积极的方面。在ICF中残疾的含义也发生了变化，同时涵盖了损伤、活动限制、参与局限三个水平的消极方面。

2. 分类中增加了附加因素　考虑到环境因素和个体因素对身体的影响，为了在国际范围内制定统一的解决方案，ICF增加并强调了新内容即情景性因素。

3. 扩大了分类的含义　ICIDH主要侧重疾病后果的分类，而ICF还包括了"健康成分"的残疾分类。

4. 残疾分类的相互转化　ICF分类中强调了所有成分之间的双向互动，而ICIDH中则以单项影响为主。这一特性为通过干预来预防残疾的发生和减轻残疾的影响提供了有力的理论基础。

5. ICF 的应用范围扩大　ICF 目前在国外已应用到如下领域：

（1）统计工具：用于数据采集和编码（人口研究，残疾人管理系统等）；

（2）研究工具：测量健康状态的结果，生活质量或环境因素；

（3）临床工具：用于评定，如职业评定、康复效果评定；

（4）制定社会政策工具：用于制定社会、保障计划、保险赔偿系统及制定与实施政策；

（5）教育工具：用于教学需求评估、课程设计等方面。

（六）ICF 核心组合

核心组合（core set）是指在特定疾病和特定环境下，选出尽可能少的与功能、残疾和健康相关的 ICF 条目，可用于临床研究及健康统计或指导多学科对健康有问题的人进行功能上的评定。目前，已开发出包括脊髓损伤、骨关节炎、腰痛等 30 余种疾病的核心组合，每种疾病的核心组合包括综合版、简要版和通用版。

（1）综合版包含了处于某种健康状况或特定卫生保健情境下，可能面临的典型问题的 ICF 类目；它可以作为检查表指导功能评定；并提供完整的跨学科功能评估。

（2）简要版来源于综合版，仅包含其中少数条目，仅适用于需要进行简单功能评估的情况（如在初级卫生保健或单一学科环境），提供与疾病或某种医疗情景相关的临床资料；它也是临床和流行病学研究中有效描述功能和残疾的最低标准。

（3）通用版 ICF 核心分类组合与其他核心分类组合的开发方法不同，它使用了心理测量学研究方法；它说明了功能的核心，具有显著的临床价值，且实现了患有不同疾病患者间功能的可比性，因此，在应用其他任何一种 ICF 核心分类组合时，都要联合使用通用版。

（4）核心组合是 ICF 进入实际应用的关键措施。下面以脊髓损伤核心组合为例，介绍核心组合的形式和内容。

①脊髓损伤亚急性期 ICF 核心组合：脊髓损伤亚急性期全套核心组合共包含 162 个条目（表 2-3-4～表 2-3-7），分别为：104 个二级水平，49 个三级水平以及 9 个四级水平，104 个二级水平条目反映亚急性期脊髓损伤患者典型的功能问题，如疼痛、感觉功能、血压、直肠和膀胱功能、肌力和肌张力。58 个三级、四级水平是对 14 个二级水平种类的进一步分类，适用于所有水平的脊髓损伤患者。

从内容上看，脊髓损伤 ICF 核心组合由 63 条身体功能条目、14 条身体结构条目，53 条活动和参与条目以及 32 条环境因素组成。

表 2-3-4　亚急性期脊髓损伤 ICF 核心组合——身体功能

ICF 编码			内容
二级水平	三级水平	四级水平	
b126			气质和人格功能
b130			能量和驱动功能
b134			睡眠功能
b152			情感功能

ICF 编码			内容
二级水平	三级水平	四级水平	
b260			本体感受功能
B265			触觉功能
B270			与温度和其他刺激有关的感觉功能
	B2800		全身性疼痛
		B28010	头和颈部疼痛
		B28013	背部疼痛
		B28014	上肢疼痛
		B28015	下肢疼痛
		B28016	关节疼痛
	B2803		皮节辐射状疼痛
	B2804		节状或区域上辐射状疼痛
B310			发声功能
B410			心脏功能
B415			血管功能
	B4200		血压升高
	B4201		血压降低
	B4202		血压的维持
B430			血液系统功能
B440			呼吸功能
B445			呼吸肌功能
B450			辅助呼吸功能
B455			运动耐受功能
B510			摄入功能
B515			消化功能
	B5250		排泄粪便
	B5251		大便稠度
	B5252		排便次数
	B5253		大便自控
	B5254		肠胀气
B530			体重维持功能
B550			温度调节功能
B610			尿液形成功能
	B6200		排尿
	B6201		排尿次数
	B6202		小便控制
B630			与泌尿功能相关的感觉
B640			性功能
B670			与生殖及生育功能相关的感觉

ICF 编码			内容
二级水平	三级水平	四级水平	
B710			关节活动功能
B715			关节稳定功能
	B7300		独立肌肉和肌群的力量
	B7302		单侧身体肌肉的力量
	B7303		下肢肌肉的力量
	B7304		四肢肌肉的力量
	B7305		躯干肌肉的力量
	B7353		下肢肌肉的张力
	B7354		四肢肌肉的张力
	B7355		躯干肌肉的张力
B740			肌肉耐力的功能
B750			运动反射功能
B755			不随意运动反应功能
B760			随意运动控制功能
B765			不随意运动功能
B770			步态功能
B780			与肌肉和运动功能有关的感觉
B810			皮肤的保护功能
B820			皮肤的修复功能
B830			皮肤的其他功能
B840			与皮肤有关的感觉

表 2-3-5　亚急性期脊髓损伤 ICF 核心组合——身体结构

ICF 编码			内容
二级水平	三级水平	四级水平	
		S12000	颈部脊髓
		S12001	胸部脊髓
		S12002	腰骶部脊髓
		S12003	马尾
	S1201		脊神经
S430			呼吸系统结构
S610			泌尿系统结构
S710			头颈部结构
S720			肩部结构
S730			上肢结构
S740			骨盆结构
S750			下肢结构
S760			躯干结构
S810			各部位皮肤结构

表 2-3-6 亚急性期脊髓损伤 ICF 核心组合——活动和参与

ICF 编码			内容
二级水平	三级水平	四级水平	
D230			进行日常事务
D240			控制应激和其他心理需求
D360			使用交流设备与技术
	D4100		躺下
	D4103		坐下
	D4104		站起
	D4105		屈身
	D4106		移动身体重心
	D4153		保持坐姿
	D4154		保持站姿
D420			移动自身
D430			举起和搬运物体
D435			用下肢移动物体
	D4400		拾起
	D4401		抓住
	D4402		操纵
	D4403		释放
	D4450		拉
	D4451		推
	D4452		伸
	D4453		转动或旋转手或手臂
	D4455		抓住
	D4500		短距离步行
	D4501		长距离步行
	D4502		不同地表面上的步行
	D4503		绕障碍物步行
D455			到处移动
	D4600		在住所内到处移动
	D4601		在非住所的建筑物内到处移动
	D4602		在住所和其他建筑物外到处移动
D465			利用设备到处移动
D470			利用交通工具
D475			驾驶
D510			盥洗自身
D520			护理身体各部
	D5300		小便控制
	D5301		大便控制
	D5302		月经护理

ICF 编码			内容
二级水平	三级水平	四级水平	
D540			穿衣
D550			吃
D560			喝
D570			照顾个人健康
D610			获得住所
D620			获得商品和服务
D630			准备膳食
D640			做家务
D660			帮助别人
D760			家庭人际关系
D770			亲密关系
D850			有报酬的就业
D870			经济自给
D920			娱乐和休闲
D930			宗教和精神性活动

表 2-3-7　亚急性期脊髓损伤全套 ICF 核心组合——环境因素

ICF 编码	内容
二级水平	
E110	个人消费物品或物质
E115	个人日常生活用品和技术
E120	个人室内外移动和运输用品和技术
E125	通信用品和技术
E130	教育用品和技术
E135	就业用品和技术
E140	文化、娱乐及体育用品和技术
E150	公共建筑物设计、建设及建筑用品和技术
E155	私人建筑设计、建设及建筑用品和技术
E165	资产
E310	直系亲属家庭
E315	大家庭
E320	朋友
E325	熟人、同伴、同事、邻居和社区成员
E330	处于权威地位的人
E340	个人护理提供者和个人助手
E355	卫生专业人员
E360	其他专业人员
E410	直系亲属家庭成员的态度

ICF 编码 二级水平	内容
E415	大家庭成员的态度
E420	朋友的态度
E425	熟人、同伴、同事、邻居和社区成员的态度
E440	个人护理提供者和个人助手的态度
E450	卫生专业人员的态度
E460	社会态度
E515	建筑和工程服务、体制和政策
E525	住房供给服务、体制和政策
E540	交通运输服务、体制和政策
E555	社团和组织服务、体制和政策
E570	社会保障服务、体制和政策
E575	社会支持服务、体制和政策
E580	卫生服务、体制和政策

②脊髓损伤亚急性期简要 ICF 核心组合：亚急性期脊髓损伤患者简要 ICF 核心组合，包括 25 个二级水平条目（表 2-3-8），占全套核心组合二级水平条目的 24%；8 个身体功能条目（占全套核心组合二级水平的 22%）；3 个身体结构条目（占全套核心组合二级水平的 33%）；9 个活动和参与条目（占全套核心组合二级水平的 33%）；5 个环境因素条目（占全套核心组合二级水平的 16%）。简要 ICF 核心组合每一组成成分的条目按照影响患者功能重要性的大小进行排序，通过了解此组合，临床医生能够了解患者大致功能状况。在遇到特定情况时，如果简要核心组合不能全面反映功能状况，全套核心组合中的条目可供选择。

表 2-3-8　亚急性期脊髓损伤简要 ICF 核心组合

ICF 组成成分	排序	ICF 编码	内容
身体功能	1	B730	肌肉力量功能
	2	B620	排尿功能
	3	B525	排便功能
	4	B280	痛觉
	5	B440	呼吸功能
	6	B735	肌张力功能
	7	B152	情感功能
	8	B810	皮肤的保护功能
身体结构	1	S120	脊髓和相关结构
	2	S430	呼吸系统结构
	3	S610	泌尿系统结构

续表

ICF组成成分	排序	ICF编码	内容
活动和参与	1	D420	移动自身
	2	D410	改变身体的基本姿势
	3	D445	手和手臂的使用
	4	D530	如厕
	5	D550	吃
	6	D450	步行
	7	D510	盥洗自身
	8	D540	穿衣
	9	D560	喝
环境因素	1	E310	直系亲属家庭
	2	E355	卫生专业人员
	3	E115	个人日常生活用品和技术
	4	E120	个人室内外移动、运输用品和技术
	5	E340	个人护理提供者和个人助手

（5）ICF核心组合的临床应用。为了应用方便，目前已开发出ICF文档工具，用于ICF核心组合的实施，并用于结构性康复管理，如ICF康复循环（图2-3-3）。

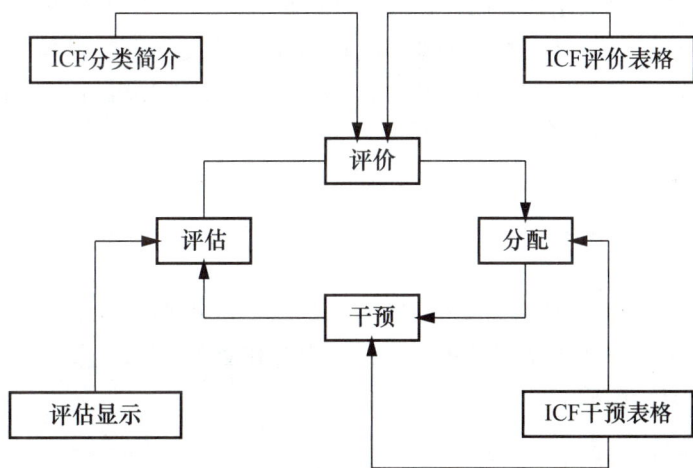

图 2-3-3　ICF 康复循环

三、中国残疾分类标准

1986年10月，国务院正式批准了《五类残疾标准》，并于1987年4月在全国范围内对各类残疾人进行了第一次抽样调查，将五类残疾又进行了分级。五类残疾标准包括：视力残疾、听力语言残疾、智力残疾、肢体残疾和精神病残疾。于1990年12月28日第七届全国人民代表大会常务委员会第十七次会议通过、并于2008年4月24日第十一届全国人民代表大会常务委员会第二次会议修订通过的《中华人民共和国残疾人保障法》中规定："残疾人包括视力残疾、听力残疾、言语残疾、肢体残疾、智力残疾、精神残疾、多重残疾和其他残疾的人"。这就是通常所说的六类残疾人。2006年4月1日零时开始的第二次全国残疾人抽样调查所采用的标准就是该分类方法。它将残疾分为视力残疾、听力残疾、言语残疾、智力残疾、肢体残疾、精神残疾六类，也未包括内脏残疾。

（一）视力残疾标准

1.定义　视力残疾是指由于各种原因导致双眼视力低下并且不能矫正或视野缩小，以致影响其日常生活和社会参与。视力残疾包括盲及低视力。

2.分级　按好眼最佳视力分为：盲：一级盲（＜0.02～无光感，或视野半径＜50）；二级盲（＜0.05～0.02.或视野半径＜100）；低视力；一级低视力（＜0.1～0.05）、二级低视力（＜0.3～0.1）。

（二）听力残疾标准

1.定义　听力残疾是指由于各种原因导致双耳不同程度的永久性听力障碍，听不到或听不清周围环境声及言语声，以致影响日常生活和社会参与。

2.分级

（1）听力残疾一级：听觉系统的结构和功能方面极重度损伤，较好耳平均听力损伤≥91 dBHL，在无助听设备帮助下，不能依靠听觉进行言语交流，在理解和交流等活动上极度受限，在参与社会生活方面存在极严重障碍。

（2）听力残疾二级：听觉系统的结构和功能重度损伤，较好耳平均听力损失在81～90 dBHLL之间，在无助听设备帮助下，在理解和交流等活动上重度受限，在参与社会生活方面存在严重障碍。

（3）听力残疾三级：听觉系统的结构和功能中重度损伤，较好耳平均听力损失在61～80 dBHL之间，在无助听设备帮助下，在理解和交流等活动上中度受限，在参与社会生活方面存在中度障碍。

（4）听力残疾四级：听觉系统的结构和功能中度损伤，较好耳平均听力损失在41～60 dBHL之间，在无助听设备帮助下，在理解和交流等活动上轻度受限，在参与社会生活方面存在轻度障碍。

（三）言语残疾标准

1.定义　言语残疾，是指由于各种原因导致的不同程度的言语障碍（经治疗一年以上不愈或病程超过两年者），不能或难以进行正常的言语交往活动（3岁以下不定残）。言语残疾包括如下几类：

（1）失语：是指由于大脑言语区域以及相关部位损伤所导致的获得性言语功能丧失或受损。

（2）运动性构音障碍：是指由于精神肌肉病变导致构音器官的运动障碍，主要表现为不会说话、说话费力、发声和发音不清等。

（3）器官结构异常所致的构音障碍：是指构音器官形态结构异常所致的构音障碍，其表现为腭裂以及舌或颌面部术后，主要表现为不能说话、鼻音过重、发音不清等。

（4）发声障碍（嗓音障碍）：是指由于呼吸及喉存在器质性病变导致的失声、发声困难、声音嘶哑等。

（5）儿童言语发育迟滞：指儿童在生长发育过程中其言语发育落后于实际年龄的状态，主要表现不会说话、说话晚、发音不清等。

（6）听力障碍所致的言语障碍：是指由于听觉障碍所致的言语障碍，主要表现为不会说话或者发音不清。

（7）口吃：是指言语的流畅性障碍，常表现为在说话的过程中拖长音、重复、语塞并伴有面部及其他行为变化等。

2. 言语残疾分级

（1）言语残疾一级：无任何言语功能或语音清晰度≤10%，言语表达能力等级测试未达到一级测试水平，不能进行任何言语交流。

（2）言语残疾二级：具有一定的发声及言语能力。语音清晰度在11%～25%之间，言语表达能力未达到二级测试水平。

（3）言语残疾三级：可以进行部分言语交流。语音清晰度在26%～45%之间，言语表达能力未达到三级测试水平。

（4）言语残疾四级：能进行简单会话，但用较长句或长篇表达困难。语音清晰度在46%～65%之间，语言表达能力等级未达到四级测试水平。

（四）肢体残疾标准

1. 定义　肢体残疾是指人体运动系统的结构、功能损伤造成四肢残缺或四肢、躯干麻痹（瘫痪）、畸形等而致人体运动功能不同程度的丧失以及活动受限或参与的局限。肢体残疾包括：

（1）上肢或下肢因伤、病或发育异常所致的缺失、畸形或功能障碍；

（2）脊柱因伤、病或发育异常所致的畸形或功能障碍；

（3）中枢、周围神经因伤、病或发育异常造成躯干或四肢的功能障碍。

2. 肢体残疾的分级

（1）肢体残疾一级：不能独立实现日常生活活动。

①四肢瘫：四肢运动功能重度丧失；

②截瘫：双下肢运动功能完全丧失；

③偏瘫：一侧肢体运动功能完全丧失；

④单全上肢和双小腿缺失；

⑤单全下肢和双前臂缺失；

⑥双上臂和单大腿（或单小腿）缺失；

⑦双全上肢或双全下肢缺失；

⑧四肢在不同部位缺失；

⑨双上肢功能极重度障碍或三肢功能重度障碍。

（2）肢体残疾二级：基本上不能独立实现日常生活活动。

①偏瘫或截瘫，残肢保留少许功能（不能独立行走）；

②双上臂或双前臂缺失；

③双大腿缺失；

④单全上肢和单大腿缺失；

⑤单全下肢和单上臂缺失；

⑥三肢在不同部位缺失（除一级中的情况）；

⑦二肢功能重度障碍或三肢功能中度障碍。

（3）肢体残疾三级：能部分独立实现日常生活活动。

①双小腿缺失；

②单前臂及其以上缺失；

③单大腿及其以上缺失；

④双手拇指或双手拇指以外其他手指全缺失；

⑤二肢在不同部位缺失（除二级中的情况）；

⑥一肢功能重度障碍或二肢功能中度障碍。

（4）肢体残疾四级：基本上能独立实现日常生活活动。

①单小腿缺失；

②双下肢不等长，差距在5cm以上（含5cm）；

③脊柱强（僵）直；

④脊柱畸形，驼背畸形大于70°或侧凸大于45°；

⑤单手拇指以外其他四指全缺失；

⑥单侧拇指全缺失；

⑦单足跗跖关节以上缺失；

⑧双足趾完全缺失或失去功能；

⑨侏儒症（身高不超过130cm的成年人）；

⑩一肢功能中度障碍，两肢功能轻度障碍；

⑪类似上述的其他肢体功能障碍。

（五）智力残疾标准

1. 定义　智力残疾是指智力显著低于一般人水平，并伴有适应行为的障碍。此类残疾由于精神系统结构、功能障碍，使个体活动和参与受到限制，需要环境提供全面、广泛、有限和间歇的支持。智力残疾包括：指智力发育期间（18岁之前），由于各种有害因素导致的精神发育不全或智力迟滞；或者智力发育成熟以后，由于各种有害因素导致智力损害或智力明显衰退。

2. 智力残疾的分级　7岁以下儿童智力残疾按发展商分级，7岁及以上者按智商分级，二者均可按WHO-DAS标准分级，具体标准见表2-3-9。

表 2-3-9　智力残疾分级

级别	分级标准			
	发展商（DQ）值	智商（IＱ）	适应性行为	WHO-DAS 分
	0～6 岁	7 岁以上	AB	
一级	≤25	<20	极重度	≥116
二级	26～39	20～34	重度	106～115
三级	40～54	35～49	中度	96～105
四级	55～75	50～69	轻度	52～95

（六）精神残疾标准

1. 定义　精神残疾是指各类精神障碍持续一年以上未痊愈，由于病人的认知、情感和行为障碍，影响其日常生活和社会参与。

精神病残疾包括脑器质性、躯体疾病伴发的精神障碍。中毒性精神障碍包括药物、酒精依赖，精神分裂症，以及情感性、偏执性、反应性、分裂情感性、周期性精神病等造成的残疾。

2. 精神残疾的分级　18 岁以上的精神障碍患者根据 WHO-DAS 分数和下述的适应行为表现，18 岁以下者依据下述的适应行为的表现，把精神残疾划分为四级：

（1）精神残疾一级。WHO-DAS 值在≥116 分，适应行为严重障碍：生活完全不能自理，忽视自己的生理、心理的基本要求。不与人交往，无法从事工作，不能学习新事物。需要环境提供全面、广泛的支持，生活长期、全部需他人监护。

（2）精神残疾二级。WHO-DAS 值在 106～115 分之间，适应行为重度障碍：生活大部分不能自理，基本不与人交往，只与照顾者简单交往，能理解简单照顾者的指令，有一定学习能力；监护下能从事简单劳动；能表达自己的基本需求，偶尔被动参与社交活动；需要环境提供广泛的支持，大部分生活仍需他人照料。

（3）精神残疾三级。WHO-DAS 值在 96～105 分之间，适应行为中度障碍：生活上不能完全自理，可以与人进行简单交流，能表达自己的情感。能独立从事简单劳动，能学习新事物，但学习能力明显比一般人差。被动参与社交活动，偶尔能主动参与社交活动；需要环境提供部分的支持，即所需要的支持服务是经常性的、短时间的需求，部分生活需由他人照料。

（4）精神残疾四级。WHO-DAS 值在 52～95 分之间，适应行为轻度障碍：生活上基本自理，但自理能力比一般人差，有时忽略个人卫生；能与人交往，能表达自己的情感，体会他人情感的能力较差；能从事一般的工作，学习新事物的能力比一般人稍差；偶尔需要环境提供支持，一般情况下生活不需要由他人照料。

此外，存在两种或两种以上的残疾称为多重残疾。多重残疾应指出其残疾的类别。多重残疾分级按所属残疾中最重类别残疾分级标准进行分级。

【案例分析】

此案例中，ICF 的结构内容包括：姚先生的健康状态、功能（截瘫）、活动、参与，以及环境（居家、学校）和个体因素。尽管姚先生双下肢功能障碍无法站立行走，但是，因他个人积极努力及经系统康复治疗（个体因素），以及借助轮椅、家庭居住环境、学校工作环境（环境因素）改造后，他能生活自理并重返讲台，其活动（生活自理）和参与（重返工作和社会）并未因双下肢功能障碍而受限，这正反映了环境和个体因素对功能、活动和参与的积极影响，也验证了 ICF 框架中"个体的功能状态是健康状况与情景性因素相互作用和彼此复杂的联系，干预了一个项目就可能产生一个或多个项目的改变"的特征，而且这种作用是双向的。

学习检测

1. 简述《国际残损、残疾、残障分类》（ICIDH）的基本内容。
2. 叙述 ICF 的结构、内容和各部分间的关系。
3. 简述中国残疾分类标准。

项目三
康复医学基础

学习目标

1. 掌握力学基本概念、人体发育学的概念及研究范围、神经学和心理学基础理论；掌握力学基本概念；人体解剖参考面；人体运动链；人体力学杠杆的分类；制动的形式及利弊。

2. 熟悉人体关节运动形式；重心的位置及影响因素；运动的生理效应；熟悉人体发育学的正常发育规律；熟悉人的基本心理活动；熟悉中枢神经损伤的恢复机制，周围神经再生的影响因素。

3. 了解运动控制的调节机制；了解人体发育学的异常发育及评定方法；了解神经系统的主要功能；了解人格形成的影响因素。

康复治疗技术的发展，以人体结构和功能发育为理论基础，通过系统学习不同阶段的生长发育特征及规律，如应用运动发育规律、言语发育规律、神经发育规律、心理发育规律，提高康复评定和治疗水平，促进患者功能恢复。人体各器官、系统中，神经系统是结构最复杂、功能最精密的器官。神经系统病损后的功能恢复基于神经再生和功能重塑。

▌任务一　运动学基础理论

案例导入

　　患者杨×，男，53岁，两天前在游泳训练时，不慎头顶撞中池底，自觉四肢运动感觉丧失，行X线，CT等检查示："颈椎4、5骨折脱位"，给予颈椎牵引、输液等对症治疗，双上肢可屈曲，后逐渐屈曲困难，于3日后在全麻下行"颈前路颈椎4、5骨折脱位复位，钛网植入，颈椎4-6钛板内固定术"，术后双肘及双腕可轻微活动，留置尿管，大便1天1次，需借助开塞露，无便意。目前四肢运动、感觉障碍伴大小便障碍，ADL大部分介助他人。

思　考

1. 本例患者的术后可以进行肢体运动康复吗？
2. 卧床对患者的影响，可能会出现哪些并发症？
3. 早期康复介入患者有哪些获益？

一、力学基本概念

力（force），是物体之间相互作用的表现。若把人体看作力学系统，则人体受力可分为内力和外力。两者共同作用，产生适应、协调和平衡。

1. 外力　外力是外界物体作用于人体的力。人体在运动中所受到的主要外力有：

（1）重力：是地球对人体的引力，也是人体活动时必须克服的负荷。人体重力的作用方向竖直向下，大小与人体及负荷的质量相等。

（2）支撑反作用力：人体对支撑点施加作用力时，支撑点对人体的反作用力称支撑反作用力。当人体在支撑点上静止不动时，人体所受到的支撑反作用力称静支撑反作用力，其大小与人体体重相同，方向相反。人体在支撑点上做加速运动时所受到的支撑反作用力，称为动支撑反作用力，此时的支撑反作用力大于人体体重，如加速蹲起。

（3）摩擦力：是人体或肢体在地面或器械上运动或有运动趋势时，所受到的阻碍运动的力。其大小因人体或肢体重量及地面或器械表面的粗糙程度而异，方向与运动方向相反。人体所受摩擦力分为静摩擦力、滑动摩擦力和滚动摩擦力，对人体而言，前两种摩擦力更有意义。

（4）流体阻力：是人体在流体中运动时所承受的阻力，其大小与流体密度、运动速度和人体的正面面积成正比。在水中运动的阻力比在空气中运动受到的阻力大，但因为水的浮力作用又抵消了大部分体重，故人体在水中运动抗重力减少而省力。

各种外力经常被用来作为康复训练/治疗的负荷，负荷选择要与肢体中的肌群及其收缩强度相适应，以获得理想的训练效果，这是增强肌力训练的方法学基础。

2. 内力　内力是人体内部各组织器官间相互作用的力。各种内力相互适应，以维持最佳活动，同时也不断和外力相抗衡以适应人体生活的需要。人体运动中出现的主要内力有：

（1）肌肉拉力：通过其在骨骼上的附着点施加作用以维持人体姿势，协调人体内各部分、各环节间的相对运动，是人体内力中最重要的主动力。

（2）各组织器官间的被动阻力：当肢体做屈曲或伸展运动时，其相反方向的组织将受到牵拉，尤其是拮抗肌的张力，为保证运动完成，运动过程中拮抗肌保持适度张力，从而保证了主要运动方向运动的适时和适度。

（3）各内脏器官的摩擦力：如胃肠蠕动时，肠袢间的摩擦力，心脏传导冲动时与肺、纵膈和胸廓间的摩擦力等。

（4）内脏器官和固定装置间的阻力：如胃肠蠕动与腹膜、肠系膜、大血管间的阻力。

（5）食管的蠕动与纵膈间的阻力等：血液、淋巴液在管道内流动时产生的流动阻力，在分流时产生的湍流等。

二、运动学基础

运动学的知识在康复治疗中是很重要的一方面，作为运动系统的肌骨系统在肢体运动中起重要作用。

（一）人体解剖参考面

在三维直角坐标系中，人体的运动有三个面：水平面（与地面平行的面，把人体分为（上下两部分），冠状面（与身体前或后面平行的面，把人体分成前后两部分）和矢状面（与身体侧面平行的面，把人体分为左右两部分）。每两个面相交出的线称为轴，冠状（横）轴是与矢状面垂直的轴，垂直（纵）轴是与水平面垂直的轴，矢状轴是与冠状面垂直的轴。人体的面和轴（图3-1-1）。

在康复医学中，人体的基本姿势为人体运动的始发姿势，即：身体直立，面向前，双目平视，双足并立，足尖向前，双上肢下垂于体侧，掌心贴于体侧。其中手的姿势（又名中立位）是手的掌心贴于躯干两侧，是唯一有别于解剖学中人体基本姿势（手心向前于躯干两侧）的，应注意区分。

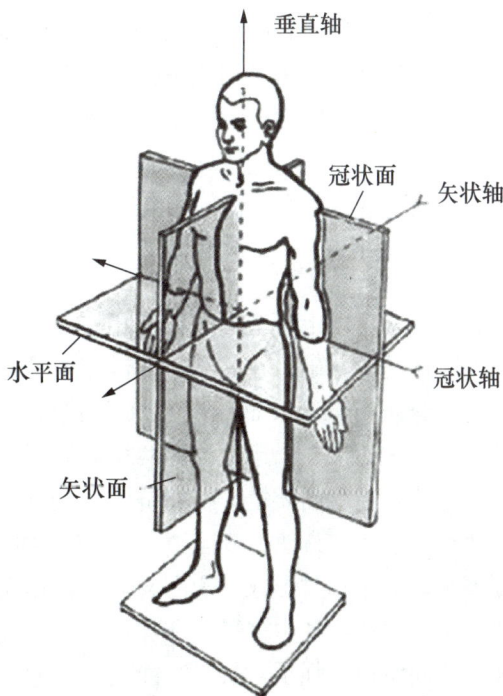

图 3-1-1　人体的面和轴

（二）人体关节的运动形式

（1）屈曲（flexion）与伸展（extension）：主要是以横轴为中心，在矢状面上的运动。

（2）内收（adduction）与外展（abduction）：主要是以矢状轴为中心，在冠状面上的运动。

（3）内旋（internal rotation）与外旋（external rotation）：主要是以纵轴为中心，在水平面上的运动。

另外，前臂和小腿还有旋前（pronation）和旋后（supination）运动。足踝部还有内翻（inversion）和外翻（eversion）运动。

（三）人体重心与平衡

人体重心并不特指身体上某一个固定点，它的位置是一个随机变量，随着呼吸、消化、血液循环等生理过程的进行，在一定范围内移动。在相对静止的状态下，其变化范围一般在 1.5～2 cm。站立时，人体重心一般在身体正中面上第 3 骶椎上缘前方 7 cm 处。由于性别、年龄、体型不同，人体重心位置略有不同。在人体运动中，由于身体姿势的变化，重心位置也随之变化。

人体平衡的力学条件是合外力为 0，合外力矩为 0。两个基本条件必须同时得到满足。在运动实践中，人体平衡姿势稳定性的好坏，直接影响各种动作的完成效果。平衡稳定性反映了物体维持原有状态和抵抗倾倒的能力。

在康复治疗中，为了训练平衡功能差的患者的平衡能力，开始训练时，可以先练习坐位（重心低、支撑面较大）平衡，练习立位平衡时，可先分开双腿以加大支撑面使重心降低，静态和动态平衡练习达到一定效果后，再逐渐过渡到并足训练。总之，在人体运动中，要重视重心和平衡的相互影响。

（四）人体运动链

三个或三个以上环节通过关节相连，组成运动链（kinematic chain），关节运动链是研究人体运动的基础，在关节康复治疗中具有重要的运动学与生物力学意义。运动链分为开链（open kinematic chain，OKC）和闭链（closed kinematic chain，CKC）。

1. 闭链　如果一个运动链的两端都被固定住，或者说运动链中每一个环节至少和其他两个环节相连就叫闭链。在闭链中，关节的运动不能独立，相互要耦合运动，即一个关节运动要牵连到其他关节运动。闭链运动指肢体或者躯干远端组成环状，运动时髋、膝、踝等多个关节运动时形成一个闭合的环。在强化肌力的训练中，肌肉爆发力的训练选择闭链运动。闭链运动中多平面和加速减速运动使运动接近肌力专业训练的运动形式，即加强了协同肌也加强了对抗肌，能充分训练关节整体的协调性和促进关节本体感受器功能恢复，从而促进关节的稳定性，所以，通常认为闭链运动比开链运动训练能获得更多的关节稳定的效果。

2. 开链　如果运动链的末端环节是可以自由运动的，或者说如果运动链中有一个环节只和其他一个环节相连接，这个运动链就叫开链。一般在人体运动中大多是开链，尤其是四肢的运动。开链运动指运动时肢体或躯干远端呈游离状态，其特点是各关节链有其特定的运动范围，远端的运动范围大于近端，速度也快于近端。神经疾病康复治疗中，一般选择闭链运动，强调多关节的协同。但是如果有单一肌肉需要特别强调进行独立的训练，则选择开链运动。通常髂腰肌是薄弱环节，有可能需要开链运动训练。

（五）人体基本动作原理

1.杠杆原理　人体很多关节、肌肉的运动均符合杠杆原理。杠杆包括支点、阻力点和力点。运用杠杆原理对运动进行分析，是运动力学分析的重要手段。

2.杠杆的分类　根据杠杆上三个点的位置不同，可将杠杆分为三类，如图3-1-2所示。

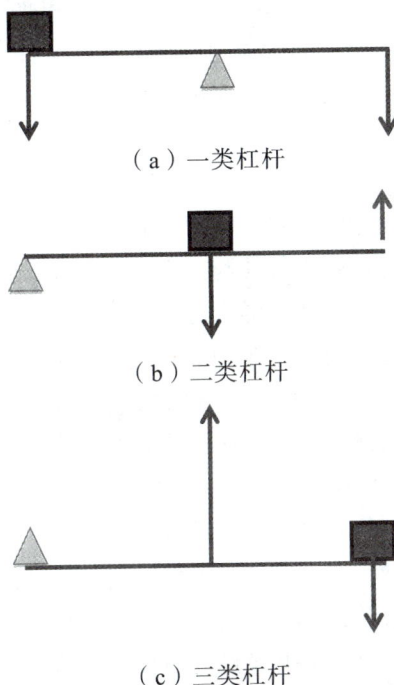

（a）一类杠杆

（b）二类杠杆

（c）三类杠杆

图3-1-2　杠杆分类

（1）一类杠杆：又称平衡杠杆，其支点位于力点和阻力点中间，如天平和跷跷板等。在矢状面内控制头姿势的头—颈伸肌就是一类杠杆，主要作用是传递动力和保持平衡，它既产生力又产生速度。在人体中这类杠杆较少。

（2）二类杠杆：其阻力点在力点和支点的中间。二类杠杆有两个特点：旋转轴位于骨骼的一端；内力比外力的杠杆效率大。例如，站立位提足跟时，以跖趾关节为支点，小腿三头肌的跟腱附着于跟骨上的止点为力点，人体重力通过距骨体形成阻力点，在蹠骨与跖骨构成的杠杆中位于支点和力点之间。其力臂始终大于阻力臂，可用较小的力来克服较大的阻力，故称省力杠杆。

（3）三类杠杆：其力点在阻力点和支点的中间，和二类杠杆相同，三类杠杆旋转轴位于骨骼的一端；和二级杠杆不同，外力比内力的杠杆效率大，此类杠杆是骨骼肌肉系统最常见的杠杆。例如，肱二头肌屈起前臂的动作，支点在肘关节中心，力点（肱二头肌在桡骨粗隆上的止点）在支点和阻力点（手及所持重物的重心）的中间。此类杠杆因为力臂始终小于阻力臂，动力必须大于阻力才能引起运动，但可使阻力点获得较大的运动速度和幅度，又称速度杠杆。

杠杆原理在康复医学中的应用主要起到省力、获得速度和防止损伤的作用。

三、运动与制动

（一）运动的生理意义

人体运动是维持生命活动的主要形式。人体运动是多系统协调工作机制，呼吸运动和血液运动停止代表生命终止，肌骨系统运动需要呼吸和血液运动支持。在进行康复治疗时，一定要注意统筹兼顾多系统的运动量控制。判断一种运动是否充分或过量，要判断其对运动系统作用的结果，也要估算其对相关系统的作用效果。人体各系统的运动包括呼吸运动、体液流动、肌肉骨骼系统运动、消化运动等，下面介绍在康复治疗过程中涉及最多的系统运动。

1. 呼吸与体液循环　呼吸运动是膈肌和肋间肌等呼吸肌群的收缩和舒张，使胸廓扩大和缩小的运动。呼吸运动是使肺内气体与外界气体交换，提供机体代谢所需的氧，排出体内产生的二氧化碳。肌体含有大量的水分，这些水和溶解在水里的各种物质总称为体液，约占体重的 60%。体液可分为细胞内液和细胞外液。人体新陈代谢是一系列复杂的生物物理和生物化学反应过程，主要是在细胞内进行的。细胞外的液体有血浆、淋巴、脑脊液及组织液等。在进行康复治疗时要根据患者的能力来设置训练强度，在进行手法操作时，要考虑到体液的循环作用，才能够获得理想的治疗效果。

2. 肌骨系统运动　肌骨系统主要控制身体的节段运动。肌肉通过收缩来完成运动控制。肌肉组织还控制心脏跳动、血液循环、淋巴的流动以及肠道的蠕动。肌肉的主要功能就是运动控制，我们的姿势和运动形态直接反映了我们整个身体所处的状态。脸部肌肉的收缩和舒张反映着我们内心感受和情绪，身体通过姿势和运动来展示健康状况。运动时刻在发生。在骨骼系统中，同步性是由从颅骨到骶尾骨精细的运动配合达成的，这种连接被称为核心连接。当颅骨发生运动的时候，骶尾骨也会随之运动。在健康的机体中，所有的骨骼会随着核心连接的运动而有节奏的运动。而当肌骨系统的运动发生异常时，将会对机体造成不同程度的影响。

3. 运动的生理效应　人体运动时，肌肉温度升高，肌细胞蛋白质的黏性减低，肌细胞移动的机械效率会得到提高，肌肉收缩的速度加快，收缩的力量增大。相反，当肌肉的温度低于正常体温时，肌肉的黏性会增加，使肌肉收缩的速度变慢，收缩的力量减小。更重要的是温度升高也会加速神经信号的传导，提高神经感受器的灵敏度，使神经肌肉间的协调作用得到增强。

（二）制动与卧床对机体的影响

制动（immobilization）指人体局部或者全身保持固定或者活动被限制，常用于临床医学和康复医学的保护性治疗，以减少体力消耗或脏器功能损害，稳定病情，帮助疾病恢复。制动有三种类型：卧床休息、局部固定（如骨折固定）、肢体和躯体神经麻痹或瘫痪。制动本身也具有负面效应，不仅影响疾病的康复过程，而且会增加并发症，影响临床及康复治疗。运动是康复治疗的基本手段，也是防治制动副作用的主要方法之一。

（1）制动对心血管系统的影响很大。短期制动会导致血液循环减缓，长期制动可导致心血管系统功能衰退，临床常见下肢深静脉血栓形成。

（2）局部制动对肌肉和骨关节系统的影响较为严重。骨折或骨关节手术后的固定，会导致患者在去除固定后发生肌肉萎缩、关节功能障碍。制动会使肌肉体积减小，肌纤维间结缔组织增生，导致肌肉的肌力下降，肌力下降还与肌肉运动神经的兴奋性下降有关。长期制动，将加快骨钙流失，造成骨质疏松。固定会使关节僵直，滑膜粘连，纤维组织增生，韧带的力学特性遭到破坏。

（3）卧床数周后，呼吸肌肌力下降，胸廓外部阻力加大，弹性阻力增加，不利于胸部扩张，肺的顺应性变小，肺活量明显下降。另外，卧位时膈肌的运动部分受阻，使呼吸运动减少，容易诱发呼吸道感染。

（4）长期制动会产生感觉剥夺和心理的社会剥夺感。感觉输入减少，会产生感觉异常，痛阈下降。与社会隔离、原发疾病以及外伤的痛苦，会产生焦虑、抑郁、情绪不稳，或出现感情淡漠、退缩、易怒、攻击行为等，严重者有异样的触觉、运动觉、幻视与幻听。认知能力下降，判断力、解决问题的能力、学习能力、记忆力、协调性、警觉性等均有不同程度的障碍。

（5）长期卧床及病痛对精神和情绪的影响较大。可减少胃液的分泌，胃内食物排空的速率减慢，食欲下降，造成蛋白质和碳水化合物吸收减少，产生一定程度的营养不良、贫血、低蛋白血症。胃肠蠕动减弱，食物残渣在肠道内停留时间过长，水分吸收过多而变得干结，造成便秘。

（6）卧床时抗利尿激素的分泌减少，排尿增加，随尿排出的钾、钠、氯增加。由于钙自骨转移至血，产生高钙血症。血中多余的钙又经肾排出，产生高尿钙症，加之卧位时腹压减小，不利于膀胱排空，容易产生尿路结石。瘫痪患者尿液排空困难，增加了泌尿系统感染的机会。

（7）制动还可使皮肤及其附件产生萎缩和压疮。皮下组织和皮肤的坚固性下降。食欲不佳和营养不良加速了皮下脂肪的减少和皮肤的角化。皮肤卫生不良导致细菌、真菌感染和甲沟炎。大面积压疮使血清蛋白质尤其是白蛋白减少。血清蛋白质减少使组织渗透压下降，加速了液体向细胞间渗出，引起下肢水肿。

（8）长期卧床往往伴有代谢和内分泌的障碍，出现肌肉骨骼和心血管系统并发症。往往在心血管功能开始恢复时代谢和内分泌变化才表现出来，如负氮平衡、内分泌变化、水电解质紊乱等。

四、运动控制

生命在于运动，我们的日常生活、劳动均与运动密切相关，运动是由中枢神经系统整合来自环境及身体的感觉信息并协调肌肉和关节运动完成的。运动控制是研究运动的本质以及运动是如何控制的。

（一）随意运动

随意运动指有意识地执行某种动作，主要由锥体束来支配。一般认为皮质的随意运动冲动沿两个神经元传导：一个是上运动神经元，从中央前回皮质细胞发出纤维，终止于脊髓前角细胞（皮质脊髓束）或脑干脑神经核运动细胞（皮质脑干束）；另一个是下运动神经元，即脊髓前角细胞或脑神经核，从而使其纤维经前根或脑神经而到达躯体肌或头面部肌。

（二）不随意运动

不随意运动指不受意识控制的"自发"动作。肌肉的不随意运动主要由锥体外系和小脑系统来调节。在正常情况下，不随意运动的主要功能是维持肌张力，调节肌肉协调运动，保持正常的姿势，促使伴随运动的顺利进行，如走路时上肢的交替摆动等。不随意运动是随意运动不可缺少的参与者，即机体必须在两个系统完整并彼此配合下，才能有效地完成复杂和有目的的随意运动。

（三）调节机制

随意运动调节机制包括运动感觉和运动调节机制，是学习和记忆的结果。当开始一个随意动作时，运动者需要判断最初的运动目标和自体在空间的相对位置，决定动作方式、时间及速度，随后进入动作临界状态。每次运动时，边确认动作执行如何，边调整运动，最终完成整个运动。随意动作的反复进行是熟练动作的过程，对每个动作变得逐渐无意识，就能自动地完成运动过程。特点是由大脑高级中枢控制，精细、协调、准确的运动。它根据人本身的需要，可以是单关节的分离运动，也可以是选择性的多关节的复合运动，甚至高度复杂的动作。

根据运动控制的理论，运动的控制不只是皮质运动区单方面发布或传递指令，还有反馈系统的调节和许多反射参与。中枢神经系统储存有许多后天获得的运动程序，所以中枢性的运动控制也有不受外周反射影响的成分。随意运动的产生是一个极其复杂的神经系统活动，包括运动动机系统、运动程序设计系统、运动启动系统、运动监测系统和运动细微调节系统以及运动实施系统等。一般认为动机系统在脑干网状结构和边缘系统；运动程序设计在运动关联区、小脑、基底核及丘脑；运动的启动和监测调节系统位于大脑运动区、小脑、脑干、脊髓通路、锥体系、锥体外系、感受器及传入通路等部分。随意运动的产生，首先在动机系统产生运动动机，激活皮质连合区，确定运动形式，将冲动经过大量神经元联系至皮质运动区，形成运动指令，经过锥体系传至脊髓，兴奋或抑制相应的运动神经元，产生运动。同时，末梢传入的运动感觉信息又传入小脑、基底核，在此监测，并且与大脑皮质传来的指令进行比较、修正或调整，再经丘脑传给皮质，也有部分修正后指令直接进入锥体外系传至脊髓中枢。

【案例分析】

1. 本例患者的术后可以进行肢体运动康复吗?

患者杨 × 术后应尽早进行肢体功能训练，防止肌肉萎缩，维持和改善关节活动度，预防并发症。

2. 卧床对患者的影响，可能会出现哪些并发症?

卧床制动后临床常见并发症有肺部感染、下肢深静脉血栓形成、骨质疏松、泌尿系感染等。

学习检测

1. 什么是开链运动和闭链运动，区别是什么?
2. 制动对肌肉骨骼系统的影响是什么?

■ 任务二　人体发育学基础理论

案例导入 ◆

　　患儿张 ×，女，9 月，系第四胎第二产，孕母 35 岁高龄，母孕期曾有血糖高;患儿生后 6 小时出现呛咳窒息，住院治疗 9 天，诊为新生儿肺炎等。出生后运动发育落后，4 个月时因不会抬头，在当地康复医院行康复治疗。目前患儿 9 月龄，可逗笑，头控不稳，双手不能主动抓握，不能独坐，不会翻身。

　　思　考

1. 本例患儿在发育过程中存在的问题有哪些?
2. 正常的小儿运动发育规律是什么?
3. 本例患儿应从哪些角度进行康复治疗?

一、概述

(一)人体发育学

人体发育学属于发育科学（developmental science）的分支领域，是一门新的学科，是研究人体发生、发育全过程及其变化规律的科学，包括对人生各个阶段的生理功能、心理功能、社会功能等方面的研究。其研究包括人体的发生、发育、成熟及衰退这一人生轨迹的全过程。

（二）生长发育

1.生长发育 人的生长发育是指从受精卵到成人的成熟过程。生长和发育是儿童不同于成人的重要特点。生长发育包括生长、发育、成熟三个方面。

2.发育与行为 伴随生长发育，行为具有规律性，也可表现出异常模式，如孤独症、注意缺陷多动障碍、阅读障碍等。

3.生长发育障碍 在个体生长发育时期，由于内在因素或环境因素，影响正常的成长发育过程，称为生长发育障碍，其既可表现为形态结构的生长障碍，也可表现为功能障碍。

（三）生长发育的生物学与社会学因素

1.生物学因素 生长发育的生物学包括基因以及内外环境的诸多因素，如胚胎期的营养、致畸物质、母亲体质、出生后的各种疾病等；各种生理功能的建立在生长发育过程中占有重要地位。

2.社会学因素 生长发育过程中，母亲与孩子作为紧密相连的"二联体"这一重要因素外，其他的社会学因素也十分重要，如父子的直接关系，以及父亲对母亲的帮助和支持，从而间接影响小儿的生长发育。其他家庭成员对于小儿发育的影响也越来越明显。

3.生物学与社会学因素的交互作用 小儿生长发育中的任何状态都是由生物学和社会学因素相互作用而产生的。交互作用是双向的，如气质和健康状况影响小儿的环境，环境又会影响小儿的气质和健康状况。

二、人体发育学研究范围

人体发育学的特点是全面、综合地研究人生发育全过程中所涉及的生物、心理和社会等各种相关要素及其发展变化的规律。因此，人体发育学的重点是研究人体发生、发育、成熟直至衰亡过程中从量变到质变的现象、规律、影响因素以及相关的发育评定，为正确理解各类异常和疾病，制定正确的预防、保健、治疗及康复措施奠定理论基础。

（一）正常发育规律

1.生理功能发育 研究人体发育的生物学因素，包括遗传因素、各种生理功能的建立和发展过程，如运动功能是如何伴随人体的成长不断分化、多样化、复杂化的过程，不同年龄阶段运动功能的特点，中枢神经系统发育对运动功能的作用等。

2.心理功能发育 主要研究人类的行为、注意、记忆、思维、想象、分析、判断、言语、操作、能力、人格特征以及情绪和情感的形成、稳定、衰退过程与特点。除了生物学意义上的发育与成熟以外，行为变化贯穿于生命的全过程。不同年龄、不同个体具有不同的行为特征。

3.社会功能发育 主要指社会知觉、人际吸引、人际沟通、人际相互作用的发育水平。随着年龄的增长，小儿在社会交往过程中，逐渐建立了对自己、对他人和对群体的认识，产生了人际关系。不仅可以相互知觉和认识，而且形成一定的情感联系、信息交流、观点和思想感情，通过言语表达及非言语表达等方式进行表示。社会功能的健康发育，对于积极健康的人生十分重要。

（二）异常发育及其影响因素

异常发育及其影响因素主要研究先天因素与后天因素、内在因素与环境因素等对生长发育的影响因素的作用机制及后果。重点研究运动功能障碍、心理行为障碍、言语和语言障碍、学习障碍、精神发育迟滞等功能障碍和相关疾病，为探讨减少各类发育障碍，制定有效防治措施提供依据。

（三）发育评定

发育评定是通过不同方法和手段，对生长发育的水平、趋势、速度、过程、规律和特点等进行观察与研究并做出评定。重点评定儿童的体格、智力、适应行为、言语、人格、运动功能等。通过评定，不仅可以了解个体与群体生长发育状况，而且可以发现功能障碍，为制定康复治疗目标和方案，正确实施康复治疗技术，判定康复治疗效果提供科学依据。

三、正常发育

（一）生长发育分期

人的生长发育具有连续、渐进的特点。在这一过程中随着人体量和质的变化，形成了不同的发育阶段。根据各阶段的特点可将人生全过程划分为以下几个年龄阶段：从受精卵形成至胎儿娩出前为胎儿期，共40周；自胎儿娩出脐带结扎至生后28天为新生儿期；自胎儿娩出脐带结扎至1周岁之前为婴儿期，此期是小儿生长发育最迅速的时期；自3周岁至6～7岁入小学前为学龄前期；自入小学前即6～7岁开始至青春期前为学龄期；青春期一般从10～20岁，女孩的青春期开始年龄和结束年龄都比男孩早2年左右；18岁以后为成人期，又分为青年期（18～25岁）、成年期（25～60岁）、老年期（60岁以后），是人生过程中最为漫长的时期。

（二）生长发育的规律

生长发育是一个连续的过程，是遗传因素和环境因素相互作用的结果，是身体结构和功能沿着　定方向变化，各项功能的获得按照一定顺序进行的过程。虽然每个个体生长发育过程会有一些差别，但儿童的生长发育一般遵循以下规律。

1. **生长发育的连续性和阶段性**　生长发育在整个儿童时期是不断进行的，不同年龄阶段的生长发育有一定特点。各年龄阶段按顺序衔接，前一年龄阶段的生长发育为后一年龄阶段的生长发育奠定基础。任何一个阶段的生长发育都不能跳跃，任何一个阶段的生长发育发生障碍，都会影响后一阶段的生长发育。一般年龄越小体格增长越快，出生后以最初6个月生长最快，尤其是前3个月，第一年为生后的第一个生长高峰；第二年逐渐减慢，到青春期又猛然加快。

2. **生长发育的不均衡性**　人体各器官系统的发育顺序遵循一定规律，不以同一速度生长和停止生长，即有先有后，快慢不一。例如，神经系统发育较早，脑在生后2年内发育较快，7～8岁脑的重量已接近成人；生殖系统发育较晚，淋巴系统发育先快后慢，皮下脂肪发育年幼时较发达，肌肉组织则要到学龄期才加速发育；其他系统的发育基本与体格的生长相平行。体格的生长快慢交替，呈波浪式的速度曲线，男女不同。身体各部位的生长速度不同，所以在整个生长发育过程中身体各部位的增加幅度也不一样。一般头颅增长1倍，躯干增长2倍，上肢增长3倍，下肢增长4倍。

3. 生长发育的一般规律　生长发育遵循由上到下、由近到远、由粗到细、由低级到高级、由简单到复杂的规律：如胎儿形态发育首先是头部，然后为躯干，最后为四肢；出生后运动发育的规律是先抬头、后抬胸，再会坐、立、行（由上到下）；从臂到手，从腿到脚的活动（由近到远）；从全手掌抓握到手指抓握（由粗到细）；先画直线后画圈、图形（由简单到复杂）；先会看、听、感觉事物和认识事物，发展到有记忆、思维、分析和判断（由低级到高级）。

4. 生长发育的个体差异　生长发育虽然按照一定规律发展，但在一定范围内因受遗传和环境因素的影响，存在相当大的个体差异。这种差异不仅表现在生长发育的水平方面，而且反映在生长发育的速度、体型特点、达到成熟的时间等方面。每个人生长发育的轨迹不会和其他人完全相同，即使在一对同卵双生子之间也存在着微小的差别。

儿童的生长发育是在复杂的环境因素和先天素质相互作用中实现的，因此影响生长发育的因素可归纳为三大方面，即生物学因素、环境因素以及生物学因素与环境因素的相互作用。

（三）中枢神经系统发育

1）脑发育：胎儿期神经系统的发育领先于其他系统，重量占优势。新生儿脑重约390 g（占成人脑重的1/3），6个月时脑重约为700 g（占成人脑重的1/2），2岁时脑重约占成人3/4，4岁时脑重为出生时的4倍，与成人接近，约为1500 g。出生时大脑的外观已与成人相似，有主要的沟回，但较浅，大脑皮质较薄，神经细胞数量已与成人相同，但树突与轴突少而短。出生后脑重量的增加主要由于神经细胞体积增大和树突的增多、加长，以及神经髓鞘的形成和发育。神经髓鞘的形成和发育约在4岁左右完成，在此之前，尤其在婴儿期，各种刺激引起的神经冲动传导缓慢，易于泛化，不易形成兴奋灶，易疲劳而进入睡眠状态。神经细胞之间由突触连接，突触数目在生后迅速增加，6个月时约为出生时的7倍，4岁左右突触的密度约为成人的1倍半，持续到10～11岁，以后逐渐减少到成人水平。与突触密度变化相应，神经回路在出生后迅速发育。

2）脑发育的关键期：科学研究表明，脑发育过程中存在关键期。这一时期，脑在结构和功能上都有很强的适应和重组能力，易于受环境的影响。关键期内适宜的经验和刺激是运动、感觉、语言及其他中枢神经高级功能正常发育的重要前提。例如，视觉发育的关键期被认为生后半年内最敏感，先天白内障的婴儿生后缺乏视觉刺激，如果到了3岁不能复明，即使手术治疗，患儿仍将永久性地丧失视觉功能。人类语言学习的关键期，一般在5～6岁以前。因此，耳聋应早期发现，早期干预，才能聋而不哑。

3）脑的可塑性：经验可改变脑的结构并影响其功能，未成熟脑的可塑性最强。脑的可塑性表现为可变更性和代偿性：①可变更性：是指预先确定脑细胞的特殊功能是可以改变的，如视觉系统细胞被移植到脑的其他部位，这些细胞和新的细胞在一起可起新的作用，这一可变性应发生在脑发育的关键期内。②代偿性：是指一些细胞能代替另一些细胞的功能。局部细胞缺失可用邻近细胞代偿，但过了脑发育的关键期，缺陷将成为永久性。婴儿早期中枢神经系统受损后，仍可在功能上形成通路，如轴突绕道投射，树突出现不寻常分叉，或产生非常规的神经突触，以达到代偿目的。

4）脊髓：脊髓的发育在出生时较成熟，随年龄而增长，重2～6 g，成人时增至4～5倍，其发育与运动功能进展平行。脊髓的髓鞘由上向下逐渐形成，为其成熟的重要标志。胎儿期脊髓下端在第2腰椎下缘，4岁时上移至第1腰椎。婴儿腱反射较弱，腹壁反射和提睾反射不易引出，到1岁时才稳定。3～4个月前的婴儿肌张力较高，克氏征可为阳性，2岁以下小儿巴宾斯基（Babinski）征阳性为生理现象。

5）反射发育：小儿神经反射的发育伴随神经系统发育的成熟度，分为5大类：

（1）出生时即有，终生存在的反射：这些反射是与生俱来的生理反射，由脑干部位的低级中枢控制，同时接受大脑皮质高级中枢的调控，如角膜反射、吞咽反射、瞳孔对光反射，出生后即有且终生存在。这些反射减弱或消失，提示神经系统病变。

（2）原始反射（primitive reftex）：是指小儿出生后即有，随年龄增大在一定的年龄期消失的反射，由脊髓和脑干部位的低级中枢控制，是婴儿初期各种生命现象的基础，也是后来分节运动和随意运动的基础，如吸吮反射、拥抱反射。应该出现时不出现，应该消失时不消失，或两侧持续不对称，都提示神经系统异常。

（3）出生后逐渐稳定的反射：浅反射与腱反射是终生存在的生理反射。①浅反射：腹壁反射要到1岁后才比较容易引出，最初的反应呈弥散性。提睾反射要到生后4～6个月才明显。②腱反射：从新生儿期已可引出肱二头肌、膝腱和跟腱反射。这些反射减弱或消失提示神经、肌肉、神经－肌肉结合处病变。反射亢进和踝阵挛提示上运动神经元疾患。恒定的一侧反射缺失或亢进有定位意义。

（4）出生后一段时间内可存在的病理反射：2岁以下正常小儿巴宾斯基征可呈现阳性，无临床意义，但该反射恒定不对称或2岁后继续阳性时提示锥体束损害。

（5）出生后逐渐建立，终生存在的反射：随着神经系统发育的成熟，原始反射逐渐消失。取而代之的是立直反射及平衡反应。①立直反射的中枢在脑干，多于生后3～4个月逐渐形成，持续终生。②平衡反应的中枢在大脑皮质，多于出生后6个月逐渐出现，持续终生。反射出现延迟或不出现提示中枢神经系统异常。

（四）感知发育

感觉（sensory）是指人脑对直接作用于感觉器官事物个别属性（颜色、声音、气味等）的反映以及对于身体状态的感觉，如运动觉与平衡觉。知觉是对多种感觉的统合，是人脑对作用于感觉器官事物的整体属性的反映。出生后前几年感知觉发育迅速，婴幼儿期已完成绝大部分。感知是通过各种感觉器官从环境中选择性地获取信息的能力，其发育对其他功能区的发育可以起到重要的促进作用。感知觉发育是探索世界、认识自我过程的第一步，是以后各种心理活动产生和发展的基础，是记忆、思维、想象等心理活动产生和发展的直接或间接基础。

1. 视感知发育　包括视觉感应功能的建立、注视及追视物体、区别形状、区别垂直线与横线、视深度知觉发育等。还包括对颜色的区分与反应，将颜色与颜色的名称相联系等的发育。

2. 听感知发育　听力与儿童智能和社交能力的发育有关。出生时听力较差，生后 3～7 日听觉灵敏度明显提高；从对声音以惊吓反射、啼哭或呼吸暂停等形式反应，到头可转向声源、对悦耳声的微笑反应、确定声源、区别语言的意义、判断和寻找不同响度声音的来源等。还包括从模仿声音，到叫其名字有反应、听懂家庭成员的称呼。听感知发育和儿童的语言发育直接相关，听力障碍如果不能在语言发育的关键期内得到确诊和干预，则可因聋致哑。

3. 味觉和嗅觉发育　味觉是个体辨别物体味道的感知觉，4～5 个月是味觉发育关键期，此期应适时引入各类食物。嗅觉是辨别物体气味的感觉，7～8 个月嗅觉发育已经很灵敏，1 岁以后可以区别各种气味。

4. 皮肤感觉发育　皮肤感觉包括触觉、痛觉及温度觉。触觉是引起某些反射的基础，痛觉出生后存在并逐渐敏感，温度觉出生时就很灵敏。辨别各种物体属性以及体积相同而重量不同的能力是逐渐形成的。

（五）运动发育

运动发育包括粗大运动发育与精细运动发育两部分，是一个连续的、相互交融的过程。

1. 粗大运动　指姿势或全身活动。主要是指抬头、翻身、坐、爬、站、走、跑、跳跃等。抬头：新生儿俯卧时能抬头 1～2 s；3 个月抬头较稳定；4 个月时抬头稳定。坐：6 个月时能双手向前支撑独坐；8 个月时能坐稳。翻身：7 个月能有意地从仰卧位翻身至俯卧或从俯卧位至仰卧位。爬：8～9 个月可用双上肢向前爬。站、走、跳：11 个月时可独自站立片刻；15 个月可独自走稳；24 个月时可双足并跳；30 个月时会单脚跳。

2. 精细动作　是指手和手指的运动及手眼协调的能力。精细动作多为小肌肉的运动，全身大肌肉发育后迅速发育。儿童的手在完成精细动作方面起着极重要的作用。3～4 个月时握持反射消失；6～7 个月时出现换手与捏、敲等探索性动作；9～10 个月时可用拇指、示指拾物，喜撕纸；12～15 个月时学会用匙，乱涂画；18 个月时能叠 2～3 块方积木；2 岁时可叠 6～7 块方积木，会翻书；4～5 岁的儿童则能用剪子剪东西；6 岁能系鞋带并打活结。

3. 运动发育主要特点

（1）粗大运动与精细运动：粗大运动发育在先，精细运动发育在后，两者相互交融，共同发展。

（2）原始反射的发育、存在与消失是以后自主运动发育的基础。

（3）立直反射与平衡反应的发育是人类建立和保持正常姿势运动的基础。

（4）每个小儿都有运动发育的"关键龄"，"关键龄"时运动发育会有质的变化。

（5）头部运动先发育成熟，上肢运动发育比下肢早，会走之前手的功能已发育较好。

（6）头、颈、躯干的运动发育早于上肢与下肢的发育。

（7）所有小儿运动发育的顺序相同，但发育速度存在个体差异。

（六）语言发育

语言发育包括发音、理解、表达与交流。新生儿已会哭叫，以后咿呀发音；6个月时能听懂自己的名字；1岁小儿平均能说2～3个字；1岁半时能说出几个有意义的词，指认并说出家庭主要成员的称谓；2岁时能指出简单的人、物名和图片；3岁时能指认许多物品名称，并能说由2～3个字组成的短句；4岁时能讲述简单的故事情节。儿童语言的理解与其认知能力有密切关系，只有认知能力发育了，才会促进儿童语言理解的发育，进而促进语言表达的发育。

（七）心理活动发育

人的心理现象，是指人的心理过程和人格（或个性）两个方面。人在实践活动和生活活动中，与周围环境发生交互作用，必然会产生种种主观活动和行为表现，这就是人的心理活动。心理活动的发育包括三个过程。

（1）外界事物或体内的变化作用于人的机体或感觉器官，经过中枢神经系统的信息加工和处理，引起人对周围事物的感觉和知觉，并注意环境变化，记忆发生过的事情，思考各类不同问题，想象未来情景，这种感觉、知觉、记忆、思维和想象等心理过程，就是人的认知过程。

（2）人们有喜、怒、哀、乐、爱、恶、惧等对周围环境的体验，这是人的情感过程。

（3）人们根据既定目的，克服困难，做出努力，并通过行为去处理和变革客观的现实，这是意志过程。对待某个事件，不同的人会表现不同的能力、气质、性格、兴趣、动机和价值观等，这种差异与每个人的先天素质有关，也与后天的经验和学习有关，这就是人格（或个性）。

四、异常发育

当儿童生长发育违背正常规律时，就会发生形态及功能发育的障碍。依据其发生的时间可分为四类：出生前病因，出生时已经形成的发育障碍；出生前病因，出生后难以早期发现的发育障碍；与围生期因素相关的发育障碍；后天因素所导致的发育障碍。无论发育障碍的种类和程度如何，对儿童来说都有发育的可能性和潜在发育能力，因此只有应用康复手段，才能抑制异常发育，充分挖掘潜在的发育能力。

（一）运动功能障碍

运动功能障碍可由先天因素及后天因素所导致的与运动功能有关的神经系统、运动系统损伤所致。

1.先天性运动功能障碍　这是指出生前因素所导致的运动功能障碍，如染色体异常、先天性中枢神经系统畸形、肢体缺如、脊柱裂、髋关节脱位、进行性肌营养不良和遗传性脊髓性肌萎缩症等。

2. 后天性运动功能障碍 这是指出生后因素所导致的运动功能障碍，如多发性周围神经炎、急性脊髓灰质炎、颅脑损伤、脑炎及脑膜炎后遗症、脊髓损伤、骨关节损伤和少年类风湿关节炎等。

3. 脑性瘫痪（cerebral palsy，CP） 简称脑瘫，由发育不成熟的大脑（产前、产时或产后）先天性发育缺陷（畸形、宫内感染）或获得性（早产、低出生体重、窒息、缺氧缺血性脑病、核黄疸、外伤、感染）等非进行性脑损伤所致。脑性瘫痪是一组持续存在的中枢性运动和姿势发育障碍、活动受限症候群，这种症候群是由于发育中的胎儿或婴幼儿脑部非进行性损伤所致。脑性瘫痪的运动障碍常伴有感觉、知觉、认知、交流和行为障碍，以及癫痫和继发性肌肉、骨骼问题。

（二）行为异常

1. 生物功能行为问题 包括遗尿、遗便、多梦、睡眠不安、夜惊、食欲不佳及过分挑剔饮食等问题。

2. 运动行为问题 包括儿童擦腿综合征、咬指甲、磨牙、吸吮手指、咬或吸吮衣物、挖鼻孔、吸唇、活动过多等问题。

3. 社会行为问题 包括破坏、偷窃、说谎及攻击性行为等。

4. 性格行为问题 包括惊恐、害羞、忧郁、社交退缩、交往不良、违拗、易激动、烦闹、胆怯、过分依赖、要求注意、过分敏感、嫉妒以及发脾气等。

5. 语言障碍 行为性语言障碍主要表现为口吃。

6. 注意缺陷多动障碍（attention deficit hyperactivity disorder，ADHD） 又称多动症，以注意力不集中、活动过度、情绪冲动、任性和学习困难为特征，在儿童行为问题中颇为常见。

男孩的行为问题多于女孩，多表现运动与社会行为问题；女孩多表现性格行为问题。多数儿童的行为问题可在发育过程中自行消失。

（三）精神发育迟滞

精神发育迟滞（mental retardation，MR）也可称为智力落后（mental deficiency），智力损伤发生在发育时期，智力功能明显低于一般水平以及对社会环境日常要求的适应能力有明显损害。多种原因可引起的发育时期脑功能异常。临床表现为社会适应能力、学习能力和生活自理能力低下，其言语、注意、记忆、理解、洞察、抽象、思维、想象等心理活动能力都明显落后于同龄儿童。

（四）孤独症

孤独症（autism）又称自闭症，是一组终生性、固定性、具有异常行为特征的广泛性发育障碍性疾病，起病于婴幼儿期，具有社会交往、语言沟通和认知功能特定性发育迟缓和偏离为特征的精神障碍。本病男童多见，未经特殊教育和治疗的多数儿童预后不佳。该症是多种生物学因素引起的广泛发育障碍。与遗传、出生缺陷、出生前后的不利因素有关。临床表现的基本特征为：社会交往障碍，语言或非语言交流障碍，兴趣范围狭窄以及刻板、僵硬的行为方式、感觉障碍和动作异常，智力障碍和认知偏移，患儿早期较难抚养，睡眠少、尖叫、倔强和固执，或特别安静、有特殊兴趣等。多在 36 个月内起病。

五、发育评定

儿童发育评定包括体格、神经心理、行为等各种能力及特征的测验。通过问卷、答题和操作等方式，测查儿童的体格、心理或行为特征，有利于诊断、疗效评定和指导康复等。例如，智力测验可提供有关儿童的智力水平和能力特点等信息，为精神发育迟滞诊断提供依据。人格测验有助于了解儿童人格特征或心理特征，为了解儿童心理障碍的原因和症状特点提供帮助。测验具有标准化，结果数量化、相对客观、便于比较等特点。

（一）发育评定中要遵循以下原则

1. 目的明确　测验量表有多种，应根据应用目的、要求，选择公认的、简便有效的测验方法。

2. 适用　应选用公用的、较好的和应用广泛的量表进行测验。

3. 标准化、信度和效度　选择的测验应经过标准化，应具有较好的信度和效度。

（二）评定方法

国内二十余年已逐步引进、标准化和创造了许多测试方法，投入临床应用。其中，儿童神经心理测验依据其用途和作用可分为筛查性测验、诊断性测验及适应行为评定。

（三）评价内容

1. 体格发育评定　包括发育水平、生长速度和身体匀称度三个方面的评定。

2. 神经生理发育评定　儿童神经心理发育水平评定是对儿童在感知、运动、语言和心理等过程中的各种能力进行评定，判断儿童神经心理发育的水平。评定需由经专门训练的专业人员根据实际需要选用，不可滥用。

3. 运动发育评定　依据小儿运动发育的规律、运动与姿势发育的顺序、肌力、肌张力、关节活动度、反射发育、运动类型等特点，综合判断是否存在运动发育落后、运动障碍及运动异常。临床可采用较为公认、信度、效度好的评定量表，如格塞尔发育诊断量表、贝利婴儿发育量表、粗大运动功能评定量表（gross motor function measure，GMFM）、功能独立性评定儿童用量表（WeeFIM）等。对于精细运动的评定还可选用上肢技能测试量表（ the quality of upper extremity skills test，QUEST）等。

【案例分析】

1. 本例患儿在发育过程中存在的问题有哪些？

本例患儿在发育过程中存在发育迟滞，认知落后，粗大运动发育落后明显。

2. 正常的小儿运动发育规律是什么?

运动发育包括粗大运动发育与精细运动发育。粗大运动发育规律:4个月时抬头稳定;7个月能有意识的翻身;8个月时能坐稳;8~9个月可用双上肢向前爬。精细运动发育规律:3~4个月时握持反射消失;6~7个月时出现换手与捏、敲等探索性动作;9~10个月时可用拇指、食指拾物。

3. 本例患儿应从哪些角度进行康复治疗?

目前患儿可进行运动、手功能、感觉统合、水疗、针刺等康复治疗。

学习检测

1. 什么是人体发育学?
2. 人体发育学研究范围包括哪些方面?

任务三　神经学基础理论

案例导入

女性,39岁,晨起6时左右诉右侧肢体活动不灵活,不能自行起床,随即出现言语不能、打鼾、意识不清,伴呕吐、小便失禁。行头颅CT示:左侧基底节区高密度病灶,量约60mL,即行开颅血肿清除术及去骨瓣减压术,次日意识清楚,能与家人用健侧招手,术后15天能坐,能言语,但有时不能正确回答问题,20天搀扶能站。目前患者言语表达不准确,右侧肢体活动不灵,日常生活活动(ADL)大部分依赖。

思考

1. 何谓神经可塑性?
2. 中枢神经损伤的恢复机制?
3. 本例患者的语言和肢体运动可以康复吗?

一、神经系统的组成

神经系统按其所在位置和功能的不同,可分为中枢神经系统和周围神经系统。神经系统主要由神经组织组成。神经组织主要由神经元,即神经细胞和神经胶质细胞组成。它们都是高度分化的细胞,具有突起。

(一)神经元

神经元也称神经细胞,是组成神经系统的基本机构和功能单位,由胞体与突起(数突和轴突）两部分组成（图 3-3-1）。运动神经细胞的胞体位于脑干运动神经核和脊髓灰质前角。感觉神经细胞的胞体位于脑神经的感觉神经和脊神经后根神经节，自主神经细胞的胞体在自主神经。树突自胞体伸出，有一个或多个，一般较短而分支多。轴突自每一神经元仅发出一条，其长短不一，长者可达 1 m 以上，短者仅数 10 μm。神经元的胞体可视为营养中心。树突和胞体表面是接受其他神经元传来的冲动的主要部位，自神经元发出的冲动则沿轴突传递出去。

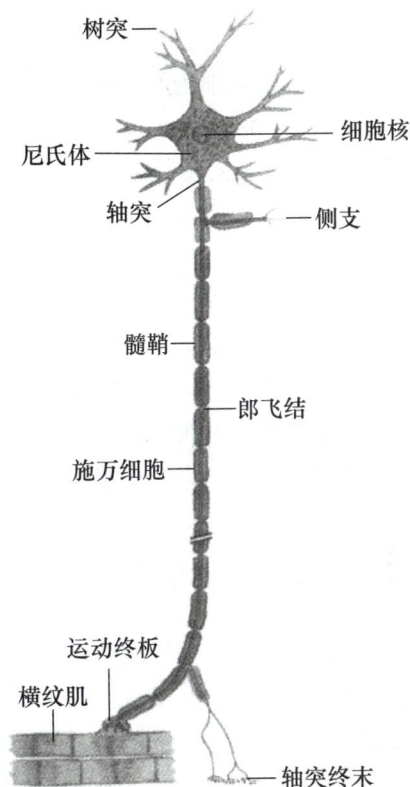

图 3-3-1　运动神经元模式图

（二）突触

突触是神经元传递信息的重要结构，它是由一个神经元的轴突终末与另一个神经元的树突和胞体的表面的一种特化的细胞连接。突触的结构可分突触前成分、突触间隙和突触后成分 3 部分。突触前、后成分彼此相对的细胞膜分别称为突触前膜和突触后膜，两者之间宽为 15 ~ 30 nm 的狭窄间隙称为突触间隙，内含糖蛋白和一些细丝。通过突触的传递作用实现细胞与细胞之间的通信。突触不只是两个神经元之间存在接触的特殊区域，而且神经元和非神经成分间也有类似的接触，如感受器与神经元间的连接或效应细胞与神经元间的神经 – 肌肉接头。

（三）神经胶质

神经胶质细胞，简称神经胶质，广泛分布于中枢神经系统和周围神经系统，其数量比神经元多，神经胶质细胞和神经元一样具有突起，但其突起不分树突和轴突，亦没有接受刺激和传导神经冲动的能力。星型胶质细胞在正常神经活动，脑的发育、再生和移植中具有重要的功能。神经胶质细胞的分类有多种，在中枢神经系统根据其发生和来源可分为两类：①大胶质细胞，包括星形胶质细胞和少突胶质细胞，来源于神经外胚层，是神经胶质的主要部分；②小胶质细胞，较小，一般认为是一种单核巨噬细胞，来自中胚层。此外还有室管膜细胞、嗅鞘膜细胞和垂体细胞等。

（四）神经纤维图（图 3-3-2）

神经纤维是由神经元的长轴突外包胶质细胞所组成的。运动神经细胞、感觉神经细胞、自主神经细胞的突起构成周围神经纤维。周围神经纤维可分为有髓鞘和无髓鞘两种。脑神经和脊神经多属有髓鞘神经纤维，而自主神经属无髓鞘神经

神经纤维的髓鞘

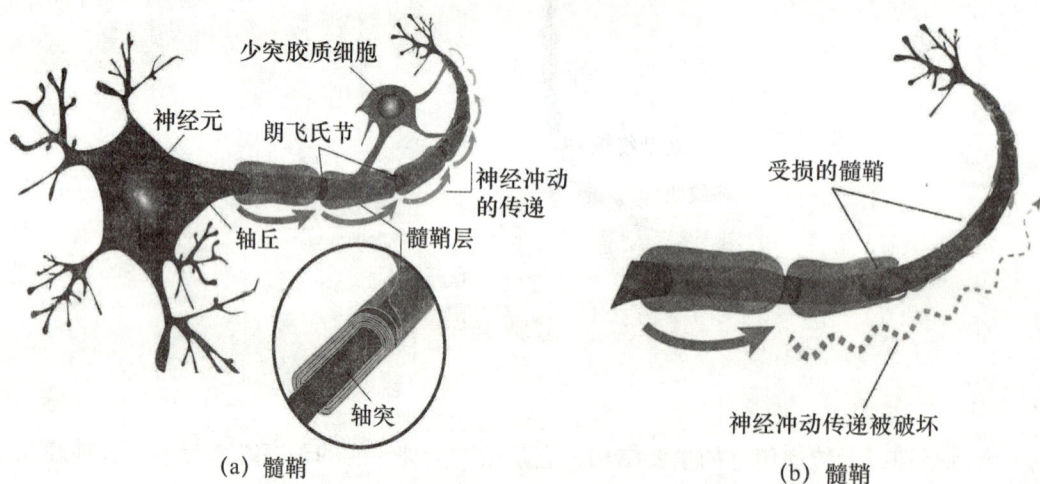

纤维。有髓鞘纤维的轴突周围由髓鞘围绕，外以施万细胞（schwann cell）膜（鞘膜）包裹，间隔 50 ～ 1000 μm 形成郎飞（ranier）结。郎飞结仅有施万细胞，围绕轴突周围的髓鞘有绝缘作用。神经纤维受损后，施万鞘膜对神经的再生起着重要作用。中枢神经系统的神经纤维的髓鞘则由少突胶质细胞组成。无髓鞘纤维是由数个轴突包裹在一个施万细胞内，没有髓鞘环绕。蛋白质、氨基酸、神经递质、肽类和其他物质在胞体合成，经轴浆向远端运输，维持着轴突及髓鞘的生长再生及功能。

(a) 髓鞘　　　　　　　　　　(b) 髓鞘

图 3-3-2　神经纤维图

（五）中枢神经系统

中枢神经系统包括脑和脊髓。脑又可分为端脑、间脑、脑干、小脑四部分。其中，脑干自上而下由中脑、脑桥和延髓组成。间脑主要包括丘脑和丘脑下部。脊髓在枕骨大孔处续于延髓。

（六）周围神经系统

周围神经系统包括脑神经和脊神经，脑神经与脑相连，共 12 对；脊神经借前后根与

脊髓相连，共 31 对。

（七）神经

周围神经系统的纤维集合在一起，构成神经，分布到全身各器官和组织。一条神经内可以只含有感觉（传入）神经纤维或运动（传出）神经纤维，但大多数神经是同时含有感觉、运动和自主神经纤维的。在结构上，多数神经同时含有有髓和无髓两种神经纤维。由于有髓神经纤维的髓鞘含髓磷脂，故神经通常呈白色。

二、神经系统的主要功能

（一）神经细胞的功能

神经细胞的主要功能是接收刺激和传递信息。部分神经细胞除接收传入信息外，还分泌激素，将神经信号转变为体液信号。

（二）神经纤维的功能

神经纤维的主要功能是传导兴奋。神经纤维传导兴奋的速度与神经纤维直径成正比。有髓纤维的兴奋以跳跃式传导，比无髓纤维传导快。

（三）神经胶质的功能

神经胶质细胞是神经组织的辅助成分，夹杂在神经元之间，数量多于神经元，对神经元起着支持、保护、分隔、绝缘和物质运输、血脑屏障、营养等作用。近年来，随着先进技术的应用，对胶质细胞的功能有了更深入的了解。

1. *星形胶质细胞*　是谷氨酸和 γ - 氨基丁酸代谢的重要场所和关键部位。兴奋性递质谷氨酸和抑制性递质 γ - 氨基丁酸的代谢密切相关，两者可以彼此互相转化，星形胶质细胞是重要场所和关键部位。

2. *维持离子平衡*

3. *合成神经活性物质*

4. *调节神经递质的释放*　在神经垂体内的星形胶质细胞（垂体细胞）可以摄取神经递质和调节神经递质释放。

5. *星形胶质细胞在脑的发育、再生和移植中有重要作用*　在神经组织变性和损伤的反应过程中，星形胶质细胞可以再现上述在发育过程中的作用。脑的损伤和神经变性通常导致反应性胶质增生，表现为数量增加，具有较多的突起和胶质丝，代谢活动也增强，甚至形成瘢痕。过去人们认为胶质瘢痕妨碍神经轴索的再生，防止少突胶质细胞产生髓鞘和包裹轴索。现在认为，至少在损伤的早期阶段，反应的星形胶质细胞具有修复功能。激活的星形胶质细胞可合成和释放神经生长因子，支持神经细胞的存活和轴突生长。

6. *星形胶质细胞与免疫应答*　一般认为脑是与免疫系统的作用"隔绝"的"特免"器官。因为脑内缺乏淋巴系统，并存在血脑屏障（星形胶质细胞参与血脑屏障的形成），故能将许多免疫细胞和免疫物质拒之于外。然而近年来瑞典学者 Fontana 改变了这种观点，因为抗体仍可经脑脊液进入脑内。在正常脑组织内也存在缺乏血脑屏障的部位（如室周器官）。在一定情况下，激活的淋巴细胞还能穿过血脑屏障进入脑组织，实行免疫监视。星形胶质细胞本身还能介导脑内的免疫应答，作为抗原呈递细胞而起作用，即将外来抗原"呈递"给特定的内源性分子 – 大的组织相容性复合体并使之互相结合，再激发 T 淋巴细胞而发生免疫反应，破坏或排斥入侵的外来物质。在正常情况下，脑内缺乏大的组织相容性复合体。但在一定条件下，神经细胞和胶质细胞都能合成大的组织相容性复合体（包括 I 类和 II 类）。星形胶质细胞产生大的组织相容性复合体 II 类抗原与多发性硬化等疾病有关。

7. **星形胶质细胞与神经精神功能紊乱**　肝性脑病一般认为是由于肝脏损害，解毒功能降低，毒素经血液入脑，干扰脑代谢的结果。这些毒素包括氨、短链脂肪酸和硫醇，所有这些物质几乎都作用于星形胶质细胞。在许多死于肝性脑病患者的尸检中，唯一可见的脑病变是异常的星形胶质细胞。在星形胶质细胞内，谷氨酰胺由谷氨酸合成，这一过程消耗氨，使氨不在再脑内积聚，是一种保护机制。如果星形胶质细胞受损，氨就在脑组织内积聚。后者又反过来作用于星形胶质细胞，使病变进一步恶化，导致神经功能紊乱。

8. **少突胶质细胞**　少突胶质细胞存在于灰质和白质中，分布在灰质中者，多靠近神经元的胞体；在白质中者，大都沿神经纤维排列成行。少突胶质细胞的功能是形成中枢神经系统的髓鞘。

9. **小胶质细胞**　小胶质细胞是胶质细胞中最小的细胞，对于神经系统的正常发育是必需的。静止的小胶质细胞可以分泌和释放生长因子，包括成纤维生长因子（FGF）和神经生长因子（NGF），维持神经元的存活，促进其生长分化。在发育的一定时期，过多的神经细胞死亡，小胶质细胞起着清除死亡细胞和变性物质的作用；在神经系统炎症时，它迁移至炎症区附近，增殖并具有吞噬能力，能消化和降解微生物、死亡的细胞及其碎片，促进组织修复，故小胶质细胞被称为中枢神经系统的巨噬细胞。

10. **垂体细胞和嗅鞘膜细胞**　垂体细胞见于下丘脑的漏斗和神经垂体，类似星形胶质细胞，但其突起大多终于神经垂体和灰结节的血管内皮细胞。在嗅球和嗅束还有一种神经胶质细胞，称嗅鞘膜细胞。近年有研究表明，垂体细胞与嗅神经的胶质细胞都能促进轴突再生。

11. **神经膜细胞**　神经膜细胞或称施万细胞，是周围神经纤维的鞘细胞，排列成串，一个接一个地包裹着周围神经纤维的轴突。在有髓神经纤维，施万细胞形成髓鞘，对周围神经的再生起着重要作用。正常或受损的外周神经，其施万细胞能产生一些神经营养因子，如神经生长因子、睫状神经营养因子和脑源性神经营养因子等。

（四）神经的营养性作用

神经末梢经常性释放一些营养性因子，持续地调整被支配组织的代谢活动，影响其结构、生活和生理等变化。

（五）神经系统的感觉功能

神经系统具有感受各种刺激的功能。各种感觉经过不同的传导通路传入大脑皮质，执行各自的功能。其中，包括躯体感觉、内脏感觉、特殊感觉等。

（六）神经系统对姿势和运动的调节

中枢神经系统通过调节骨骼肌的紧张度或产生相应的运动，以保持或改正身体在空间的姿势，这种反射活动称为姿势反射（postural reflex）。在脊髓水平完成的姿势反射有对侧伸肌反射、牵张反射、节间反射等。脑干参与姿势和肌紧张的调节。

大脑皮质的运动调节功能：大脑皮层主要运动区是中央前回和运动前区。对身体运动支配的功能特征有交叉支配、功能定位精细、呈倒置安排。运动传导系统包括皮质脊髓束、皮质脑干束和其他下行通路。

基底神经节参与运动的设计和程序编制，将抽象的设计转换为随意运动。基底神经节的损害主要表现为肌张力异常和动作过分增减。

小脑调节平衡和精细动作，协助大脑皮质对随意运动进行适时的控制。

三、中枢神经再生

长久以来，人们认为中枢神经系统（central nerve system，CNS）损伤后是不能恢复的，但越来越多的研究逐步证明中枢神经损伤后是有可能恢复的。

1917年，Ogden R，Franz SZ在实验性偏瘫猴中证明，功能恢复训练可使猴的运动功能恢复。越来越多的临床和基础科学研究证明，大脑具有"可塑性"，神经系统在整个生命过程中处于随时随地可调节、可修饰和可塑造的状态，脑功能在损伤后可以进行重组。为了解释这种现象，1930年Bethe A首先提出了CNS可塑性的理论，并认为CNS损伤后的恢复不是由于再生，而是由于残留部分的功能重组的结果。1958年，Liu和Chambers报道哺乳动物的脊髓具有可塑性，揭开了哺乳动物中枢神经系统再生的新篇章。1969年，Luria AR重新强调并完善了功能重组的理论，认为CNS损伤后，残留部分通过功能重组，以新的方式完成已丧失的功能，并指出：在此过程中，功能恢复训练是必需的。因此，又称其理论为再训练理论（retraining theory），这些理论发展为现今的脑可塑性（brain plasticity）的理论。

脑的可塑性（plasticity）通常分为结构可塑性和功能可塑性。结构可塑是指大脑内部的突触与神经元之间的连接，可以由于学习和经验的影响建立新的连接，从而影响个体的行为。功能可塑又称为功能重组（functional reorganization），可理解为通过学习和训练，大脑某一代表区的功能可由邻近的脑区代替；也可以认为经过学习和训练后脑功能有一定程度的恢复。神经系统在发育、学习和记忆以及损伤后修复中，在整体、系统、细胞和分子水平上表现出结构和机能的可塑性。这些改变并非独立存在，其中有些是相互交织或互为因果的。当前公认的学说如下。

1. **远隔功能抑制（diaschisis）**　又称神经功能联系不能。1914年首先由Monakow提出，认为在中枢神经系统中某个部位遭破坏时，与此有联系的远隔部分功能暂时停止，经过一段时间后功能又可重新恢复。例如，脑和脊髓损伤早期常出现神经系统功能缺失的"休克期"，此后，运动功能逐渐有所恢复。远隔功能抑制消除的可能机制可能与失神经超敏感（denervation supersensitivity）与代偿性发芽（compensatory sprouting）有关。

2. 轴突侧枝长芽和突轴更新 损伤后重新生长的神经突起称为发芽（sprouting）。发芽是未损伤神经元的一种反应，即未损伤神经元轴索发芽，走向损伤区域以代替退变的轴索。在脑中死亡了的神经细胞是不能代替的，但轴索、树突与突触连接可以再生，只要细胞存活，神经通路就可再建立。理论上，发芽可恢复已失去的功能并建立新的连接。突触更新是通过突触后的致密部进行的，常见的形式是由呈小扁盘状、无孔的突触后致密部的直径逐步增大，达到阈值时穿孔、成沟、分裂而形成新的轴突。由于两者的存在，可使损伤区恢复神经支配。

3. 替代学说 中枢神经系统中似乎存在着一种特殊的环路来执行特定功能，当环路受损时有可能启用以往未用过的环路以形成言语或运动序列。替代说（substitution theory）认为，某一损伤区由于损伤所丧失的功能，可被相应未受损皮质区替代，但需具备下列条件：①该区具有完成这种功能的能力；②该区当时必须无其他任务；③该区除承担损伤区的功能以外，不参与其他方面功能。这一学说成为现代神经功能代偿原则的基础，主要包括病灶周围组织替代和对侧半球替代两种形式。

4. 突触调整 神经元连接的选择是神经发育的基本策略之一。如果存在过多的连接，这些连接可能仅被抑制，而不是被完全消除。通常，在正常神经系统中，通过对生理上不起作用或相对作用甚小的突触强度进行调控（modulation），在中枢神经系统损伤后的功能恢复上将起到积极的作用。例如，脑卒中病人脑皮质某些功能的重组在数小时内即可发生，这无法用形成新连接来解释，如此迅速的改变仅能是基于先前存在的神经环路，可能包括潜在突触活化（重现）或调节，及增加环路内突触强度以形成新的功能性重组。

5. 神经干细胞增殖 近年来的研究发现，在成年 CNS 中存在神经干细胞增殖（neuro progenitor），这些神经前体细胞终生具有发育成神经元或神经胶质细胞的潜能，以适应机体的某些生理过程和病理变化的需要。因此预言，成年神经干细胞增殖的研究，将成为现代神经科学研究领域新的里程碑，对于 CNS 损伤后恢复机制的探索具有划时代意义。

6. 分子水平 神经分子生物学的发展将 CNS 可塑性机制推进到分子水平，习惯化、敏感化和条件化学习都具有各自的分子可塑性基础。其中，NMDA 受体（N-methyl-D-aspartic acid receptor）即为 N- 甲基 -D- 天冬氨酸受体，是离子型谷氨酸受体的一个亚型，和细胞内钙离子活动最受人关注。突触可修饰状态的分子生物学事件主要包括：突触变化过程中基因转录调节与蛋白质合成等。这一分子生物学领域受内在因素（神经末梢去极化、突触的活动频率、突触前膜内钙离子浓度改变等）和外在因素（细胞外空间的程度等）的调节。

7. 丰富环境刺激与神经可塑性 神经系统的发育是遗传因素和环境因素共同作用的结果，丰富环境对脑发育和脑损伤修复具有显著的促进作用。通过丰富环境提供多感官刺激、运动和社交的机会，可刺激和引起神经可塑性的改变，可引起神经形态学结构上及行为学功能上的改变，其作用机制与神经生长因子（nerve growth factor，NGF）、离子型谷氨酸受体及早期即刻基因等变化有关。NGF 等物质的作用大致有：促进神经元生长发育、增加伤后神经元的存活、对抗神经毒、抑制自身免疫、保护神经元、促进神经元生长和轴突长芽、促进神经移植后移植物的生长和促进 CNS 损伤后动物行为的恢复。

8. 功能恢复训练　在 CNS 可塑性中极重要的一个外界因素是功能康复训练。康复训练在 CNS 损伤后的早期、中期和晚期都有极其重要的意义。功能恢复训练，是通过重新学习恢复原有功能的过程，或是通过与他人和环境的相互作用，练习在接受刺激时及时和适当地做出反应，以及练习适应环境、重新学习生活、工作所需的技能的过程。功能训练的作用，有以下几点：①为提高过去相对无效的或新形成的通路和 / 或突触的效率，重复的训练是必不可少的，即突触的效率取决于使用的频率，运用越多，效率越高；②要求原先不承担某种功能的结构去承担新的、不熟悉的任务，没有反复多次的训练是不可能的；③外周刺激和感觉反馈在促进功能恢复和帮助个体适应环境和生存中有重要的意义。因此机体必须通过反复的练习和训练，以学会善于接受和利用各种感觉反馈。

9. 功能神经影像改变　随着功能神经影像技术的迅速发展。神经可塑性得到了更全面有力的证实，包括运动、感觉、语言和认知等方面。例如，脑卒中病人的功能核磁成像（functional magnetic resonance imaging，fMRI）研究显示，单侧皮质梗死后，中枢神经活动的平衡被打破，通过下列机制使患肢运动功能达到最大限度恢复重建平衡：①激活患侧残留的运动皮质神经元；②抑制健侧已增强了的运动皮质兴奋性；③抑制梗死灶周围已增强了的皮质兴奋性；④抑制健手已增强了的运动输出或感觉反馈；⑤抑制邻近患肢的身体部分的传入感觉信息。此外，有关训练相关性经验和康复对卒中恢复影响的证据越来越多，甚至在疾病的慢性恢复期，都会发现伴随有皮质重组的临床症状改善，这种改变有赖于干预的形式和病损的部位（皮质或皮质下）。因此，脑的可塑性和功能重组可以长期存在，脑功能康复亦是一个长期的过程。

四、周围神经再生

周围神经是指嗅、视神经以外的脑神经和脊神经、自主神经及其神经节，分为感觉传入和运动传出两部分。神经纤维由神经元的触突和长树突外包神经胶质细胞组成，周围神经系统中胶质细胞是施万细胞，由于施万细胞包在轴突的外面，故又称神经膜细胞，施万细胞及其外面的一层基膜统称为神经膜。周围神经系统中功能相关的神经纤维集合在一起，外包致密结缔组织 – 神经外膜构成神经，神经内的组织纤维又被结缔组织 – 神经束膜分隔成大小不等的神经纤维束，纤维束内神经纤维周围包裹着薄层缔组织 – 神经内膜，内含毛细血管。神经纤维根据是否有神经胶质细胞形成的髓鞘结构，分为有髓神经纤维和无髓神经纤维。周围神经疾病是指原发于周围神经系统结构或功能损害的疾病，周围神经干及其分支受到创伤，导致神经支配区域的运动、感觉及自主神经功能障碍的一种临床病症。周围神经损伤的原因比较复杂，病因可能与营养代谢、药物及中毒、血管炎、肿瘤、遗传、外伤或机械压迫等相关。

周围神经疾病的分类标准尚未统一，首先分为遗传性和后天获得性（包括营养缺乏和代谢性、中毒性、感染性、免疫相关性炎症、缺血性、机械外伤性）。根据病理分为主质性神经病和间质性神经病；按临床病程分为急性、亚急性、慢性、复发性或进行性神经病；按受累神经分布形式分为单神经病、多发性单神经病、多发性神经病；按突出症状分为感觉性、运动性、混合性、自主神经性；按解剖部位分为神经根病、神经丛病或神经干病。周围神经再生的机制有以下几种。

1. 轴突再生通道和再生微环境的建立 周围神经损伤后，神经纤维远侧段全长和近侧段纤维局部变性、崩解，随后被募集而来的巨噬细胞和增殖的施万细胞吞噬清除。同时，施万细胞分泌神经营养因子（NGF 等）、黏附因子（N-CAM 等）、细胞外基质分子（laminin 等）和其他多种营养、趋化因子，为轴突再生营造适宜的微环境。

2. 轴突枝芽的形成与延伸 周围神经纤维损伤后，如果受损神经元经历轴突反应仍能够存活，则可从伤后 1 周左右开始进入恢复的过程，在偏位的核周围重新出现 Nissle 物质，2～3 周充满整个胞体，到伤后 1 个月左右，胞体和核的肿胀达到最高峰，此时胞体内充满 RNA、蛋白质和脂质等。胞体合成新的细胞器和蛋白等物质，不断向轴突远端运输，为轴突再生提供相应的物质基础。轴突断端随着胞体物质的到来不断膨大，表面逐渐长出许多新生轴突枝芽。

3. 靶细胞的神经再支配 再生轴突不断向靶细胞（即损伤前神经末梢支配的细胞）延伸，最终到达目的地与靶细胞形成突触联系，如运动神经纤维末梢与骨骼肌细胞形成运动终板，从而实现靶细胞的神经再支配。对于混合神经，再生的情况比单纯的感觉神经或运动神经复杂。

1898 年，Forssman 发现神经损伤后再生的轴突可以被远端的神经断端吸引，并选择性长入其中。1928 年，Cajal 将这一现象解释为神经趋化性，推测是远端神经断端分泌可弥散物质吸引再生轴突的结果。神经趋化性再生受到神经断端间距、远端神经体积大小、营养支持及远端神经结构等多因素的影响。神经营养因子与细胞外基质蛋白相互作用、轴突表面识别分子及神经元表型特异性等，可能是趋化性再生的机制。研究证实，神经营养因子能促进周围神经趋化性再生；小间隙桥接技术充分发挥了再生神经的趋化性，是周围神经修复的有效方法。

神经损伤后，远端神经和靶器官能对再生轴突产生营养及趋化作用，远端神经的直径、类型（运动神经/感觉神经）以及再生轴突与远端神经断端的距离等因素可能共同决定了神经再生的趋化性。周围神经趋化性再生具有组织特异性、解剖部位特异性和终末器官特异性。周围神经再生其本质上不是神经细胞的再生，而是受损神经突起的再生长与神经纤维结构完整性和功能的重建。周围神经再生是一个复杂的病理生理过程，涉及从分子、细胞到生物机体等不同水平的多种变化，并受多种因素影响。

【案例分析】

1. 何谓神经可塑性？

大脑可塑性（plasticity）指神经系统可调节、可修饰和可塑造的状态，包括结构可塑性和功能可塑性，又称为功能重组。

2. 中枢神经损伤的恢复机制？

CNS 损伤后，残留部分通过功能重组，以新的方式完成已丧失的功能，在此过程中，功能恢复训练是必需的。

3.本例患者的语言和肢体运动可以康复吗?

本例患者脑功能在损伤后可以进行康复训练,提高功能水平。

学习检测

1.简述神经系统的组成。

2.简述神经系统的功能。

任务四 心理学基础理论

当代生物-心理-社会医学模式认为,一个完整的个体不仅仅是一个生物人,而且也是一个社会人。一方面,他们生活在特定的生活环境和不同层次的人际关系网中,从核心家庭关系到亲属、同事、邻居及集体的关系,对个体的心身健康均有着深刻的影响;另一方面,周围自然环境也对个体身心健康有着影响。在康复的过程中,既要注重人的生物性因素,也要关注心理-社会因素的影响。心理学是研究心理现象发生、发展规律的科学,康复心理学是运用心理学的系统知识解决康复领域中的相关心理问题的学科。康复工作人员不仅要掌握康复医学知识,还要具备心理学知识。

案例导入 ◆

张先生,50岁,上班开会中因为左半球出血而导致言语不利,右侧肢体活动不灵活,因为言语和认知功能减退而烦躁,爱哭泣,爱和家人发脾气。

思 考

1.如何在实践中运用心理现象规律,解释生活中人们常见的各种心理现象?

2.康复患者心理状态分期是什么?

一、心理现象

人们在认识世界、改造世界的过程中出现种种心理活动,称为心理现象。心理学上一般把心理现象区分为心理过程和人格两个方面。

心理过程是指人的心理活动发生、发展的过程,是人脑对客观现实的反映过程。它包括认识过程、情绪和情感过程及意志过程三个方面。认识过程是人脑对客观事物的属性、特点及其规律的反映,包括感觉、知觉、记忆、思维、想象等认识过程。情绪和情感过程是一个人在对客观事物的认识过程中表现出来的态度体验。意志过程是人们为了改造客观事物,自觉地确定目的,调节支配行动,克服困难,最终实现目标的过程。三者之间相互联系、相互制约，情绪情感和意志是在认识的基础上产生和发展起来，同时又影响认识过程。

人格是指一个人的整个精神面貌，是具有一定倾向性的心理特征的总和。它包括人格倾向性、人格特征和自我意识。人格倾向性是指一个人所具有的意识倾向，也就是人对客观事物的稳定的态度。人格倾向包括需要、动机、兴趣、理想、信念和世界观等，它是人从事活动的基本动力，决定着人的行为方向。人格心理特征是一个人身上经常表现出来的稳定的心理特点，主要表现在能力、气质和性格等方面。自我意识是一种自我调节系统，由自我认识、自我体验、自我调控三个部分构成。

心理过程和人格是个体心理活动的两个方面，两者是相互依存、相互制约的不可分割的整体。人格通过心理过程形成并表现出来，又反过来制约和调节心理过程的进行。如果没有对客观事物的认识，没有对客观事物产生的情绪和情感，没有对客观事物的积极改造的意志过程，人格是无法实现的。而已经形成的人格又会制约着心理过程的进行，并在心理活动过程中得到表现，从而对心理过程产生重要影响。

二、心理的实质

（一）心理是脑的功能

心理活动的基础是神经系统，其最高部位是脑。心理的发生和发展是以脑的发育完善为物质基础的，脑是心理活动的器官，心理是脑的功能。

（二）心理是对客观现实的反映

心理是脑的功能，但人脑只是产生心理的物质基础，人脑只有在客观现实的作用下才能产生心理。没有客观现实作用于脑，心理活动便无从产生。

1. 客观现实是心理的源泉　客观现实包括人类生存的自然环境、社会环境和有机体自身的状态。人的心理活动不论是简单还是复杂，在客观现实中都可以找到它的源泉。没有客观现实提供信息，人脑就不可能产生心理现象。

2. 心理是客观现实的主观能动性的反映

（1）心理是客观现实的主观反映：人的一切心理活动，从感觉、知觉、思维、想象，到情感、意志，都是人脑对客观现实的反映，就其反映的内容来说是客观的，但反映的方式和结果却是主观的。人对客观现实的反映，并不是机械的、刻板的、照镜子式的反映，由于每个人的知识经验、生活经历、个性以及当时的心理状态不同，就必然使人的心理活动带有鲜明的个人主观色彩。表现为不同的人对同一事物的反映不同，甚至同一个人在不同时间、不同情况下对同一事物的反映也不相同。

（2）心理是客观现实的能动反映：心理不是对客观现实的简单复制，而是通过人和客观现实的相互作用，对客观现实进行积极的、能动的反映。人不仅可以反映客观现实的表面现象和外部联系，而且可以反映客观现实的本质和规律，从而有目的、有计划地改造客观现实。

三、心理过程

心理过程是指人的心理活动发生、发展的动态过程，是人脑对客观现实的反映过程，包括认识过程、情绪情感过程和意志过程三个方面。

（一）认知过程

认知是认识和知晓事物过程的总称，是人类大脑所特有的高级功能。认识是指人在对客观事物的认识过程中，对感觉输入信息的获取、编码、操纵、提取和使用的过程，是输入和输出之间发生的内部心理过程。

认知包括：感觉、知觉、注意、记忆、思维、想象等。

1. 感觉　感觉是人脑对直接作用于感觉器官的客观事物的个别属性的反映。我们周围的客观事物通常具有多种个别属性，如物体的大小、形状、颜色、硬度、滋味和气味等，当这些个别属性直接作用于人的眼、耳、鼻、舌、身等感觉器官时，头脑中就会产生事物相应的形象，这就是感觉。感觉是最简单、最基本的心理现象，然而在现实生活中却具有非常重要的作用。首先，感觉提供了内外环境的信息。通过感觉，人们能够认识外界事物的各种属性，感觉保证了机体与环境的信息平衡。如果没有感觉提供信息，人就不可能根据自己机体的状态来调节自己的行为。其次，感觉是一切较高级、较复杂的心理现象的基础。人的知觉、记忆、思维等复杂的认知活动，都是在感觉所获得的信息基础上发生的；人的情绪体验，也必须依靠人对环境和自身内部状态的感觉。没有感觉，一切较复杂的、较高级的心理现象就无从产生。

（1）感觉的种类：根据刺激信息的来源和感觉的性质，感觉分为外部感觉和内部感觉，外部感觉接受外部刺激，反映外部事物个别属性的感觉，包括视觉、听觉、嗅觉、味觉、皮肤觉等。内部感觉接受机体内部刺激，反映机体内部状态和内部变化的感觉，包括运动觉、平衡觉、内脏觉、本体感觉等。

（2）感受性：生活环境中，存在着各种各样的刺激，但并不是任何刺激都能引起感觉。只有作用于感觉器官的刺激是适宜的，达到一定强度，才能产生感觉。我们把感觉器官对适宜刺激的感觉能力称为感受性。

（3）感觉的适应：感受器在刺激物持续作用下使感受性发生变化的现象。这些变化可以是感受性的提高，也可以是感受性的降低，这对人适应环境具有重要的意义。如视觉上的明适应和暗适应是最典型的感觉适应，暗适应是眼睛对暗光感受性提高的表现，而明适应是对强光感受性降低的现象。

（4）感觉的对比和相互作用：感觉的对比是指同一感受器在不同刺激下，感受性在强度和性质上发生变化的现象。感觉的相互作用，是指一种感觉的感受性因其他感觉的影响而发生变化的现象。例如，食物的色、香能提高味的感受性；轻微的音乐可使患者的疼痛减轻，强烈的噪声会使患者的疼痛加剧。

（5）感觉联觉：联觉是由一种感觉引起另外一种感觉的心理现象。联觉是感觉相互作用的表现，最常见的是视觉联觉。例如，红橙黄等颜色类似太阳和火光的颜色，往往会使人有温暖的感觉，因而被称为暖色；而蓝、青、绿等颜色与蓝天、大海、树木的颜色相近，往往会引起凉爽的感觉。

2. 知觉

知觉是人脑对直接作用于感觉器官的客观事物的各种属性的整体反映。知觉使人对事物产生完整的印象。知觉是在感觉基础上形成的，是多种感觉的统合，依赖许多皮质区域的协同活动。知觉不仅受感觉系统生理因素的影响，还依赖于个体以往的知识和经验，并受个体的兴趣、需要、动机、情绪等心理特点的影响。

（1）知觉的完整性：知觉的对象是由各个部分和许多属性组成的，知觉包括了各个部分的刺激，又超越部分相加的总和而产生一种整体知觉经验，就是知觉的整体性。知觉的完整性依赖于知觉对象本身的特点，还依赖于人本身的主观状态，主要是知识经验，如果知觉对象的信息不足，以往的知识经验会进行补充，从而形成完整的知觉。

（2）知觉的种类：知觉分为空间知觉、时间知觉和运动知觉，空间知觉是人对物体的大小、形状、方位和距离等空间特性的反映。它包括形状知觉、大小知觉、方位知觉和深度知觉等。时间知觉是人对客观事物的延续性和顺序性的反映，如四季变化、昼夜更替、时间变化、先后顺序等。运动知觉是人对物体运动特性的反映，运动知觉是多种感官的协同活动的结果，参与运动知觉的有视觉、动觉、平衡觉，其中视觉起到重要作用。

（3）知觉的基本特征：

①选择性：人在纷繁众多的环境刺激下，只能对部分事物清晰感知，其他事物作为知觉的背景。人的知觉对象受注意指向和知觉定式的影响。知觉的选择性与对象特点和个人的兴趣、需要、经验等有关。

②整体性：客观事物都是由许多部分和属性组成，在知觉的过程中，人们不是孤立地反映客观事物的个别特征，而是反映事物的整体和关系。

③理解性：人们在知觉的过程中，不是被动地反映知觉对象，而是主动地运用已有的知识经验对知觉对象做出某种解释，赋予知觉对象一定的意义。

④恒长性：当知觉的条件在一定范围内发生变化时，人的知觉映象并不因此发生相应的变化，保持相对不变，这就是知觉的恒长性。知觉的恒长性能使人不受外界的干扰，在不同情况下都能按照事物的实际面貌反映客观事物，从而适应不断变化的外界环境。

3. 注意

注意是心理活动对一定对象的指向和集中，是伴随着感知觉、记忆、思维、想象等心理过程的一种共同的心理特征。注意有两个基本特征，一个是指向性，是指心理活动有选择的反映一些现象而离开其余对象。二是集中性，是指心理活动停留在被选择对象上的强度或紧张。指向性表现为对出现在同一时间的许多刺激的选择；集中性表现为对干扰刺激的抑制。它的产生及其范围和持续时间取决于外部刺激的特点和人的主观因素。注意的特征有以下：

（1）注意的紧张度：强度特征，是心理活动对一定对象的高度集中程度。

（2）注意的广度：范围特征，是在同一时间内一个人所能清楚地把握注意对象的数量。注意广度的大小决定着人们在同一时间内获取信息量的多少，直接影响到工作的效率。

（3）注意的持久性：时间特征，注意在某一对象上所保持的时间的长短。

（4）注意的转移性：根据新任务的要求，主动及时地从一个对象转移到另一个对象。灵活而又正确的转移是提高工作效率的基础。

（5）注意的分配性：进行两种或两种以上活动时，能同时注意不同的对象。

4. 记忆

（1）记忆的概念：

记忆是人脑对经历过的事物的反映。人们感知过的事物，思考过的问题、体验过的情感、从事过的事物，都会不同程度地保留在人的头脑中，并在一定条件下以经验的形式重现出来，这就是记忆。从信息加工的观点来看，记忆就是人脑对外界输入的信息进行编码、存储和提取的过程。记忆是人们学习、工作和生活的基本能力，没有记忆，生活将是难以想象的。

（2）记忆的种类：

①根据记忆的内容，记忆分为形象记忆、情绪记忆、运动记忆和逻辑记忆，形象记忆是以感知过的事物形象为记忆的内容。是直接对客观事物的具体形象和外部特征的记忆，具有比较鲜明的直观性。情绪记忆是以体验过的情绪、情感为内容的记忆，如愉快的经历后轻松美好的心情。运动记忆是以过去经历过的动作为内容的记忆。逻辑记忆是以概念、判断、推理等逻辑思维为内容的记忆。

②根据记忆内容保持时间的长短不同，记忆分为瞬时记忆、短时记忆、长时记忆。瞬时记忆指外界刺激停止后，通过感官所获得的感觉信息保持时间极短的记忆。储存时间为 0.25～2 s，又称感觉记忆。如果这些感觉信息进一步受到注意，则进入短时记忆。短时记忆指保持时间在 1 分钟左右的记忆，短时记忆中的信息经过复述，就进入了长时记忆。长时记忆指保持时间在 1 分钟以上甚至终生的记忆。长时记忆中存储着我们过去的经验和知识，为所有的心理活动提供必要的知识基础。

③根据记忆过程中意识的参与程度，把记忆分为内隐记忆和外显记忆。内隐记忆在心理学上是指在不需要意识或有意回忆的条件下，个体的过去经验对当前任务自动产生影响的现象，又称自动的、无意识的记忆。而外显记忆则是在意识的控制下，过去的经验对当前作业产生的有意识的影响，又称受意识控制的记忆。

（3）记忆的基本过程：

记忆是一个复杂的心理过程，包括识记、保持、再认和回忆。识记是记忆过程的开端，是对事物的识别和记住，并形成一定印象的过程。保持是对识记内容的一种强化过程，使之能更好地成为人的经验。回忆和再认是对过去经验的两种不同再现形式。遗忘是对识记过的材料不能再认与回忆，或者错误的再认与回忆，是一种记忆的丧失。遗忘分为暂时性遗忘和永久性遗忘，前者指在适宜条件下还可能恢复记忆的遗忘；后者指不经重新学习就不可能恢复记忆的遗忘。遗忘是保持的对立面，也是巩固记忆的一个条件。如果不遗忘那些不必要的内容，要想记住和恢复那些必要的材料是困难的。遗忘曲线（图 3-4-1）由德国心理学家艾宾浩斯研究发现，描述了人类大脑对新事物遗忘的规律。

遗忘在学习之后立即开始，遗忘的过程最初进展得很快，以后逐渐缓慢。人体大脑对新事物遗忘的循序渐进的直观描述，人们可以从遗忘曲线中掌握遗忘规律并加以利用，学习新知识后要及时复习，趁记忆材料未被大量遗忘时进行巩固和强化记忆，从而提升自我记忆能力。该曲线对人类记忆认知研究产生了重大影响。

（4）记忆的品质：

记忆的敏捷性，指记忆速度的快慢。一般以在单位时间内能记住或回忆多少事物为指标，记忆的速度快，便能在一定的时间内掌握更多的材料，学习更多的知识。有的人过目不忘，有的人久难成诵，就是在记忆敏捷性方面的差异。记忆的持久性，指记忆内容保持时间长短的特点。有了记忆的持久性，才会有知识的巩固。记忆保持的时间越长久，人们越能充分运用已往积累的知识经验。记忆的准确性，指记忆内容是否准确无误，准确性是记忆的最重要的品质。记忆的准备性，是指能否迅速地提取保持在头脑中的经验知识的能力。迅速地提取记忆的有关材料，在人类各种活动中有重要的意义。尤其是对于军人、律师、教师等更为重要。教师对于学生的提问，应随时根据自己的学识做出解答。记忆的准备性取决于以下两个条件：①能否熟练地掌握追忆的技能；②知识是否系统化。

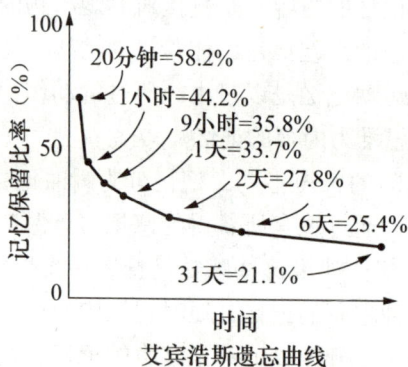

图 3-4-1　遗忘曲线

5.思维

思维最初是人脑借助于语言对客观事物的概括和间接的反应过程。思维以感知为基础又超越感知的界限。通常意义上的思维，涉及所有的认知或智力活动。它探索与发现事物的内部本质联系和规律性，是认识过程的高级阶段。由于思维概括的、间接的性质，通过思维，人就可以认识那些没有直接作用于人的种种事物或事物的属性，也可以预先见到事物的发展变化过程。

（1）思维具有间接性和概括性两个特征。

思维的间接性指人能借助一定的媒介和一定的知识经验对客观事物进行间接的认识。例如，中医通过望、闻、问、切四诊法，来诊断疾病；西医则可以通过问诊、体格检查、辅助检查等诊断患者体内有无病变。思维的概括性是指在大量感性材料的基础上，把一类事物共同的特征和规律抽取出来，加以概括。

（2）思维的分类。

①根据思维任务的性质、内容和解决问题的方式不同，把思维分为动作思维、形象

思维和抽象思维。动作思维亦称直观动作思维。其基本特点是思维与动作不可分，离开了动作就不能思维。动作思维一般是在人类或个体发展的早期所具有的一种思维形式。动作思维的任务或课题是与当前直接感知到的对象相联系，解决问题的思维方式不是依据表象与概念，而是依据当前的感知觉与实际操作。形象思维指人们利用头脑中的事物的具体想象来解决问题的思维。抽象思维是指以概念、判断、推理等形式进行的思维。儿童在掌握抽象数学概念之前，用手摆弄物体进行计算活动，就属于动作思维。这是在抽象逻辑思维产生之前的一种思维形式。成人在进行抽象思维时，有时也借助于具体动作的帮助，但不能与动作思维完全等同。3～6岁儿童的思维主要以形象思维为主，成年人解决问题时也常用到此类思维活动。抽象思维的发展较晚，一般成人到青年期以后才具有较发达的抽象思维。

②根据思维探索问题答案的方向不同，可把思维分为聚合式思维和发散式思维，聚合式思维又称求同思维、集中性思维。它是遵从传统的逻辑规则，从已知信息出发，沿着单一或归一的方向论证推导，探求正确答案的思维形式。聚合式思维具有同一性、程序性及比较性。发散式思维亦称扩散思维、辐射思维，是指在创造和解决问题的思考过程中，从已有的信息出发，尽可能向各个方向扩展，不受已知的或现存的方式、方法、规则和范畴的约束，并且从这种扩散、辐射和求异式的思考中，求得多种不同的解决方法，衍生出各种不同的结果。发散思维是多向的、立体的和开放性的思维。

③根据思维的创新程度不同，可把思维分为常规思维和创造性思维。常规思维指人们运用已获得的知识经验，按现成的方案和程序直接解决问题的思维。创造性思维，是一种具有开创意义的思维活动，即开拓人类认识新领域、开创人类认识新成果的思维活动。创造性思维是以感知、记忆、思考、联想、理解等能力为基础，以综合性、探索性和求新性为特征的高级心理活动。是需要人们付出艰苦的脑力劳动。一项创造性思维成果的取得，往往要经过长期的探索、刻苦的钻研、甚至多次的挫折之后才能取得，而创造性思维能力也要经过长期的知识积累、素质磨砺才能具备，至于创造性思维的过程，则离不开繁多的推理、想象、联想、直觉等思维活动。

（3）思维包括下面几个基本过程。

①分析和综合：是思维活动最基本的过程。分析是把事物的整体分解为部分，或把整体的个别特征、个别方面分解出来的思维过程。综合是把事物的各个组成部分或各种特征、各个方面联系起来的思维过程。分析和综合是同一思维过程的两个方面，它们是相互联系的、相互制约的。

②比较与分类：比较是在头脑中把各种事物或现象加以对比，确定它们的异同及关系的过程。例如，多种疾病具有相似的临床表现，通过比较进行鉴别诊断。分类是在头脑中根据事物或现象的异同，把它们区分为不同种类的思维过程。

③抽象和概括：抽象与概括是指从具体共同性的事物中揭示其本质意义的两种思维活动。抽象是指抽取客观事物的一般的、本质的属性的思维方法，并舍弃个别的非本质特征的思维过程；概括是指把抽象出来的个别事物的本质属性连接起来，推及至其他同类事物上去，从而归结全类事物的共性的思维方法。

（4）思维的品质。

思维的品质是衡量一个人思维发展水平的重要指标，思维品质反映了每个个体智力或思维水平的差异，主要包括广阔性、深刻性、灵活性、敏捷性、独立性和批判性六个方面。

①思维的广阔性：指思维过程中善于把握事物之间的联系，全面而细致地思考问题、分析问题。与广阔性相反的是思维的狭隘性，表现为孤立片面地考虑问题，只见局部，不见整体；只见树木，不见森林。

②思维的深刻性：深刻性是指思维活动的抽象程度和逻辑水平，涉及思维活动的广度、深度和难度。人类的思维主要是言语思维，是抽象理性的认识。在感性材料的基础上，去粗取精、去伪存真、由此及彼、由表及里，进而抓住事物的本质与内在联系，认识事物的规律性。个体在这个过程中，表现出深刻性的差异。思维的深刻性集中表现为在智力活动中深入思考问题，善于概括归类，逻辑抽象性强，善于抓住事物的本质和规律，开展系统的理解活动，善于预见事物的发展进程。

③思维的灵活性：指善于根据客观条件的发展变化灵活机智地解决问题。如我们平时说的，"举一反三""运用自如"等。灵活性强的人，智力方向灵活，善于从不同的角度与方面起步思考问题，能较全面地分析、思考问题，解决问题。

④思维的敏捷性：敏捷性是指思维活动的速度，它反映了智力的敏锐程度。有了思维敏捷性，在处理问题和解决问题的过程中，能够适应变化的情况来积极地思维，周密地考虑，正确地判断和迅速地做出结论。例如，智力超常的人，在思考问题时敏捷，反应速度快；智力低常的人，往往迟钝，反应缓慢；智力正常的人则处于一般的速度。

⑤思维的独立性：在实践中善于独立地分析问题和解决问题。

⑥思维的批判性：批判性是思维活动中独立发现和批判的程度。是循规蹈矩、人云亦云，还是独立思考、善于发问，这是思维过程中一个很重要的品质。思维的批判性品质，来自于对思维活动各个环节、各个方面进行调整、校正的自我意识。思维的批判性还体现在敢于冲破习惯思维的束缚，敢于打破常规去思维。正是有了批判性，人类才能够对思维本身加以自我认识，也就是人类不仅能够认识客体，而且也能够认识主体，并且在改造客观世界的过程中改造主观世界。

6. 想象

想象是一种特殊的思维形式，是人在头脑里对已储存的表象进行加工改造形成新形象的心理过程。根据产生想象有无目的分为无意想象和有意想象，无意想象是在外界刺激的作用下，不由自主地产生的，如梦是一种无意想象。有意想象是指事先有预定目的的想象。有意想象中，根据观察内容的新颖性、独立性和创造程度，又可分为再造想象、创造想象、幻想。再造想象是根据别人的描述或图样，在头脑中形成新形象的过程。创造想象指不根据现成的描述，而在大脑中独立地产生新形象的过程。幻想是创造想象的一种特殊形式，指与个人生活愿望相联系并指向未来的想象。如果幻想以客观现实为依据，符合事物发展规律，经过努力可以实现，一般称为理想。如果幻想完全脱离客观现实的发展规律，不可能实现，一般称为空想。

（二）情绪情感过程

1.情绪和情感的概念

情绪和情感是人对事物的态度的体验，是人的需要得到满足与否的反映，具有特殊的主观体验，显著的身体、生理变化和外部表情行为。情绪是情感的基础和外部表现，情感是情绪的深化和本质内容。情绪出现较早，多与人的生理性需要相联系；情感出现较晚，多与人的社会性需要相联系。

2.情绪和情感的区别与联系

情绪具有情境性和暂时性；情感则具有深刻性和稳定性。情绪常由身旁的事物所引起，又常随着场合的改变和人、事的转换而变化。所以，有的人情绪表现常会喜怒无常，很难持久。情感可以说是在多次情绪体验的基础上形成的稳定的态度体验，如对一个人的爱和尊敬，可能是一生不变的。情绪具有冲动性和明显的外部表现；情感则比较内隐。人在情绪左右下常常不能自控，高兴时手舞足蹈，郁闷时垂头丧气，愤怒时又暴跳如雷。情感更多的是内心的体验，深沉而且久远，不轻易流露出来。

3.情绪的纬度与两极性

情绪的纬度是指情绪所固有的某些特征，情绪具有四个维度：强度（情绪的强弱程度）、快感度（愉快和不愉快的程度）、紧张度（从紧张到轻松的程度）和激动度（从激动到平静的程度）。这些特征的变化幅度又具有两极性，即每个特征都存在两种对立的状态，在一定条件下它们之间可以互相转化。

（1）情绪的外部表现和生理变化。情绪和情感本是一种内部的主观体验，当这种体验发生时，又总是伴随着某些可被观察到的外部表现，脸上的喜怒哀乐都是情绪的外部表现。在情绪活动中伴随的生理变化，主要包括循环系统、呼吸系统、皮肤电、脑电波以及内分泌腺等方面的变化，如伴随情绪发生的心跳加快、血压升高、瞳孔扩大、呼吸加速、脸色变化等。

（2）情绪状态的分类。依据情绪发生的强度、持续性和紧张度，可以把情绪状态分为心境、激情、热情和应激。

①心境：心境是一种微弱、弥散和持久的情绪，也即平时说的心情。心境的好坏，常常是由某个具体而直接的原因造成的，它所带来的愉快或不愉快会保持一个较长的时段，并且把这种情绪带入工作、学习和生活中，影响人的感知、思维和记忆。同一事件对有的人心境影响小，而对另外一些人影响大，与人的气质、性格有一定关系。

②激情：激情是一种猛烈、迅疾和短暂的情绪，类似于平时说的激动。激情是由某个事件或原因引起的当场发作，情绪表现猛烈，但持续的时间不长，并且牵涉的面不广。激情通过激烈的言语爆发出来，是一种心理能量的宣泄，从一个较长的时段来看，对人的身心健康的平衡有益，但过激的情绪也会使当时的失衡产生可能的危险。

③热情：热情是一种强而有力、稳定、持久和深刻的情绪状态。以饱满的热情投身于学习、工作、生活和事业的人，生活充实而有意义，更容易获得成就和敬慕。

④应激：应激是机体在各种内外环境因素及社会、心理因素刺激时所出现的全身性

非特异性适应反应，又称为应激反应。应激状态的产生与人们面临的情境及对自己的能力估计有关，应激的最直接表现即精神紧张。人在应激状态下，会引起一系列的生物性反应，如肌肉紧张度、血压、心率、呼吸及腺体的明显变化，有助于适应急剧变化的环境刺激，维持机体的完整性。紧张而持续时间较长的应激也会导致机体的休克或死亡。

4. 情绪理论

（1）詹姆士－兰格理论。"当身体产生（生理）变化时，我们感受到这些变化，这就是情绪。"他们强调情绪的产生是植物神经系统活动的产物。后人称他们的理论为情绪的外周理论。兰格以饮酒和药物为例来说明情绪变化的原因。酒和某些药物都是引起情绪变化的因素，它们之所以能够引起情绪变化，是因为饮酒、用药都能引起血管的活动，而血管的活动是受自主神经系统控制的。自主神经系统支配作用加强，血管扩张，结果就产生了愉快的情绪；植物性神经系统活动减弱，血管收缩或器官痉挛，结果就产生了恐怖。因此，情绪决定于血管受神经支配的状态、血管容积的改变以及对它的意识。

（2）坎农－巴德情绪学说。坎农对詹姆斯－兰格理论提出了三点疑问：第一，机体上的生理变化，在各种情绪状态下并无多大的差异，因此根据生理变化很难分辨各种不同的情绪；第二，机体的生理变化受自主神经系统的支配，这种变化缓慢，不足以说明情绪瞬息变化的事实；第三，机体的某些生理变化可由药物引起，但药物（如肾上腺素）只能使生理状态激活，而不能产生情绪。坎农认为情绪的中心不在外周神经系统，而在中枢神经系统的丘脑。情绪体验和生理变化是同时发生的，它们都受丘脑的控制。

（3）情绪三因素理论。20世纪60年代初，美国心理学家沙赫特（S.Schachter）和辛格（J.Singer）提出，对于特定的情绪来说，有三个因素是必不可少的。第一，个体必须体验到高度的生理唤醒，如心率加快、手出汗、胃收缩、呼吸急促等；第二，个体必须对生理状态的变化进行认知性的唤醒；第三，相应的环境因素。沙赫特－辛格理论认为认知在情绪产生中起着关键作用，故亦称为情绪认知学说。

（三）意志

1. 意志的概念

心理的职能不仅限于认识世界，产生对世界的态度体验，而且还在于有目的地改造世界。人在实践活动中自觉地确定目的，根据目的调节自己的行为，克服困难，从而实现目的的心理过程叫做意志。

2. 意志的特征

（1）明确的目的。人与动物活动最根本的区别就在于人的活动有目的性。动物的行为是不自觉的、盲目的本能活动，而人类的活动则不同，在活动之前，活动的结果已经作为目的展现在头脑之中。所以说，目的犹如意志的灵魂，没有目的就谈不到意志。

（2）克服困难。并非一切有意识有目的的活动都是意志活动，意志必须与克服困难相联系，没有困难的活动无意志可言。

（3）意识对行为的调节。意志是意识的能动方面，表现为意识对行为的自觉调节与控制。意志对行为的调节表现为发动和制止两个基本方面，前者表现为推动人们从事达到目的的行为，后者表现为制止与目的不符的愿望与行为。人的自我调节并不限于随意活动。对自主神经系统所支配的内脏活动，如果通过学习和训练，也可以进行一定的调节和控制。

3. 意志与认识、情感的关系

（1）意志与认识意志是在认识的基础上产生的。意志的特点是具有明确的目的，而目的并非头脑里固有的，是人们认识活动的结果。人对客观事物的意义认识越深刻，他的目的就越明确，意志的自觉性就越强。因此，没有认识过程，也就没有意志过程。

意志在认识的基础上产生，又对认识活动产生巨大影响，它可以对认识活动进行调节。

（2）意志与情感情绪、情感既可成为意志行为的动力，也可以成为意志行为的阻力。例如：愉快的心境可以使人干劲倍增，提高工作效率；不愉快的心境、苦闷和忧虑，使人意志消沉，妨碍实现行为的目的。

意志对情绪、情感还有调节功能，所谓理智战胜情感就是意志对情感的调节作用。

四、人格

（一）人格概念

人格（personality）也称个性，这个概念源于希腊语 Persona，原来主要是指演员在舞台上戴的面具，类似于中国京剧中的脸谱，后来心理学借用这个术语用来说明在人生的大舞台上，人也会根据社会角色的不同来换面具，这些面具就是人格的外在表现。面具后面还有一个实实在在的真我，即真实的自我，它可能和外在的面具截然不同。人格是指人的性格、气质、能力等特征的总和，主要是指人所具有的与他人相区别的独特而稳定的思维方式和行为风格。

1. 气质 气质表现在心理活动的强度、速度、灵活性与指向性等方面的一种稳定的心理特征，即我们所说的脾气、秉性。人的气质差异是先天形成的，受神经系统活动过程的特性所制约。孩子刚一落生时，最先表现出来的差异就是气质差异，有的孩子爱哭好动，有的孩子平稳安静。人的气质可分为四种类型：胆汁质（兴奋型）、多血质（活泼型）、黏液质（安静型）、抑郁质（抑制型）。典型的气质类型不多见，多数是两种或多种气质的混合经过历代心理学家的补充完善，四种气质类型的典型表现如下。

（1）胆汁质：情绪易激动，反应迅速，行动敏捷，暴躁而有力；性急，有一种强烈而迅速燃烧的热情，不能自制；在克服困难上有坚忍不拔的劲头，但不善于考虑能否做到，工作有明显的周期性，能以极大的热情投身于事业，也准备克服且正在克服通向目标的重重困难和障碍，但当精力消耗殆尽时，便失去信心，情绪顿时转为沮丧而一事无成。代表人物：张飞、李逵、晴雯。

（2）多血质：灵活性高，易于适应环境变化，善于交际，在工作、学习中精力充沛而且效率高；对什么都感兴趣，但情感兴趣易于变化；有些投机取巧，易骄傲，受不了一成不变的生活。代表人物：韦小宝，孙悟空，王熙凤。

（3）黏液质：反应比较缓慢，坚持而稳健的辛勤工作；动作缓慢而沉着，能克制冲动，严格恪守既定的工作制度和生活秩序；情绪不易激动，也不易流露感情；自制力强，不爱显露自己的才能；固定性有余而灵活性不足。代表人物：薛宝钗。

（4）抑郁质：高度的情绪易感性，主观上把很弱的刺激当作强作用来感受，常为微不足道的原因而动感情，且有力持久；行动表现上迟缓，有些孤僻；遇到困难时优柔寡断，面临危险时极度恐惧。但往往富于想象，比较聪明。代表人物：林黛玉。

2. 性格　性格是一个人对现实的稳定的态度，以及与这种态度相应的，习惯化了的行为方式中表现出来的人格特征。性格一经形成便比较稳定，但是并非一成不变，而是可塑性的。性格不同于气质，更多体现了人格的社会属性，个体之间的人格差异的核心是性格的差异。主要表现每个人在对人、对事的态度和行为方式上所表现出来的心理特点，如开朗、刚强、懦弱、粗暴等。

3. 能力　是完成一项目标或者任务所体现出来的综合素质。人们在完成活动中表现出来的能力有所不同。它是指能力是直接影响活动效率，并使活动顺利完成的个性心理特征。一般能力是指在进行各种活动中必须具备的基本能力。它保证人们有效地认识世界，也称智力。智力包括个体在认识活动中所必须具备的各种能力，如感知能力（观察力）、记忆力、想象力、思维能力、注意力等，其中抽象思维能力是核心，因为抽象思维能力支配着智力的诸多因素，并制约着能力发展的水平。特殊能力又称专门能力，它是顺利完成某种专门活动所必备的能力，如音乐能力、绘画能力、数学能力、运动能力等。各种特殊能力都有自己的独特结构。人在完成某种活动时，常需要一般能力和特殊能力的共同参与。总之，一般能力的发展为特殊能力的发展提供了更好的内部条件，特殊能力的发展也会积极地促进一般能力的发展。

4. 自我与意识　自我意识是个体与自然和社会交往过程中逐渐形成，对其社会角色进行自我评价的结果。自我意识在个体反展中有十分重要的作用，自我意识是认识外界客观事物的条件；是人的自觉性、自控力的前提，对自我教育起推动作用；他使人能不断地自我监督、自我完善。自我意识影响着人的道德判断和人格的形成，尤其对人格倾向性的形成更为重要，是人类高级的心理反应形式，也是人类区别于动物心理的重要标志之一。

（二）人格特制理论

在心理学的发展过程中，人格作为一种复杂的心理现象，历来是许多心理学家研究的重要问题之一，受不同心理学派理论体系的影响，形成了众多的人格特质理论。其中具有代表性的是埃里克森人格发展的理论，埃里克森认为，人要经历八个阶段的心理社会演变。这些阶段包括四个童年阶段、一个青春期阶段和三个成年阶段。每一个阶段有这些阶段应完成的任务，并且每个阶段都建立在前一阶段之上，这八个阶段紧密相连。

1. 童年阶段

（1）婴儿期（0～1.5岁）：基本信任和不信任的心理冲突。此时不要认为婴儿是一个不懂事的小动物，只要吃饱不哭就行，这就大错特错了。此时是基本信任和不信任的心理冲突期，因为这期间孩子开始认识人了，当孩子哭或饿时，父母是否出现则是建立信任感的重要问题。如果基本信任感超过基本不信任感，则形成希望品质。具有信任感的儿童敢于希望，富于理想，具有强烈的未来定向。反之则不敢希望，时时担忧自己的需要得不到满足。

（2）儿童期（1.5～3岁）：自主与害羞（或怀疑）的冲突。这时儿童掌握了大量的技能，如，爬、走、说话等。父母必须承担起控制儿童行为使之符合社会规范的任务，即养成良好的习惯，如训练儿童大小便，使他们对肮脏的随地大小便感到羞耻，训练他们按时吃饭，节约粮食等；训练良好的习惯不是一件容易的事，儿童的自我意愿与父母的意愿会产生矛盾和冲突，如果父母保证儿童发展其社会许可的行为，儿童就会形成自主性；如果父母过分溺爱或使用不公正的体罚，儿童就会体验到羞怯。如果自主性超过羞怯和疑虑，便形成意志的品质。

（3）学龄初期（3～6岁）：主动对内疚的冲突。在这一时期如果幼儿表现出的主动探究行为受到鼓励，幼儿就会形成主动性，这为他将来成为一个有责任感、有创造力的人奠定了基础。如果成人讥笑幼儿的独创行为和想象力，那么幼儿就会逐渐失去自信心，这使他们更倾向于生活在别人为他们安排好的狭窄圈子里，缺乏自己开创幸福生活的主动性。当儿童的主动感超过内疚感时，便形成了目的的品质。

（4）学龄期（6～12岁）：勤奋对自卑的冲突。这一阶段的儿童都应在学校接受教育。学校是训练儿童适应社会、掌握今后生活所必需的知识和技能的地方。如果他们能顺利地完成学习课程，他们就会获得勤奋感，这使他们在今后的独立生活和承担工作任务中充满信心。反之，就会产生自卑。当儿童的勤奋感大于自卑感时，便会形成能力品质。

2. 青春期阶段（12～18岁）

自我同一性和角色混乱的冲突。青少年对自己的本质、信仰和一生中的重要方面前后一致及较完善的意识，即个人的内部状态与外部环境的整合和协调一致。如果理想的自我和现实的自我达到统一，就形成信任、主动、坚定与勤奋等品质，这种统一性的感觉也是一种不断增强的自信心，如果青少年的自我同一性超过角色混乱，便会形成忠诚的品质。

3. 成年阶段

（1）成年早期（18～40岁）：亲密对孤独的冲突。只有具有牢固的自我同一性的青年人，才敢于冒与他人发生亲密关系的风险。因为与他人发生爱的关系，就是把自己的同一性与他人的同一性融合一体。这里有自我牺牲或损失，只有这样才能在恋爱中建立真正亲密无间的关系，从而获得亲密感，否则将产生孤独感。如果亲密感超过孤独感，就会形成爱的品质。

（2）成年期（40～65岁）：生育对自我专注的冲突。当一个人顺利地度过了自我同一性时期，以后的岁月中将过上幸福充实的生活，他将生儿育女，关心后代的繁殖和养育。他认为，生育感有生和育两层含义，一个人即使没生孩子，只要能关心孩子、教育指导孩子也可以具有生育感。反之没有生育感的人，其人格贫乏和停滞，是一个自我关注的人，他们只考虑自己的需要和利益，不关心他人（包括儿童）的需要和利益。在这一时期，人们不仅要生育孩子，同时要承担社会工作，这是一个人对下一代的关心和创造力最旺盛的时期，形成关心和创造力的品质。

（3）成熟期（65岁以上）：自我调整与绝望期的冲突。由于衰老过程，老人的体力、心力和健康每况愈下，对此他们必须做出相应的调整和适应，所以被称为自我调整对绝望感的心理冲突。当老人们回顾过去时，可能怀着充实的感情与世告别，也可能怀着绝望走向死亡。自我调整是一种接受自我、承认现实的感受，一种超脱的智慧之感。如果一个人的自我调整大于绝望，形成智慧的品质。

老年人对死亡的态度直接影响下一代儿童时期信任感的形成。因此，成年阶段与童年阶段首尾相连，构成一个循环或生命的周期。

（三）人格形成的影响因素

人格是在个体先天遗传素质的基础上，在后天社会实践中逐渐形成和发展起来的，其中教育发挥了主导作用，是遗传与环境两种因素交互作用的结果。

【案例分析】

1. 如何在实践中运用心理现象规律，解释生活中人们常见的各种心理现象？

心理现象包括心理过程和人格两部分。康复治疗师只有在认识人的基本心理现象及心理活动发生发展规律的基础上，才能在康复治疗中把握伤、病、残患者的心理现象及心理因素在残疾发生、发展和转归中的作用，了解康复治疗中患者的心理变化和应激情况的处理，给予及时正确的疏导和处理。

2. 康复患者心理状态分期是什么？

康复患者心理状态分为无知、震惊、否认、抑郁、反对独立、适应等不同的心理阶段。该患者意识到自己病情的严重性和可能出现的结果后，对自己的疾病和今后的生活评价是负面的，情绪处于抑郁状态，情绪不稳定，心境压抑。应给予心理疏导，严重时加用药物治疗，树立康复的信心。

学习检测

1. 简述感觉、知觉、思维、人格的概念。
2. 简述心理现象的概念。

项目四
康复医学工作方式和流程 —————————

学习目标

1. 掌握康复医学的基本原则。

2. 掌握国内康复医学专业人员的结构，明确不同康复专业技术人员的职责。掌握康复医师、康复护士的职责。熟悉物理治疗师、作业治疗师和言语治疗师的职责。了解心理治疗师、康复工程师的职责。

3. 掌握康复工作的主要方式。熟悉康复医学的服务方式及工作内容。

4. 熟悉国外康复医学专业人员的结构。

5. 了解国内外康复专业技术人员的特点，了解社区康复的具体步骤。

康复医学不以疾病为中心，也不以器官为目标，而是以功能为基础和中心，面向各类功能障碍患者，他们与一般的患者情况不同，障碍常常以复合的形式表现出来，累积多种功能，因而需要进行多方面、多类型的康复治疗和训练，采取综合全面整体康复，提高生活质量。为此必须多学科、多专业共同参与到康复中。在康复治疗的过程中，为了患者的全面康复，康复医学科还需要与相关学科相互联系，相互渗透，相互补充，提高康复疗效。

■ 任务一　康复医学的基本原则和服务方式

案例导入

　　赵某，女，49岁，个体，在过马路的过程中被一驾驶货车的司机撞伤，造成全身多处疼痛，活动障碍。经路人送入医院进行治疗。入院查体：神志清楚，心肺正常。脸部和四肢多处软组织挫伤。右侧前臂下端疼痛、出现畸形并有异常活动。双侧大腿疼痛，无法行走。经X线检查，诊断为右尺骨与桡骨下端骨折、双侧股骨干骨折，未见神经系统损伤的征象。入院后给予行右尺骨桡骨骨折切开复位内固定术、双侧股骨骨折切开内固定术。术后给予运动训练、物理因子治疗等，复查X线骨折对位对线良好，全身未出现其他并发症。

思　考

　　1. 针对以上情况，患者应该继续接受哪种形式的康复治疗？
　　2. 在康复治疗的过程中应该贯彻什么样的原则？
　　3. 本病例的康复治疗原则是什么？结合本病例，临床医生是否具有康复意识？

一、康复医学的基本原则

　　现代康复医学的服务对象是由各种原因引起的不同程度功能障碍者，包括由各种损伤致残、因各种急慢性疾病致残、因年龄老化等后天原因所致的功能障碍者及先天的各种原因导致的功能障碍者。因此，康复医学研究的对象不要简单地认为只是内、外、妇、儿、五官等临床医学的患者，而应该包括所有患病、遭受创伤等各种原因所致的暂时性和永久性的功能在障碍者。康复的目的是最大限度减少病、伤、残对其造成的身体、心理和社会功能障碍，挖掘其最大潜能，提高独立生活、工作、学习能力，改善生活质量，以达到回归家庭和社会为最终目标。在康复的过程中，既要应用包含康复医学技术的医学方法和手段，还要应用社会学、心理学、教育学、工程学等方面的方法和技术，同时还需要相应的政策、立法等措施的支撑。在康复措施实施的过程中，都要遵循"功能训练、早期同步、主动参与、全面康复、团队精神、回归社会"的基本原则。

（一）功能训练

　　对病、伤、残者减退或丧失了的机体功能进行训练，努力使之恢复或代偿的过程，称为功能训练。其目的在于对各种原因引起的各种功能障碍加以矫治，使之有所减轻，并尽量使病、伤、残者能够生活自理，提高生活质量，进而重新获得参加工作和社会生活的能力。对于已经丧失或不完全丧失的机体功能，有的可直接恢复，但绝大多数均需要通过反复训练，或由机体其他部分功能代偿，甚至需装配假肢或矫形工具提高功能。

从康复医学的角度来看，功能训练是一种积极的治疗方法，在康复治疗中占有首要和核心的地位。它注重充分发挥康复对象的主观能动性。主要通过其自身的努力，使机体残存功能获得最大限度的改善或恢复。

功能训练不等同于医疗体育锻炼，其内容不仅依康复对象的具体情况而定，且重点应着手提高康复对象的独立生活能力，如生活起居、坐卧、行走、穿衣、吃饭、盥洗、语言交流、劳动及就业等。为使康复对象恢复这些能力，不是仅靠简短训练就可长期保持的，而是要通过反复训练、矫正，甚至还需要加用一些辅助器械、改造康复对象的居室或周围环境，才得以实现。

功能训练内容广泛，常见的有各种运动功能训练、言语与吞咽功能训练、认知功能训练、心肺功能训练、日常生活活动能力训练、气功疗法、医疗体育等。

功能训练的目的是功能的增强、发展、代偿、补偿、代替、调整、矫正、适应等。

功能训练的理想结果是能独立完成日常生活活动动作；很好地适应生活环境，明显提高生活质量。

（二）早期同步

康复介入的时间，不仅是在功能障碍出现之后，而还应在功能障碍出现之前，进行早期预防。康复医学的早期预防、早期诊断、早期介入、早期治疗，能有效预防残疾的发生，尽早做出明确诊断争取康复的最佳时机，降低致残率。

功能障碍可以是现存的或潜在的，可逆的或不可逆的，部分的或完全的；也可以是与疾病同时存在的，与伤病无关而独立存在或伤病后遗留的。如果医务工作者能在临床治疗一开始就全面系统地考虑患者的功能障碍的预后及转归问题，制订相应的康复治疗计划，采取有效的康复措施，我们就能将残疾的发生率降到最低点。例如，小儿脑瘫，如果能尽早进行康复治疗，则患儿的各项功能均可大大提高，其未来的生活质量才有可能提高，才有可能和正常人一样融入社会。

残疾一旦发生或已不可逆转时，也应尽早制定综合的康复治疗措施，防止残疾继续发展，将其降到最轻程度，使残疾者尽可能保持并改善尚存的功能。因此，只有康复医学早期介入，才能做到康复医学治疗与临床医学治疗同步进行，从而大大提高治疗效率。

（三）主动参与

康复医学与临床医学治疗手段不同，临床治疗以药物、手术等为主，患者只是被动接受即可；而康复医学则是以提高躯体、心理、社会功能为主，患者理应是治疗的主动参与者。

在整个康复过程当中，如果没有患者的主动参与，任何康复治疗都不会收到理想的效果，已经有效的也不可能长期维持。所以，要求患者在病情允许的情况下，应尽早参与训练，指导鼓励患者主动完成自己力所能及的各项作业活动。通过主动参与，可以使患者意识到功能的恢复与个人努力分不开，并能使之看到希望的存在，进而充分调动患者治疗的积极性，激发患者对康复训练的热情；同时减少各种并发症的发生，对患者早日康复、回归社会有着重要的积极意义。

（四）全面康复

世界卫生组织在强调康复概念时指出，"康复应最大限度地恢复和发展病伤残者的身体、心理、社会、职业、娱乐、教育和周围环境相适应方面的能力。"全面康复又称为整体康复，为了实现残疾人享有平等机会和重返社会的目标，采取全面康复手段，达到在身体功能、心理、社会、职业和经济能力等各方面都获得最大程度的恢复的目的，这是全面康复的内涵。康复医学不仅注重功能障碍的器官和（或）肢体，更注重功能障碍者的整体综合能力的变化和评估，不仅重视生理上（身体上）的康复，更关心患者心理上（精神上）和社会上的康复。

对不同的康复对象所采取的手段和介入的时间是不同的，医学康复往往首先介入，其他的康复工作在康复过程中可能晚一些适时地介入，其中社会康复所持续的时间是最长的。

让每一位患者朋友都拥有一个健康、和谐、快乐的人生，是我们医务人员的责任，更是每一位康复工作者终生奋斗的目标。

（五）团队协作

团队是由若干人员组成，以团队任务为导向，为实现团队目标和使命而互相影响、互相信赖与协作，并规定高度一致的行为规范的人群有机体。康复工作十分强调各专业之间的通力协作。康复医学涉及多个学科，除医师外，还要与多个学科互相配合才能实现全面康复的目标，康复医学的这种工作方法称为多学科工作法。其中，康复医师是协作组的领导和协调人，物理治疗师、作业治疗师、言语矫治师、心理治疗师、假肢与矫形器技师、文体治疗师、社会工作者等是协作组的主要成员。

在患者的康复过程中，要求协作组中的成员相互配合、沟通、协调，充分发挥本学科的技术特长，为患者功能最大限度地提高这个共同目标而完成自己应尽的职责。各成员从不同的角度对患者进行检查评定，在治疗方案拟订中就患者功能障碍的性质、部位、严重程度、发展趋势、预后、转归等，提出各自的对策，最后由康复医师归纳总结为一个完整的治疗计划，再由各专业人员分头付诸实施。通过"联合作战"的工作方式，康复治疗协作组各成员综合协调地发挥各学科和专业的作用，才能圆满完成康复工作。

（六）回归社会

人在社会中生活，而残疾往往使病伤残者离开了社会，在进行医疗、心理、教育和职业一系列康复之后，最终目标就是使他们通过功能的改善和环境的改变而能重返社会，成为社会当中有价值的一员，重新参与社会生活，履行社会职责，分享社会福利。这样才能促使康复对象力争成为独立自主和实现自身价值的人，达到平等参与生活的目的。

人们能参与社会生活，履行社会职责，必须具备以下六个方面的基本能力：①意识清楚，有辨人、辨时、辨向的能力；②个人生活能够自理；③可以行动（步行或借助于工具，如乘坐交通工具或利用轮椅等）；④可进行家务劳动和消遣性作业；⑤可进行社交活动；⑥有就业能力，以求经济上的自立。

二、康复医学的基本服务方式

世界卫生组织提出康复医学的基本服务方式有三种，即医疗机构康复（institution-based rehabilitation，IBR），以社区为基础的社区康复（community-based rehabilitation，CBR）和上门康复服务（outreaching rehabilitation service，ORS），随着康复医学的不断发展，各国都在努力探索符合本国国情的康复服务模式。根据我国的具体情况，适合我国国情的康复医学工作的服务方式有医疗机构康复和社区康复两种基本服务方式。

（一）医疗机构康复

1. 医疗机构康复的概念　医疗机构康复是指以院所为基地的康复，由专业人员应用机构内拥有的技术和设备进行康复，如康复医学研究所（中心）、康复医院（中心）、专科康复医院、综合性医院中的康复医学科、康复门诊、专科康复门诊等机构进行的康复工作。它有较先进、完善的康复设备，有经过正规训练的各类康复专业人才，工种齐全，有较高的专业技术水平，能解决病、伤、残者各种康复问题，但是病伤残者必须来到该机构才能接受康复服务。

医疗机构康复是进行整体康复，也就是对病、伤、残者进行全面综合性的康复，其着眼点不仅是对遭受损害导致功能障碍的器官或肢体，更重要的是将伤病残者作为与健全人平等看待的整体的"人"，应使其能进行正常的家庭生活，能够参与社会活动，并能从事较为适宜的工作。因此，对于病伤残者的康复不能仅限于医疗康复、肢体功能训练等专项康复，而应该从适应社会存在的"人"来实施康复医疗，即从身体、心理、社会等多方面进行评估和进行康复治疗。

2. 医疗机构康复的特点　康复医疗机构拥有适应各种功能障碍者需要的康复设施，配备各类康复专业人员，具有较高的专业技术水平，能解决病伤残者的各种康复问题，并可作为康复医学研究和培养各种康复专业人才的基地。其优点是能结合临床医学使病伤残者早期、全面地得到康复治疗，服务水平高，有利于康复者尽早回归社会。但费用一般较高，且患者必须来院或住院方能接受康复医疗服务。

医疗机构康复的服务方式能更好地体现康复医学的基本原则。

（二）社区康复

社区康复（CBR）是世界卫生组织于 1978 年发表阿拉木图宣言之后开始的。作为一种策略，通过充分利用社区资源，提升低收入或中等收入国家残疾人获得康复服务的机会。我国自 1986 年正式开始社区康复工作，30 多年来已取得了较大的成绩，并积累了较丰富的经验。

1. 社区康复的概念　社区康复也称基层康复，以农村乡镇或城市街道为基地，为残疾人提供康复医疗服务，即在社区的范围内，利用和依靠本身的人力、物力、财力、信息和技术资源，以简单而实用的方式向伤病残者提供必要的医疗、教育或职业康复等方面的服务。上门康复服务也属于社区康复的服务方式。

2. 社区康复的特点　社区康复与医疗机构康复相比，有其独特性，主要表现在以下几个方面。

（1）社区康复是社会发展的一项战略，是"人人享有康复服务"的基本策略，故而将其纳入社区建设的规划中。

（2）社区康复以社区为基地，由政府领导、多部门参与、各司其职、协调运作，还能充分发挥非政府组织、社会和个人的力量，具有社会化的管理方式。

（3）社区康复的主要对象是残疾人，此外，慢性病人、老年人等需要康复服务的人群也是社区康复的服务对象。

（4）社区康复特别强调病伤残者及其家属主动参与康复计划的制定和实施，积极开展康复训练，而不是被动接受。

（5）康复训练就地取材就近训练，采用适宜的康复技术，方法简单易行，时间可持续、持久。

（6）有技术资源中心和专家指导组的指导，有各部门、各专业共同组成的转介服务系统，能实现病伤残者的全面康复，亦即提供医疗、教育、职业、社会等方面的康复服务。

（7）社区康复资金投入少，服务覆盖面广，康复效益良好。

一方面，医疗机构康复与社区康复两种基本的康复服务方式之间是相互联系、相互促进的，如果没有康复医疗机构，社区康复将缺乏人员培训基地和技术支持，康复中的复杂问题、疑难问题也无处解决。另一方面，如果没有社区康复的推广，残疾人的普遍康复问题就难以解决。所以需要同时存在一定数量的医疗康复机构与社区康复才能较好地解决广大病伤残者的康复问题。但二者之间也存在着一定的差异（表4-1-1）。

表4-1-1　医疗机构康复与社区康复比较

比较内容	医疗机构康复	社区康复
管理系统	复杂	相对简单
康复技术	高	低
人际关系	较淡薄	较稳定和谐
患者参与情况	被动	主动
人员专业性	专业性强	一专多能
服务人员组成	医护人员	康复人员
康复效果	相对短期	持久
受益面	较小	大
康复费用	高	低

【案例分析】

1. 针对以上情况，患者应该继续接受哪种形式的康复治疗？

针对该案例，患者赵某应该继续接受运动训练、物理因子治疗、作业治疗、日常生活活动能力功能训练等康复治疗。

2. 在康复治疗的过程中应该贯彻什么样的原则？

在康复治疗的过程中，应贯彻"功能训练、早期同步、主动参与、全面康复、团队精神、回归社会"的原则。

3. 本病例的康复治疗原则是什么？结合本病例，临床医生是否具有康复意识？

康复医学的基本原则是：功能锻炼、全面康复、重返社会。本病例中的临床医生具有一定的康复意识。

学习检测

1. 康复治疗的基本原则是什么？
2. 医疗机构康复与社区康复的区别是什么？

任务二　康复医学专业人员的结构

案例导入

　　周围神经病患者，经过药物治疗、针灸、推拿、康复训练等半年治疗，已能去健身房跑步、打乒乓球了。康复医学对加快病人痊愈、恢复机体功能，意义十分重大。

思　考

该患者的康复协作小组的组成包括哪些人员？

康复医学是一门多专业和跨学科的医学学科。所谓多专业是指常涉及内科、骨科、神经科、老年科及儿科等专业，所谓跨学科是指联系着物理学、工程学、心理学、教育学及社会学等多个学科。在康复治疗工作中需要多个专业人员参与，以团队工作方式对患者进行康复评价和治疗、教育及训练，以取得最理想的康复效果。

康复医学需要多种专业服务，因此康复医学专业人员需要多专业协同工作，共同组成康复团队，包括康复医师（rehabilitation physiatrician，RP）、物理治疗师（physical therapist，PT）、作业治疗师（occupational therapist，OT）、言语治疗师（speech therapist，ST）、心理治疗师（psychological therapist）、假肢与矫形器师（prosthtics and orthotics therapist，P&O）、文体治疗师（recreation therapist，RT）、康复护士（rehabilitation nurse，RN）、社会工作者（social workers，SW）等。他们的主要任务是对残疾者和患者进行功能检查和评定，制订和实施康复医疗计划，并结合其他康复工作者，以促进残疾者和患者的全面康复。

一、国外康复医学专业人员的结构

国外早在20世纪中期就开始了康复医学教育。目前，国际上对康复医学从业人员的要求是必须具备大学本科或专科学历，且随着康复医学的发展，学历要求越来越高。

国外对康复医学的研究生教育十分重视，硕士、博士学历教育正成为康复医学教育的重要组成部分。国际上康复医学教育分为物理治疗、作业治疗以及言语治疗三个独立的方向。

在康复医学发达的国家，康复医学专业人员的结构主要包括：康复医师（RP）、康复护士（RN）、物理治疗师（PT）、作业治疗师（OT）、文体治疗师（RT）、社会工作者（SW）、职业咨询人员等（表4-2-1）。虽然专业人员结构是门类齐全、分工精细，但是在实际的康复工作中，医疗、教育、职业、社会四个康复领域工作互有联系，因而一个康复专业人员往往直接或间接地对多个康复领域发挥着作用。

近些年，随着康复医学较快的发展，康复治疗组又出现了一些新的专业人员，如音乐治疗师、舞蹈治疗师、园艺治疗师、儿童生活指导专家、康复营养师等。

在此需要说明的是，在康复医学发达的国家，如美国、加拿大，其康复医学专业人员的分类只是大致的、相对的。而实际上，由于康复医学的多专业和跨学科，使得每一个康复专业人员往往会直接或间接地充当多个角色，在多个领域方面的康复（全面康复）工作中都发挥作用。

表4-2-1　国外康复专业人员结构

医疗康复专业人员	教育康复专业人员	职业康复专业人员	社会康复专业人员
康复医师	特殊教育工作者	职业咨询师	医学康复专业人员
康复护士	教育工作者	作业治疗师	文体活动治疗师
物理治疗师		技工师傅	舞蹈治疗师
作业治疗师		劳动就业部门人员	
言语治疗师			
临床心理工作者（心理治疗师、心理测验师）			
假肢、矫形器师			
康复工程人员			
文体治疗师			
音乐治疗师			
园艺治疗师			

二、我国康复医学专业人员的结构

康复医学涉及神经康复、心功能康复、肺功能康复、骨折后康复、烧伤后康复、老年康复、残疾人职业康复等众多领域。我国康复医学起步较晚，康复医学培养体系尚不完善，培养的康复医学从业人员数量有限，不能满足康复医学发展的需要。开展康复医学相关教育较好的学校，如首都医科大学、昆明医学院等也只是设立了物理治疗和作业治疗这两个专业，没有开设言语治疗、心理治疗等专业。

我国康复技术人才的缺口非常大，世界各国物理治疗师和作业治疗师的人数与人口的比值平均约为70人/10万人，而我国仅为0.4人/10万人。

由于我国康复医学事业起步较晚，与国外康复专业人员的结构相比较有两个特点：一是配备有中国传统康复医疗的专业人员，即中医师（或中西医结合医师）、针灸师（士）、推拿按摩师（士），为患者提供有中国特色的传统康复治疗；二是没有分科过细的治疗师（士），提倡培训一专多能的康复治疗师（士）。我国康复治疗专业人员的培养目标是专业康复治疗师（士）。

根据我国卫健委颁布的综合医院分级管理标准，结合我国康复医学专业队伍的状况和康复医学实际情况，康复医学专业人员的结构在不同康复机构中有所不同（表4-2-2）。

特大型的康复中心，服务项目和设备齐全，配备的康复专业人员应比较全面，分类较细。大中型的康复中心及专科康复医院，由于服务项目较窄，康复专业人员的设置就没有特大型康复中心那样全面和细致。

三级医院的康复医学科和大、中型的康复医院，康复专业人员的配备要求是：康复医师、康复护士、物理治疗师、作业治疗师、语言治疗师、心理治疗师、康复工程师、中医康复治疗师、社会工作人员。

二级医院的康复医学科或康复门诊，康复专业人员应配备：康复医师、康复护士、物理治疗师、中医康复治疗师。

一级医院康复站要结合社区康复工作配置一专多能的专业人员。

康复医学的服务对象主要是各种突发事件造成的肢残、智残以及急、慢性疾病和老龄带来的机体或心理功能障碍者。临床医学是以治疗疾病为主，而康复医学则是以恢复功能障碍为主。由于机体或心理功能障碍可以与疾病并存或为其后遗症，所以，康复医学实际涉及临床各科，其对患者的医治，除应用一般的医疗技术外，还要采取诸如物理疗法、心理疗法、作业疗法等专门技术进行综合治疗，具有多科性、广泛性、社会性，也最能体现生物、心理、社会医学模式。因此，康复医学所需要的专业技术人员不只是具备临床医学知识和技能，而且还必须具有康复医学知识和技能。

表4-2-2　我国各级综合医院（康复中心）康复医学专业人员的配备

医院康复科室情况	康复医师	康复护师（士）	物理治疗师	作业治疗师（士）	言语治疗师（士）	心理治疗师（士）	中医师（士）	推拿按摩师（士）	针灸师（士）	假肢矫形人员	康复工程人员
大型及中型康复中心	+	+	+	+	+	+	+	+	+	+	+
三级医院康复部（科）	+	+	+	+	+	+	+	+	+	+	+
二级医院康复科（门诊）	+	+	+				+	+	+	+	
一级医院康复室	+（兼职）	+（兼职）	*				+	+	+	+	

注：+指配备有或创造条件逐步配备有　　*在基层或称为康复治疗师（士）

【案例分析】

该患者的康复协作小组的组成包括哪些人员？

对于该案例中的患者，康复协作小组的组成包括患者、康复医师、物理治疗师、作业治疗师、假肢与矫形器师、心理治疗师、康复护士、文体治疗师、社会工作者和传统医学治疗师等。

学习检测

国内康复协作小组主要包括哪些人员？

■ 任务三　康复医学专业人员职责

案例导入

　　患者，女性，26岁，诊断：右内外踝骨折并踝关节半脱位（内固定术后）。入院时情况：患者右踝关节肿痛，活动后明显，关节活动受限，右下肢乏力，患者持双拐可持续步行时间15分钟，可持续站立15分钟，不能单脚站立，不能完全下蹲30秒。由于功能活动的长期受限，患者有焦虑情绪，害怕尝试运动，且患者不敢用力。日常生活活动中梳洗、洗澡、穿裤、如厕均需在坐位下进行，步行需双拐辅助，不能独立完成上下楼梯活动；家务活动中，不能完成备餐及清洁房间，不能购物，不能完成上下公交车。

思　　考

　　该患者的康复都需要哪些专业人员的参与？各康复专业人员的职责有哪些？

目前，国际标准明确康复人员的职责如下。

一、康复医师（rehabilitation physiatrist）

康复医师是康复协作组的领导者。康复医师在康复评定中承担领导和协调、管理者的角色。

（1）接诊病人、采集病历、体格检查、主持康复评定会，明确病人存在的需康复的问题，制订进一步检查、观察和康复治疗计划。在进行入院前咨询时，康复医师应根据物理检查和康复评估的结果，判断患者的住院时间、住院费用、康复效果等，同时在整个康复治疗过程中进行康复理念的宣传和解释，明确一定的康复目标和疗程，为以后的康复治疗定下基调。

（2）对住院患者负责查房和会诊，开出临床康复医嘱或做出康复处理，对门诊患者负责复查和处理。根据患者躯体状况进行必要的器械检查和实验室检查，获得患者的基本临床资料，同时，在较短时间内进行康复检查如运动功能检查、认知（智力）功能筛查、言语功能筛查、日常生活自理能力评估等项目的检查。综合以上结果，对患者的整体情况进行综合评估，同时，了解患者的自然情况、家庭环境、社会背景、个人生活习惯等。

（3）负责各部门康复治疗工作的指导、监督和协调。康复医师在康复评定会议上起指导和协调作用。初期评定是对病人情况的第一次判断，应仔细分析各项检查结果，对可能影响康复的因素必须进行周详的考虑。同时，康复医师的评定结果应客观、准确，与各专科治疗师的评定结论应无明显的差距。

（4）康复医师根据患者住院周期和功能变化情况，可反复进行中期评定。住院治疗过程中患者的功能进展或康复疗效不佳时，康复医师和治疗师、康复护士应及时了解情况，进行必要的沟通，以便在最短时间内掌握第一手资料，对治疗项目和治疗方法进行评估、总结和调整。在此期间，康复医师与各小组成员应经常进行小范围的交流。

（5）主持病例讨论、出院前病例分析和总结，决定能否出院，制订出院后的康复计划。疗程结束后，住院患者在试回家期间，对其家庭中可能影响患者回归的环境进行必要的改造是社会工作者和康复治疗组成员共同要完成的任务，康复医师在此过程中所起的作用不可低估。进行出院评定，制订出院功能训练计划，且在出院前一周进行试训练，以解决出院后可能出现的问题。

（6）康复医师负责领导本专业的康复医疗、科研和教学工作。康复医学的主要成效是进行整体性医疗协调活动，作为康复协作组的管理者，锻炼和提高患者功能的适应性、预防和控制功能障碍进一步加重，是康复医师义不容辞的责任。

二、康复护士（rehabilitation nurse，RN）

专科护士是指在某个临床护理领域中具有较高的理论水平和实践能力，能熟练应用专科护理理论和技能，能独立解决专科疑难问题，专门从事该专业护理，具有丰富临床经验的临床注册护士，其基本职责包括临床护理、临床管理、教学、护理顾问及临床研究等五个方面。康复护理是护理学的一个重要分支，是根据总的康复医疗计划要求，围绕全面康复目标，与其他康复专业人员共同协作，对因伤病残而造成各种功能障碍者进行功能恢复与功能再建的训练指导及全面护理。康复专科护士目前尚无明确定义，康复护士是康复治疗组成员之一。目前在国内主要分为骨伤康复专科护士、脑卒中康复专科护士、老年康复专科护士、疗养康复专科护士以及残障人和慢性病康复专科护士等。作为一名康复专科护士至少应掌握徒手肌力评定、关节功能评定、步态分析、日常生活活动能力评定、认知功能评定、言语功能评定、感觉功能评定的方法，功能训练指导等。

康复护士在康复病区工作，负责住院患者的临床康复护理。

①康复专科护士或具有资质的人员在康复护理门诊承担空气波压力治疗仪、中频治疗仪等仪器使用，还担任会诊及培训等工作。专科护士可以给患者制订护理康复计划，并能有效地进行随访。

②在科主任和所在病区科主任、护士长的领导下进行工作。目前，国内康复专科护士主要集中在医院康复科、神经内外科、骨科、老年病科等科室，专科护士的首要任务是临床护理实践，主要通过全院会诊、专科查房、健康讲座、院内护士培训教学等方式为患者提供直接的高水平的护理，同时对其他护理人员提供业务指导。

③执行基本护理任务及康复护理任务，如体位护理、膀胱护理、肠道护理（控制排便训练等）、压疮护理、康复心理护理、配合康复治疗部门。

④必须了解各种物理治疗因子，包括医疗康复的作用和康复治疗的适应证、禁忌证。熟练掌握各种技术操作，观察治疗反应，正确执行医嘱。

⑤康复科护士能对常见疾病，根据医嘱指导病人进行各种功能训练与作业治疗训练，定期评定康复效果。

⑥必须了解理疗、运动治疗及作业治疗等器械的基本结构、治疗原理、使用及维护方法和安全用电的防护规则。

⑦负责对病人进行有关的物理疗法、运动疗法、作业疗法、语言疗法、心理疗法的注意事项和基本常识的宣教工作。

⑧负责各治疗室内进修人员的实习指导，高年资护士还应负责低年资护士的工作。

⑨负责保持治疗室环境的安静，督促卫生员做好清洁工作。

⑩管理好各治疗组的财产、物品，清点和做好保安工作，保证病区整齐、清洁、安静、有秩序，保证患者有良好的康复环境。

三、物理治疗师（physical therapist，PT）

物理治疗包括运动疗法和物理因子治疗。物理治疗师岗位职责是在康复医师领导下的康复治疗组中完成物理治疗工作。物理治疗师帮助患者重获功能，特别对粗大的运动功能。针对患者的功能障碍，治疗师必须严格按照有关规定进行，包括病史询问、评估、治疗方案的制定、实施和执行、二次评估、方案再调整等。其工作职责可包括以下内容。

（1）通过关节松动术和训练重获和保持关节的活动范围。

（2）评估肌肉情况，进行牵伸练习及软组织的松动技术以提高肌肉弹性。

（3）负责运动功能评定，包括肌力、关节运动范围（ROM）、平衡能力、体位转移能力、步行能力及步态的评定。并制订和执行治疗计划。

（4）进行肌力的评估和量化，评估肌肉张力，提供练习，使运动控制正常化。

（5）评估和训练坐位和站立位平衡、转移、运动，包括轮椅的应用和行走，借助或不借助步行器具进行渐进性步态训练，包括增加一定障碍的建筑结构，如粗糙的地面、坡度和台阶。

（6）评估和训练下肢矫形器和假肢的应用，以提高其步行的独立性和功能。

（7）评估体位改变时的依赖程度，提供运动训练以提高功能。

（8）进行某些肌群或全身的肌力、耐力和协调性的练习。

（9）评估皮肤完整性和感觉，提供皮肤护理的预防指导。

（10）利用物理措施处理水肿和肌肉骨骼疼痛。

（11）提供各种不同物理因子治疗，如表浅热、深层热、冷疗、水疗、电刺激、牵拉和按摩。

（12）评价全身姿态，提供教育和练习以改善状态。

（13）进行肺部听诊、触诊、震动、呼吸练习、刺激性的呼吸量测量法、体位引流。

（14）帮助进行家庭居住评估，排除环境障碍使患者更易于活动。

（15）评估患者轮椅需要（包括维护）和制定个体化的轮椅处方。

（16）教导功能性应用技术，包括适宜的抬高技术、功能性力量测试和人类工程学的应用。

（17）协助科研、教学和培训工作。参与病例讨论，修改和完善康复治疗计划。遵守操作规程，注意各种治疗剂量，严防差错事故。

（18）对患者及家属进行有关保持和增强运动功能的康复教育，负责理疗常识的宣教，介绍理疗注意事项。

（19）观察、记录治疗效果，定期反馈给康复医师及家属。

由于康复治疗师工作质量的高低直接关系到康复治疗的效果，甚至影响我国康复医疗事业的发展，因此物理治疗师必须具备以下基本技术素养：①具有独立思考、判断、发现问题和解决问题的能力；②耐心、友善、善于沟通；③较丰富的医学相关知识；④注重治防结合；⑤注重心理治疗；⑥"专而精"的技术素养与水平。

四、作业治疗师（occupational therapist，OT）

作业治疗师岗位职责是在康复医师指导下执行作业治疗处方。作业治疗师通常着重于功能性活动，对康复患者提供以下治疗。

（1）评估和训练患者的生活自理（如衣、食、洗浴和个人卫生）至最大独立程度，教导患者如何使用矫形器和适应性设备，需要的话，这些设备可由治疗师制作。教导患者在房屋和社区中轮椅的转移技术。

（2）训练患者家务操作技术，以简单改进的方法来减少疲劳和保持能量。

（3）开发职业技术和业余兴趣，当需要改变工作或进一步教育时，向职业咨询师进行咨询。

（4）帮助患者维持和改善关节活动范围、肌力、耐力、协调性和精细活动度，特别是上肢的功能。指导患者进行日常生活活动、感觉、知觉、认知功能训练及进行工艺治疗。

（5）负责功能检查及评定，包括日常生活活动能力、感觉及知觉、认知能力、智力测验。训练患者感觉、感知和认识缺陷的代偿功能。

（6）了解及评估患者家居房屋的建筑设施情况并提出无障碍环境的改造方法。

（7）评估患者在社区内活动技能，训练患者调整策略和必要时运用的器械。

（8）评价驾驶前及驾驶的行为和能力，必要时可运用合适的辅助设备进行再训练。

（9）设计、编排游戏，组织患者参与游戏活动。通过演示保持患者独立性和减少过度保护并教育患者家属。

（10）训练患者上肢假肢功能性的运用。

（11）评估和训练患者使用辅助技术系统（如环境控制和计算机系统）以及操作高科技辅助设备的能力。

（12）训练患者或有关人员进行设备维护。

（13）与言语语言病理学家和护士一起评估和处理语言困难。

（14）协助科研、教学和培训工作。

（15）参与病例讨论，修改和完善康复治疗计划。观察、记录治疗效果，定期反馈给康复医师及家属。

（16）认真填写作业治疗卡，对患者的功能状态及疗效做定期总结，并制订出进一步的治疗计划。

合格的作业治疗师应具备以下素质：①树立以患者为中心、为患者服务的服务意识；②具有丰富的专业知识；③具有良好的沟通技巧；④开拓思维和创新精神；⑤吃苦耐劳的敬业精神；⑥除以上素质外，作业治疗师还应具备康复治疗师所应具备的其他基本素质，如身体素质、心理素质等。

五、言语治疗师（speech therapist，ST）

随着康复医学对临床各学科的不断渗透和发展，对生存质量提高的需求，越来越多的人重视生存的价值，并要求有尊严的生存，故言语治疗学更加受到康复界的重视。在发达国家言语–语言病理学家是指从事言语–语言评价、研究和治疗的工作的专业人员。在20世纪80年代以前称为言语治疗师或语言治疗师。国内目前从事言语治疗的人员被广泛地称为言语治疗师，但尚缺乏相应的国际认证，尚未加入国际言语治疗师联盟，国内也缺乏培养言语治疗师师资，使国内言语治疗发展滞后，且言语从业人员远远不能满足医疗的需求。

言语治疗师岗位职责是对各种言语障碍加以矫治。为言语障碍者提供各种治疗，以恢复语言沟通能力。

（1）对患者的言语能力进行检查评定，如失语症、构音障碍、听力、吞咽功能等检查。

（2）对神经系统病损、缺陷导致的言语交流障碍，进行言语训练。

（3）对患者进行听理解训练，阅读理解训练，发音构音训练，言语表达训练，书写训练等。

（4）无喉言语训练及喉切除术前言语功能咨询。

（5）对口腔缺陷者言语交流能力训练。

（6）指导患者使用非语音语言沟通器具。

（7）对吞咽功能障碍者进行治疗及处理。

（8）对患者及家人进行言语交流的康复卫生教育。

目前国内言语治疗从业人员由多专业人员组成，其中康复治疗专业占比例最多，主要分布在以一级、二级、三级医院的医疗系统中，而非医疗系统包括残联、特殊教育学校、大学院校、民政部门、诊所等，由康复治疗专业、特殊教育学专业、学前教育专业等专业组成，人员专业组成复杂。医疗系统中康复治疗师为主，非医疗系统中教师为主，故无论在医疗系统还是非医疗系统中的言语从业人员资质存在很大的缺陷。

六、心理治疗师（psychological therapist）

心理治疗师在康复协作组内配合其他人员为患者进行必要的临床心理测验，提供心理咨询及进行必要的心理治疗，帮助协作组和患者本人恰当地确定治疗目标，以便从心理康复上促进患者全面康复。

（1）心理咨询师在病房主治医师的指导下、科室和病房心理治疗督导师的督导下、病房心理组长的带领下开展心理治疗工作，严格遵守科室规章制度和心理治疗师的职业道德规范。

（2）进行临床心理测验和评定：如精神状态测定（焦虑症、抑郁症等）、人格测验、智力测验、职业适应性测验等。

（3）根据心理测验结果，从心理学角度对患者总的功能评估及治疗计划提供诊断及治疗意见。

（4）对患者提供心理咨询服务，特别是对如何对待残疾，如何处理婚恋家庭问题和职业问题等提供咨询。

不伤害患者是所有治疗的前提，这一原则同样适用于心理治疗和咨询。在心理治疗和咨询中，避免负面治疗后果与获得积极的治疗效果同等重要。

七、康复工程师（rehabilitation engineers）

康复工程师在广义上处理与康复生物工程有关的各类事宜，但目前最主要的是在假肢及矫形器具室工作，接受康复医师或矫形外科医师介绍来诊的患者，从事康复工程器具的制作。

（1）对患者进行肢体测量及功能检查，确定假肢和矫形器的尺寸。

（2）制作假肢和矫形器。

（3）将做好的假肢或矫形器让患者试用，并作检查进一步修整，直至合适为止。

（4）指导患者如何使用和保养假肢或矫形器。

（5）根据患者使用假肢和矫形器的复查情况，如有不适或破损，进行修整和修补。

八、中医康复治疗师（chinese traditional physician or therapist）

中医康复治疗师为我国特有的康复医学专业人员，贯彻康复医疗中西医结合的原则，充分发挥传统中医学的优势。

（1）参加康复治疗小组病例讨论会，以中医学的观点对制订患者总康复治疗计划提出建议。

（2）负责中医会诊，对需要使用中医方法康复的患者开出中医药医嘱和处方。

（3）对需要针灸镇痛、治疗瘫痪、麻木或其他症状和疾病的患者进行针灸治疗，促进康复。

（4）对需要推拿按摩的疾病和患者进行治疗，以促进运动功能、感觉功能的恢复，缓解疼痛，调整内脏功能，促进复原，预防继发性疾病。

九、社会工作者（social worker）

社会工作者是促进患者社会康复的工作人员。

（1）了解患者的生活方式，家庭状况，经济情况及社会处境，评价其回归社会需要解决的问题。

（2）了解患者的愿望和要求，共同探讨出院后如何适应家庭生活和回归社会。帮助患者正确对待现在和将来，解放思想和态度障碍。同样向患者家属做征询意见和解说工作。

（3）帮助患者与其家属、工作单位、街道、乡镇、福利、服务、保险、救济和社会团体取得联系，求得帮助，争取支持，为回归社会创造条件。

（4）随访和帮助患者，为解决困难提供服务。

社会工作专业的快速发展，给处于困境中的人带去了希望，国家也大力支持社会工作专业的发展，相继出台了一系列发展社会工作专业的政策，建立医务社会工作者制度应运而生。

2009年4月中共中央、国务院发布的《关于深化医疗卫生体制改革的意见》中指出，"构建和谐的医患关系，完善医疗执业保险，开展医务社会工作，完善医疗纠纷处理机制，增进医患沟通。"

2012年卫生部24日公布的《全国医疗卫生系统"三好一满意"活动2012年工作方案》提出，探索建立医务社会工作者制度，深入开展"志愿服务在医院"活动。

2015年1月国家卫计委公布的《进一步改善医疗服务行动计划》中指出，"加强医院社工和志愿者队伍专业化建设，逐步完善社会工作和志愿者服务。"

政策规定医务社会工作者的服务内容：①提供协调医患矛盾的服务；②提供心理疏导的服务；③提供链接社会资源的服务。目前聘用为医务社会工作者主要有两种方式，一种是医院招聘，另一种是政府采购社会工作者的服务，医务社会工作者作为第三方进驻医院。无论哪一种方式进入医院的社会工作者，他们和医务人员在实际的工作过程中既是同事又是合作伙伴，医务人员希望医务社会工作者是他们站在同一战线的得力助手。

十、职业咨询顾问（vocational counselor）

职业咨询顾问是促进患者职业康复的工作人员。

（1）了解患者的职业兴趣，评定患者的职业基础和就业能力。

（2）为新就业和改变职业的患者提供咨询服务。

（3）组织求职技能训练，开展工作态度和劳动纪律等方面的教育及就业训练。

（4）帮助患者联系职业，提供就业信息。

【案例分析】

该患者的康复都需要哪些专业人员的参与？各康复专业人员的职责有哪些？

本案例患者的康复需要患者、康复医师、康复护士、物理治疗师、作业治疗师、心理治疗师、康复工程师、中医康复治疗师、社会工作人员、职业咨询顾问的参与。各康复专业人员的职责具体见正文中。

1. 物理治疗师的工作职责主要有哪些？
2. 作业治疗师的工作职责主要有哪些？

任务四　康复医学的工作方式和流程

案例导入

患者，男性，48岁，4日前因车祸造成颅脑损伤，经手术治疗生命体征稳定。现患者处于意识模糊状态，查体欠合作，肢体活动受限，既往有高血压动脉硬化病史。体格检查：体温36℃，呼吸28次/min，脉搏95次/min，心率95次/min，血压138/98 mmHg。神经系统查体：意识模糊，双侧瞳孔对光反射存在，左侧上肢肌力1级，下肢肌力2级，右侧肢体肌力肌张力正常，左侧膝反射减弱，左下肢巴氏征（＋），脑膜刺激征（＋）。血常规检查：WBC8.0×10^9/L，中性粒细胞比例上升，尿常规正常，血糖正常，血性脑脊液，细胞数、糖均略升高，脑CT检查右侧额叶区点片状略高密度影，无颅骨骨折线及颅骨缺损。

思考

该患者的康复都需要哪些专业人员的参与？其康复医疗工作流程是怎样的？

一、康复医学工作方式

康复医学是一门新兴的、多专业和跨科性的学科，需要采用多学科、多专业联合作战的方式工作，强调学科间和学科内的合作。

（一）学科间合作

康复医学与其他众多学科为实现全面康复的共同目标团结协作，其学科间合作主要有两个方面。

一方面是康复医学与其他医学学科间的合作，如与预防医学、临床医学和保健医学。康复医学与这些学科既相互区别又紧密联系、相互渗透、互相促进，共同构成全面医学。康复医学与预防医学相结合形成康复预防；与保健医学相结合形成康复保健；与临床医学结合形成众多专科，如神经康复、骨科康复、小儿脑瘫康复等。由于患者的功能障碍大多由伤病造成，因此在解决患者功能障碍时，需邀请相关学科专业人员进行会诊，共同讨论治疗方案。与康复医学科关系较为密切的临床学科包括：神经内科、神经外科、运动医学科、骨科、心胸外科、老年医学科、呼吸科、心内科、风湿科、内分泌科等。

另一方面是康复医学与非医学学科间的合作，如工程学、心理学、教育学、社会学等。康复医学与这些非医学学科相互联系、相互渗透、密切合作、甚至形成了许多新学科。比如康复医学与工程学结合形成康复工程学，与心理学结合形成康复心理学，与教育学结合形成特殊教育，与社会学相结合形成社区康复等。

以脑卒中为例，脑卒中的康复是一个全面的系统工程，贯穿于急性期和恢复期。康复医学科早期介入临床，与临床科室密切合作，是脑卒中康复最有效的方式。为促进康复医学科与神经内外科的合作，需要以下条件：①增进临床科室对康复的认识；②了解临床科室的实力；③具备康复医学科的实力和条件，包括人员、设备、场地等；④实施医院经济管理政策，以优质、高效、低耗为核心，充分发挥院内人员和设备的作用，促进学科间合作。

学科间合作的过程如下：①选派技术好、服务态度好、善于沟通的医师和治疗师到临床科室去，针对重症、早期患者，能仔细观察病情，随时调整治疗方案，反复沟通，及时化解矛盾，使诸如何时开始康复、如何训练、患者家属如何参与、患者病情稳定后为何要去康复科治疗等问题，都在沟通中得到很好的解决。②康复科医生每周定期到神经内外科会诊，如有急诊患者应及时处理。诊疗中确定治疗时机、适应证和治疗方案。由于脑卒中康复要长期坚持下去，因此应将康复治疗作为临床诊疗的常规。③在临床科室开展康复医疗过程中，通常由主管医生、护士、康复医师及康复治疗师组成治疗小组，有时还包括物理治疗师、作业治疗师、文体疗师、针灸师、推拿师及支具矫形师等。

开展学科间合作，有如下好处：①有利于患者。通过多个学科的医生和治疗师共同治疗一位患者，可充分体现一切为患者，以人为本的理念，同时使患者获得最全面、最有效的治疗。②有利于医师间取长补短、团结协作、共同发展。近年来，国内对脑卒中形成了一个新的诊疗、救治、康复一体化的模式。其流程为：各急救中心→急诊后由神经专科医生首诊→CT 或 MRI →做出诊断→手术、介入或药物治疗→早期康复→社区医疗。在这个流程中，康复科医师、治疗师与临床科室的医师进行良好的协作，通过各自专业化的诊治方案共同缓解患者病情，使患者的治疗效果更好，医院的医疗水平更高，经济效益更大。③有利于管理。从医院经济管理学的角度看学科间合作，它是通过资源共享，医疗范围各自归口，以最小的成本换取最大的利润，是最优化、经济的组合方案。④有利于学科间的互相了解。在学科间合作中，通过彼此了解、互相学习、开阔思路、拓宽视野、可以让临床医生近距离了解康复医学。

（二）学科内合作

康复医学不以疾病为中心，也不以器官为目标，而是以功能障碍为核心。常见的功能障碍很多，如运动障碍、感觉障碍、言语障碍、认知障碍等。一般情况下，康复医学面对的患者其功能障碍往往不是单一的，而是多种并存。因此，在解决患者的功能障碍时需要多个康复专业人员合作，发挥各自的技术专长，使患者的功能障碍得到全面的、最大程度的恢复。例如，物理治疗师擅长运动功能的康复，作业治疗师擅长个体活动能力的康复，语言治疗师擅长语言功能的康复，假肢与矫形器师则擅长设计、装配假肢和矫形器。为了达到全面康复的目的，需要各个专业人员围绕一个共同的目标，团结协作，充分发挥本专业的技术专长。

学科内团队康复指通过多种康复专业技术人员的合作工作组来进行的康复治疗，这一模式自诞生以来一直是康复医学的核心策略。因此康复治疗质量评估时通常都包括团队康复的效率。对于躯体和认知功能障碍患者，过去的康复治疗曾经以医院治疗为基础。医院环境有助于促进团队治疗所必需的人际交流。治疗时强调全面解决方案，包括健康、躯体功能、心理调整、社会整合、职业或其他有意义的角色参与。由于操作实施的复杂性，真正的学科内团队康复的实施一直很困难。近年来受康复医疗资源缺乏的限制，康复评价会没有有效实施。由于经费缺乏，工作时间缩短，团队合作模式不得不面临挑战，以尽量显示其价值与效率。

康复是使功能障碍者社会参与最大化的过程。这需要尽量减少患者的社会认可和物理屏障（如电、光、声音、物品），这还应包括使残疾者尽可能促进健康、活动能力、生活自理、交流、心理发育、社会综合和恢复正常的社会角色，包括工作。

保障全面康复治疗的实施必须要有各种类型的专家和辅助条件，因为没有任何个人可以有足够的时间或广博的知识来独立完成如此全面的康复治疗。康复治疗的各个专业的经验与技术不同，观察和治疗患者的时间和时期不同。因此各个专业均对康复治疗有独特的贡献，其作用超过原先的职业训练。康复团队的主要成员通常包括：康复医师、护士、物理治疗师、作业治疗师、言语治疗师、心理学家、社会工作者、假肢/矫形器技师等。但是有助于成功的康复治疗的所有人都可以是康复团队的成员。从广义上讲还包括接受康复的患者家属及其他有影响的人员。此外还有康复助理、助手或其他对康复治疗过程起独立作用的人员。

多学科团队和学科内团队的治疗有明显的不同。两者都涉及多种专业。但是多学科治疗时，各个学科只关注自身技能相关的领域。医疗记录往往局限于其专业范畴，而不是项目的整体目标。在病例讨论时，各个专业倾向于强调各自的领域，而不考虑对其他相关专业的贡献，因此治疗上不能合理发挥集思广益的团队综合作用。

学科内团队成员不仅要致力于特定的专业目标，而且要对康复治疗的所有结果承担共同的责任。他们共同参与康复目标的确定，提供与目标相关的观察结果（不仅局限于自身的专业），与团队的其他成员共享工作经验，互相学习，取长补短。学科内团队比多学科团队更加注重参与康复过程的各个成员的独立和相互作用。

传统的学科内团队交流机制是团队会议。这种在康复治疗现场的定期团队会议要报告各个相关专业对患者的观察，回顾治疗目标，达成治疗策略和方针的共识，设定治疗的重点内容，并确定出院日期。25 年前这些团队会议通常每两周一次，现在团队会议通常是每周进行。医疗康复的学科内团队方式保证了康复治疗的高质量。团队会议强调各种严重残疾者面临的各个方面的问题。会议特别关注治疗结果，通常采用定量分析的方式来记录患者的功能改变，疗效评估通常以回归社会或出院后的结果为依据。学科内团队方式由于其康复治疗得到整个团队的支持，因而可以确保治疗更加有效。接受康复治疗者及其重要亲朋好友的主动介入可增加患者的治疗信心。美国的公众舆论认为高质量的康复需要学科内团队模式。美国政府的医疗保险项目要求康复医院必须要有团队模式，才能得到政府的支付。康复机构评审局和卫生机构联合评审局的评审标准均要求使用学科内团队。

学科内团队会议旨在为患者康复治疗相关的团队成员提供相互交流的论坛，以对患者状态、近期和远期治疗目标，以及实现目标最重要的策略和方针达成共识。

（三）康复治疗组的人员组成

我国康复事业起步较晚，康复医疗机构建设还没有定型。因此，各级康复医疗机构的人员配备仍处于摸索阶段。一般来讲，康复治疗组由患者、康复医师、物理治疗师、作业治疗师、言语治疗师、假肢与矫形器师、心理治疗师、康复护士、文体治疗师、职业顾问、社会工作者和传统医学治疗师等组成（图4-4-1）。其中，康复医师为治疗组组长，其余为成员，共同围绕患者开展工作。康复治疗组按国际统一标准设定康复治疗人员。我国特殊的地方是传统中医康复的加入。

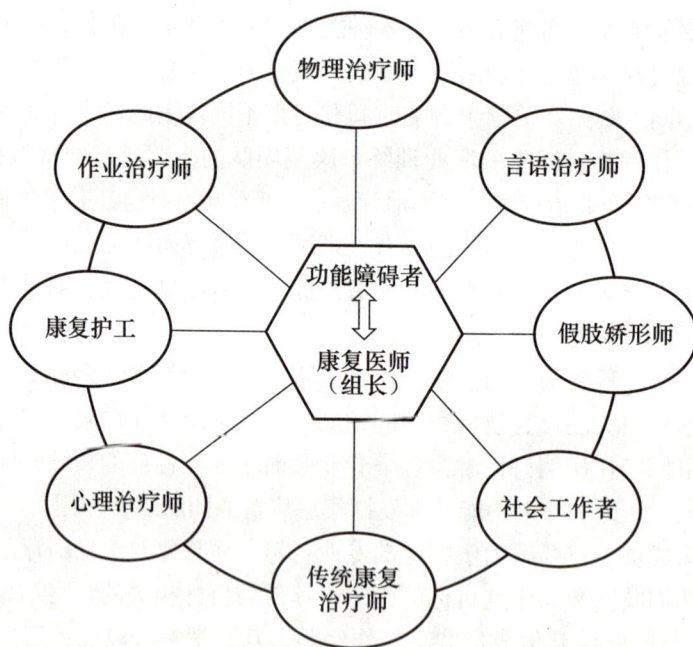

图 4-4-1　康复治疗组的组成

康复工作是以康复治疗组的形式展开的，其程序一般如下：先由康复医师召开治疗组会议（康复评定会），治疗组成员对患者功能障碍的性质、部位、严重程度、发展趋势、预后和转归各抒己见，提出各自的评定分析结果、康复对策（包括近期、中期，甚至远期的），再由康复医师归纳总结为完整的分阶段康复计划，然后各成员分别按计划付诸实施。在康复的中期或必要的时候，再次召开治疗组会议，对计划的执行情况进行评价，根据实际对计划进行修订和补充，然后继续实施康复治疗。在康复治疗结束时，还要召开治疗组会议对康复效果进行总结，并为下阶段或出院后的康复提出意见。

二、康复医学工作流程

（一）康复门诊工作流程

康复门诊负责接诊患者，根据患者的全身状况、心理状态、功能障碍程度、一般情况等对患者进行处理。对于病情有疑问或较重较急、功能障碍严重的患者转至住院部进行诊疗；对于病情稳定、功能障碍相对较轻的患者就在门诊实施康复。此外，康复门诊还负责为好转出院的患者提供后续康复服务，直到患者回归社会。

康复门诊常见病例主要为：①颈肩腰腿痛患者；②脑血管病和骨关节损伤患者；③小儿脑瘫患者等。

康复门诊的工作流程如图4-4-2所示。门诊康复工作者接诊患者后，对患者进行临床诊查，必要时行影像学检查、实验室检查及请有关专科医师会诊。在对患者的情况有初步了解后，实施康复评定及康复治疗。门诊康复服务结束后，根据末期评定结果指导患者今后的去向（进入社区康复或其他康复机构继续进行康复治疗或直接回归家庭和社会）。

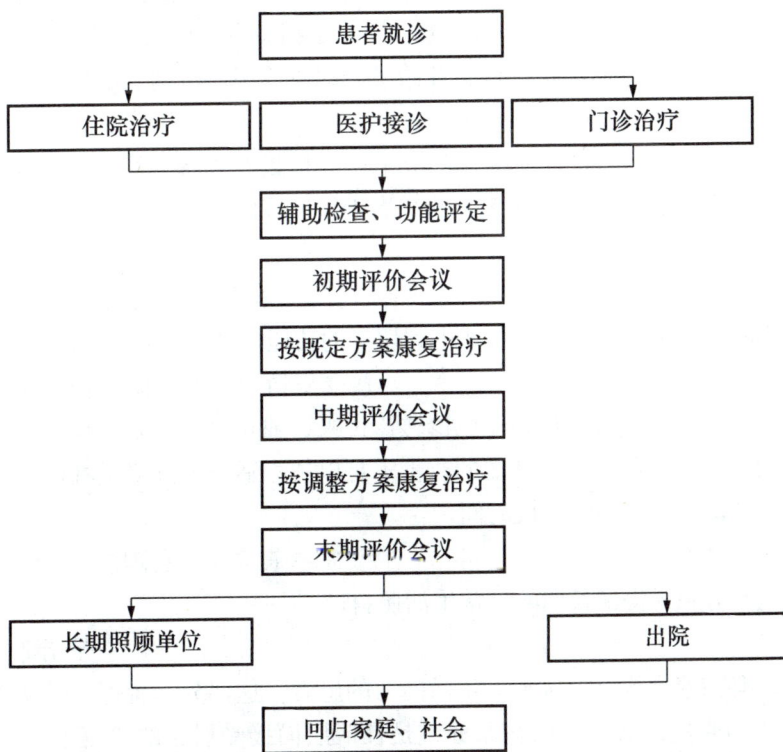

```
                    ┌──────────────┐
                    │   患者就诊    │
                    └──────────────┘
         ┌─────────────────┼─────────────────┐
    ┌─────────┐      ┌─────────┐      ┌─────────┐
    │ 住院治疗 │      │ 医护接诊 │      │ 门诊治疗 │
    └─────────┘      └─────────┘      └─────────┘
                          │
                ┌──────────────────┐
                │ 辅助检查、功能评定 │
                └──────────────────┘
                          │
                ┌──────────────────┐
                │   初期评价会议     │
                └──────────────────┘
                          │
                ┌──────────────────┐
                │  按既定方案康复治疗 │
                └──────────────────┘
                          │
                ┌──────────────────┐
                │   中期评价会议     │
                └──────────────────┘
                          │
                ┌──────────────────┐
                │  按调整方案康复治疗 │
                └──────────────────┘
                          │
                ┌──────────────────┐
                │   末期评价会议     │
                └──────────────────┘
          ┌───────────────┴───────────────┐
    ┌─────────────┐              ┌─────────────┐
    │  长期照顾单位 │              │    出院      │
    └─────────────┘              └─────────────┘
                          │
                ┌──────────────────┐
                │   回归家庭、社会   │
                └──────────────────┘
```

图4-4-2　康复门诊及康复病房工作流程

（二）康复病房工作流程

康复病房的患者主要由康复门诊和其他临床科室转入，其工作流程与门诊康复流程大致相同。由于住院患者病情相对较复杂、功能障碍程度较严重，因此诊疗工作较困难，所需康复时间较长。所以，康复病房一般拥有一支专业化的康复团队。

在门诊康复工作流程与康复病房康复流程中，二者均特别强调康复过程中的评定，三期评定缺一不可，在康复治疗中有重要意义。治疗前，通过对患者的初期评定，掌握其功能障碍的性质、严重程度、致残原因、残存功能和康复潜力，并根据患者的年龄、职业、爱好、居住环境等了解其康复需求，综合确定近期和远期康复目标，制定出行之有效的康复治疗方案，指导康复治疗的实施。康复治疗进行到一定阶段时进行中期评定，在与初期评定的对比下，了解患者的康复进展以及是否有新的功能障碍出现，以便及时调整并制定新的康复方案。中期评定在康复过程中至少需要进行一次，必要时可进行多次。在患者出院前应对其进行末期评定，主要是了解康复效果，并做出初步的康复结局判断，并以此确定患者今后的去向。例如，无功能障碍者可直接回归家庭、社会，残存功能障碍的则需根据功能障碍的严重程度及全身状况转至康复门诊、疗养院、不完全康复类康复机构或社区继续进行康复治疗。

美国需要康复者，根据具体病情、家庭支持程度、医疗保险覆盖程度和其他一些相关因素将患者进行分层康复转诊，转诊机构包括：①急诊医疗机构；②急诊康复机构；③亚急性康复机构；④执业护理机构；⑤长期照料机构；⑥家庭或社区层面的康复转诊。

1. 急诊医疗机构（emergency medical unit） 是指患者急性发病后就诊的医疗机构，一般患者的康复医疗在急诊医疗机构就开始了，即急诊医疗机构开展的早期的床边康复治疗和训练。

2. 急诊康复机构（acute rehabilitation unit） 一般设在急诊医疗机构，接受病情稳定能主动参与每天至少3小时，每周5天的适当康复训练的患者，康复训练后能够得到切实的功能改善。

3. 亚急性康复机构（subacute rehabilitation unit） 接受病情稳定的，能够主动参与每天少于3小时康复训练的患者，且能得到切实的功能提高。

4. 执业护理机构（skilled nurse facility） 接受病情稳定的，但是丧失独立日常生活能力的患者，患者可以是直接从临床急诊转诊过来，或是急诊康复机构，或是亚急性康复机构转诊的患者。这部分患者功能的改善不足以独立适应家庭或是社区的生活，必须要在专业的护理机构待相当长一段时间。

5. 长期照料机构（long term care unit） 接受那些丧失生活自理能力，或是植物状态的患者，为这部分患者提供长期的日常生活照料。

6. 家庭或是社区层面的转诊（home or community rehabilitation） 是指那些功能恢复较好的患者，有在家庭或是社区独立生活能力的患者，这部分患者可以是从以上的各种机构里面转诊而来的患者，可以在家庭或是社区层面接受居家的康复治疗，每周2～3次的由专业康复治疗师提供的上门居家式康复治疗。

此外，门诊和康复病房的康复工作者在康复服务结束时应当整理、保存好患者的康复资料，这些资料是康复医学科研的重要材料，对康复医学乃至康复事业的发展有重要意义。

三、社区康复工作流程

社区康复计划的拟订和实施主要依靠社区的领导和组织，依靠社区的群众和团体，也要依靠有关的政府部门（包括卫生、教育、劳动、人事、民政和社会服务等部门），还要依靠康复对象本人和他们的家庭。这些力量联合起来，通力合作，社区康复工作才能顺利开展。社区康复的社会化程度较高，进行康复工作需要按照下面的步骤实施：建立社会化工作体系→制订社区工作计划→建立社区工作队伍→培训社区康复人员→调研社区康复资源和康复对象需求→组织实施→检查评估。

对首次来社区康复科就诊的患者，工作流程如下。

（一）接诊

用问候、朋友式的语言消除患者的紧张、焦虑情绪。

1. 建病历　询问患者的姓名、年龄等相关资料；询问病史，既往史，过敏史；阅读相关的病历资料。

2. 检查　物理检查；实验室检查；影像学检查。

3. 相关专科会诊　如高血压、冠心病、糖尿病、脑血管病、心衰、压疮、心理问题等，请相关专科医师会诊。

（二）初期康复评定与治疗

1. 康复评定　一般在患者接诊后，通常在7～10天内完成，目的是全面了解患者的功能状况和障碍的程度、肢残原因、康复潜力，据此确定康复目标和制订康复治疗计划。

2. 制定康复处方　根据初期评定制定合理的康复处方，包括：①物理治疗（PT）处方；②作业治疗（OT）处方；③语言治疗（ST）处方；④心理治疗计划。

3. 记录病历（病案）　需要把患者的以上情况详细记录在案。

4. 康复治疗　根据制定的康复处方开始有针对性的治疗，如PT、OT、ST、心理治疗，辅助肢具等。

（三）中期康复评定与治疗

1. 康复评定　在康复治疗的过程中进行，目的是了解经过一段时间康复治疗后患者功能变化的情况，并分析其原因。

2. 康复处方调整　根据中期评定调整康复处方，如PT、OT、ST、心理治疗计划等。

3. 记录病历（病案）　把调整的内容详细记录。

4. 康复治疗　根据调整后的康复处方对患者进行康复治疗。

（四）末期康复评定

在康复治疗结束时进行，目的是经过康复治疗后，评定患者总的功能状况，评定康复治疗效果，提出回归家庭和社会或做进一步的康复治疗的建议。

（五）每天进行康复治疗的工作模式

1.接诊　问诊，朋友式的语言，打招呼。

2.检查　在康复训练前的检查（心理、情绪、心肺功能、面色、了解原发疾病目前的情况等）。

3.评定　对昨日的康复训练情况进行效果评定。

4.康复训练　一对一徒手训练，器械训练，完成所留作业训练。

5.结束康复训练　检查，询问训练后有无不适，疲劳程度等，注意对原发疾病的关注。

6.登记训练卡片。

7.必要时与康复医师沟通，康复医师可在病历上记录。

8.将康复训练场所进行整理。

目前我国社区康复工作流程如图4-4-3所示。

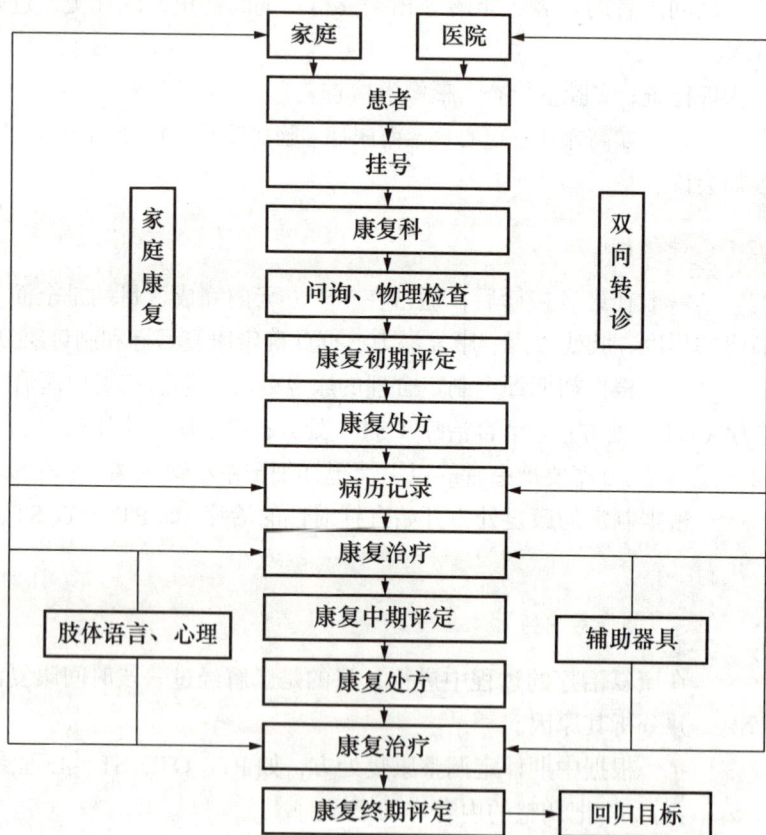

图4-4-3　社区康复工作流程

这一工作流程反映出了社区康复与机构康复的区别，具体步骤如下。

1.对残疾者进行残疾评定，提出康复建议　在康复调查所获得有关残疾者资料的基础上，需做进一步的评定，以准确了解患者的功能状况，并以此为依据制订康复计划，提出康复建议。

2. 为残疾者选择适宜的康复训练项目　社区中所能提供的康复训练项目，不是对每一位残疾者都适用的，应当因人而异地给残疾者选择适宜的一种或几种项目以获得最佳训练效果，或者参照 WHO《在社区中训练残疾人》的要求，选择其中适宜的训练项目，指导残疾者使用。

3. 指导残疾者进行康复训练　由社区康复人员帮助指导残疾者进行康复训练，并做好记录。训练时应当充分调动残疾者的积极性和主动性，帮助残疾者战胜困难，鼓励残疾者持之以恒。在训练过程中，还应采取循序渐进的训练方法，力求使训练项目活泼、新颖，要从易到难，从简到繁，从少到多，通常可把一个繁杂动作分解成若干个简单的动作，分阶段训练完成。

4. 定期进行康复评定　定期评定通常为一个月一次，是康复训练中很重要的一步。通过评定可以了解训练项目是否适合、是否有效、残疾者对训练的态度等，并根据评定结果提出改进意见，必要时对康复方案予以修订。

5. 协调各方力量，利用转介，促进残疾者全面康复　残疾者的全面康复是康复的最终目标。为实现这一目标，需要不同部门之间、不同专业之间以及各层次间的转介系统的支持。

【案例分析】

该患者的康复都需要哪些专业人员的参与？其康复医疗工作流程是怎样的？

本案例患者的康复需要患者和康复医师、康复护士、物理治疗师、作业治疗师、语言治疗师、心理治疗师、康复工程师、中医康复治疗师、社会工作人员、职业咨询顾问等专业人员的参与。

其康复医疗工作流程是：首先对患者进行临床诊查，必要时行影像学检查、实验室检查及请有关专科医师会诊。在对患者的情况有初步了解后，实施康复评定及康复治疗。治疗前，通过对患者的初期评定，掌握其功能障碍的性质、严重程度、致残原因、残存功能和康复潜力，并根据患者的年龄、职业、爱好、居住环境等了解其康复需求，综合确定近期和远期康复目标，制定出行之有效的康复治疗方案，指导康复治疗的实施。康复治疗进行到一定阶段时进行中期评定，在与初期评定的对比下，了解患者的康复进展以及是否有新的功能障碍出现，以便及时调整并制定新的康复方案。中期评定在康复过程中至少需要进行一次，必要时可进行多次。在患者出院前应对其进行末期评定，主要是了解康复效果，并做出初步的康复结局判断，并以此确定患者今后的去向。如无功能障碍者可直接回归家庭、社会，残存功能障碍的则需根据功能障碍的严重程度及全身状况转至康复门诊、疗养院、其他康复机构或社区继续进行康复治疗。

学习检测

1. 门诊康复的流程是怎样的?
2. 康复治疗组是如何开展工作的?
3. 简述康复医疗的流程。

项目五
康复评定

学习目标

1. 了解有关康复评定的概念。

2. 熟悉康复评定的目的和内容。

3. 掌握常用评定方法。

近年来，随着现代康复医学向专业化、精细化的不断发展，康复评定已经成为康复医学的重要学科。康复评定是康复治疗的基础，没有评定就无法规范治疗、评价疗效。专业的康复必须遵循：康复评定—制订康复计划—实施康复方案—评定康复疗效的完整流程。

任务一　康复评定的概念

案例导入

2012 年，国家卫计委规定二级以上医院必须建立康复医学科，并提出综合医院康复医学科，是在康复理论指导下，应用功能评定和物理治疗、作业治疗、传统康复治疗、言语治疗、心理治疗等康复医学的诊疗技术，与相邻科室密切合作，着重为疾病急性期、恢复期的有躯体或内脏功能障碍的患者提高专业诊疗服务。

思　考

1. 康复评定在临床康复中的作用和地位如何？

2. 康复评定包括哪些范畴？

一、康复评定定义

康复评定（rehabilitation evaluation）是指为制订、修改康复治疗计划和制订出院康复计划所进行的采集、分析以及解释数据和资料的一个连续过程。这个过程包括检查者收集病史、相关资料（症状、体征、疾病诊断），并通过检查和测量，对结果进行分析、解释，最后形成结论和障碍诊断的过程。康复评定不是寻找疾病的病因和做出诊断，而是通过规范的康复评定，康复医师或治疗师可以发现和确定障碍的部位、范围或种类、性质、特征、程度以及障碍发生的原因、预后，为预防和制订明确的康复目标和有针对性的康复治疗计划提供客观依据。

二、康复评定的范畴

2001年，WHO重新修订了残疾分类系统。ICF分类系统提供了具有统一标准的人体健康有关的功能和残疾的状态分类，其作为一个重要的健康指标，广泛应用于卫生保健、预防、人口调查、保险、社会安全、劳动、教育、经济、社会政策、一般法律的制定等方面。ICF由两大部分组成，第一部分是功能和残疾，包括身体功能（以字母"b"表示）和身体结构（以字母"s"表示）、活动和参与（以字母"d"表示）；第二部分是背景性因素，主要指环境因素（以字母"e"表示）。在ICF分类中，"功能"（function）一词是躯体功能和结构、活动、参与的概括性术语，它表示个体与所处的背景因素（环境和个体因素）之间相互作用的积极方面。"残疾"（disability）一词是损伤、活动受限以及参与受限的一个概括性术语，它表示个体与其所处背景因素（环境和个体因素），如消极态度、不方便残疾人使用的交通工具和公共建筑，以及有限的社会支持之间相互作用的消极方面。该分类不再将残疾视为个体的障碍，而认为残疾是由社会环境所影响而建立的一种复合概念。功能与残疾的相互作用、转化和演进的模式见图（图5-1-1）。示意图说明了个体的功能或残疾被认为是健康状况（疾病、损伤、创伤、障碍等）与背景因素之间相互作用的结果，而这种结果是动态变化的，是相互影响的。康复评定是从功能、能力和环境因素多维度全面评估患者的生存状况和质量，它需要多专业、跨学科间的协作，不同的专业人员负责相关的专科评定，以实现患者全面康复。

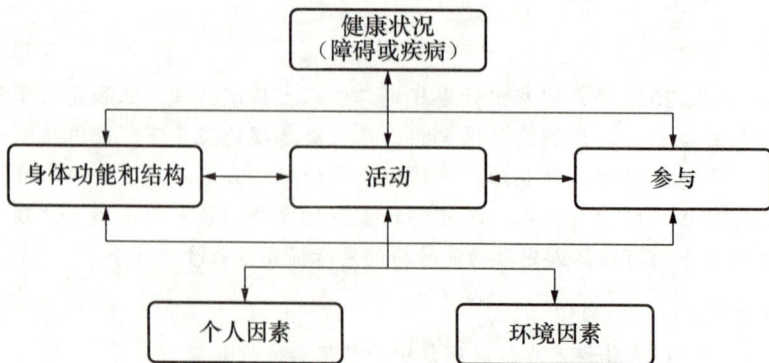

图 5-1-1　ICF 概念模式图

三、康复评定在康复临床决策过程中的角色

科学的康复评定是制定正确康复治疗原则、计划和具体实施方案的前提和基础。康复医学临床决策模式大致分为五个阶段（图 5-1-2）。从临床决策模式示意图中清楚地显示，康复评定是康复临床决策过程中的重要组成部分。

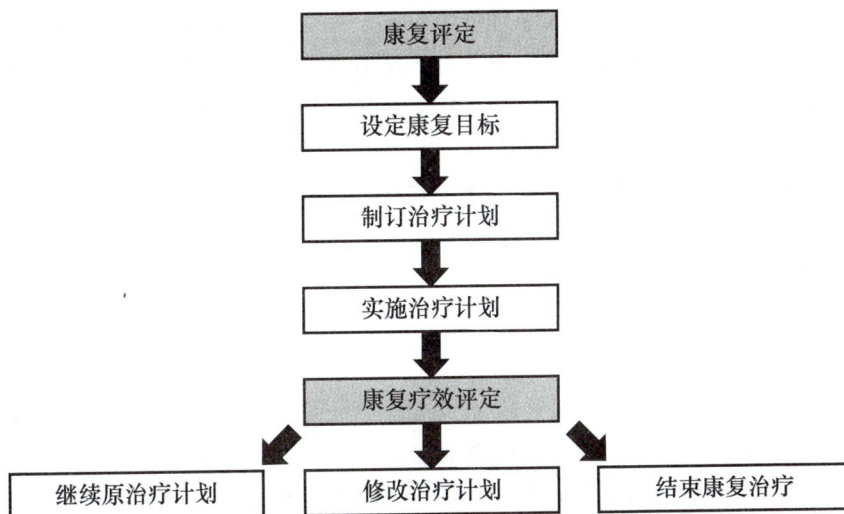

```
┌─────────────┐
│   康复评定    │
└─────────────┘
        ↓
┌─────────────┐
│  设定康复目标  │
└─────────────┘
        ↓
┌─────────────┐
│  制订治疗计划  │
└─────────────┘
        ↓
┌─────────────┐
│  实施治疗计划  │
└─────────────┘
        ↓
┌─────────────┐
│  康复疗效评定  │
└─────────────┘
   ↙      ↓      ↘
┌────────┐ ┌────────┐ ┌────────┐
│继续原治疗计划│ │修改治疗计划│ │结束康复治疗│
└────────┘ └────────┘ └────────┘
```

图 5-1-2　临床决策模式示意图

康复评定贯穿康复治疗的全过程，即康复治疗始于康复评定，止于康复评定。任何康复治疗方案的产生和确定均以康复评定结果为理论依据。当康复评定所使用的方法和结果分析正确时，康复治疗就会朝正确的方向进行，使障碍能够得到及时、合理、有针对性的治疗，从而达到及时中断障碍的发展进程、实现早期康复的目的。反之，没有规范康复评定的康复治疗是盲目的治疗，就会使康复治疗无的放矢，从而贻误康复治疗的最佳时期，甚至造成不良后果。

四、康复评定现状

国际上康复评定和康复治疗是同时诞生和应用的，疾病要取得良好的康复效果，离不开全面、系统和准确的康复评定。随着近些年国际、国内康复水平的不断提高和发展，康复评定也越来越被业界重视，但是由于受设备设施、评定技术水平、思想观念等限制，康复评定仍然有很多问题亟待解决：①我国现代康复医学的引入是在 20 世纪 80 年代初期，康复评定专业体系的逐步建立是在 90 年代的后期，部分康复医师和治疗师存在重治疗轻评定的观念，凭借所谓的"经验医学"对患者实施治疗；②康复评定缺乏整体性、客观性，在临床治疗过程中的评定只局限于某单一方面的评定，如对一个脊髓损伤患者

只做肌力、肌张力、感觉方面的徒手检查，这些评定一方面缺乏量化数据，另一方面缺乏整体性，评定只停留在残疾的第一层面，即结构和功能，缺乏对患者能力和环境因素影响的全面评定；③患者和家属对评定认识不足，患者和家属出于经济或其他方面的考虑认为做评定没用，还不如把钱花在治疗上有用。上述情况在一定程度上阻碍了康复医学的发展。康复医学的发展应遵循循证医学的理念，倡导医疗决策的科学化，强调以证据为基础的医学应当将医疗活动置于理性、可靠、完备、严谨的学术基础之上。精准测量和客观数据是正确的科学研究的先决条件。康复医学应坚持科研设计和文献评估，对不断出现的新技术加以验证，通过准确的康复评定，为协助临床医生和治疗师做出诊断、预防、治疗方案、疗效判断提供可靠依据。

在循证医学理念的推动下，康复医学逐渐从理论知识加个人经验的旧模式向遵循科学证据的新模式转变。康复评定在这个转变过程中发挥着重要作用。

【案例分析】

1. 康复评定在康复临床的作用和地位如何？

康复评定是康复临床决策过程中的重要组成部分，科学的康复评定是制订正确康复治疗原则、计划和具体实施方案的前提和基础。康复医学临床决策模式大致分为康复评定、建立康复的长期目标和短期目标、形成和制订治疗计划、实施治疗计划、评估康复疗效五个阶段。从康复临床决策中显示，康复评定在康复临床决策中起到事半功倍的作用。当康复评定所使用的方法和结果分析正确时，可以及时中断障碍的发展进程、实现早日康复。反之，没有规范康复评定的康复治疗是盲目的治疗，就会贻误康复治疗的最佳时期，甚至造成不良后果。

2. 康复评定涵盖的范畴有哪些？

根据WHO在2001年重新修订的ICF系统，人体健康受身体结构和功能、活动和参与，以及背景性因素（环境因素）影响。因此，康复评定应涵盖身体功能和结构、功能性活动与参与、环境因素（社会的）三大范畴。科学的康复评定不应只是身体功能和结构方面的评定，个体的功能或残疾与背景因素之间的关系极为密切。

学习检测

1. 请谈一谈康复评定的必要性和重要性

2. 你如何看待目前部分康复科存在的康复评定现状？如何改进？

■ 任务二　康复评定的目的和内容

案例导入 ◆

　　一位52岁男性患者，张 ×，因脑卒中恢复期、左侧偏瘫收入康复科，入院一周未进行"康复治疗"，期间在进行各种检查和评定，患者表示非常不理解，住院一周了，任何"有用的"治疗都没有，只是一些没有用的检查和评定，既然已经被诊断脑梗死、左侧偏瘫了，为什么还要各种检查评定？

思　考

1. 为什么患者入院一周还没有进行康复治疗？
2. 患者的这次检查和评定目的是什么？
3. 临床诊断与障碍诊断的区别是什么？

一、康复评定目的

任何康复治疗都应该遵循先评定→再治疗→再评定的原则。康复评定贯穿于康复治疗的全过程。因此，在康复治疗的不同阶段，康复评定的目的也会有所不同。可以归纳为以下几点。

（一）确定障碍的层面、种类和程度

通过康复评定，评定者可以全面、准确地掌握患者的障碍发生在哪个范畴、障碍的种类以及障碍发生的原因、程度等信息，以及患者本人及家属对康复疗效的期望值。为评定康复疗效建立基线。

（二）寻找障碍发生的原因

结构、功能障碍与活动受限的联系是极其密切的，因此准确判断和分析阻碍患者功能恢复、回归家庭生活与社会生活的内在和外在因素，才能制订出针对性强的康复治疗计划和合理的康复目标。

（三）确定康复治疗项目

通过对患者障碍种类、程度、特别是障碍的原因不同选择不同的治疗项目，如药物、手术、物理治疗、作业治疗、心理治疗、康复工程治疗等。

（四）指导制订康复治疗计划

1. 制订康复治疗计划　　通过系统的康复评定，可以明确发生障碍的原因，康复医师和治疗师就可以根据障碍原因不同而制订不同的有针对性的康复治疗计划，做到治疗有的放矢。

2. 设定康复目标　康复目标分为远期目标和近期目标。远期目标是患者康复治疗后达到的最佳状态。近期目标，是实现远期目标的基础和具体步骤，随着康复治疗的进展，近期目标会逐渐接近远期目标，最终达到远期目标。

（五）判定康复疗效

在每一项治疗疗程结束后进行再次评定，通过与治疗前评定结果对比可以判断治疗方法是否正确、是否较前改善、下一阶段是否需要修改治疗方案等。

（六）判断预后

通过全面康复评定，康复医师可以对患者的康复结局进行判断。使患者和家属对未来能有一个贴合实际的心理预期。

（七）预防障碍发生和发展

对有功能障碍的患者定期进行康复评定，可以及时对障碍采取有效措施，最大限度地减少功能障碍的进展。通过评定，也可以及早发现那些虽然没有明显的功能障碍但已经有潜在的危险患者，及时采取预防措施和安全防护措施，就会预防障碍和残疾的发生。

（八）评估投资 – 效益比

根据治疗后与治疗前日常生活活动能力评分之差与治疗天数之比对康复疗效进行判定，可以有效地对一个康复机构的投资 – 效益比进行评估，数值越大，康复效率越高。

（九）为残疾等级划分提出依据

通过对伤者治疗后临床状态稳定时的器官、功能障碍、日常生活、工作、学习和社会交往能力的丧失程度及其对医疗和护理依赖的程度进行评定，将伤残者的残疾程度划分等级。

二、康复评定内容和工作流程

（一）康复评定内容

康复评定是对患者全面的综合评定，一个人或一个专业无法独立完成，因此康复评定需要康复医学科多专业共同协作实施。对于任何因疾病或创伤患者、残疾者需要康复治疗，在治疗前和治疗后都需要进行系统化的康复评定，其评定内容覆盖障碍的三个范畴（表5-2-1），即功能障碍的评定、能力障碍的评定和社会性障碍的评定。通过对三方面的全面评估，制定出个性化、整体性的康复治疗方案。全面客观的康复评定是综合康复医学的基础。

标准吞咽功能筛查

标准吞咽功能筛查
（阳性）

表 5-2-1　康复评定不同范畴包含的内容

功能障碍的评定	能力障碍的评定	社会性障碍的评定
• 人体形态 • 关节功能（活动度、可动性与稳定性） • 肌肉功能（肌力、爆发力、耐力） • 运动发育 • 运动控制（肌张力、反射、姿势与平衡、运动协调性、运动模式、步态） • 感觉 • 有氧运动能力（循环与呼吸） • 神经心理学（认知、言语、情绪、行为）	• 自理等日常生活活动 • 生产性活动（含工作、家务管理、学生学习和发育期婴幼儿玩耍） • 休闲活动	• 居住环境 • 社区环境 • 社区人文环境 • 生活质量

（二）康复评定流程

一次完整的康复评定由收集资料、整理分析资料和解释结果三部分组成（表 5-2-2）。评定会也是康复评定过程的重要内容。评定会通常是在每次评定结束后进行。

表 5-2-2　康复评定工作流程

收集资料	整理分析资料	解释评定结果
采集病史 检查、测量	确定存在的问题 确定残存功能或能力	寻找功能障碍的原因 寻找功能性活动障碍的原因 确定障碍学诊断 制订治疗计划和康复目标

1. **收集资料**　收集资料包括采集病史及检查与测量。采集病史的途径可以查阅病历、与患者面谈，必要时（如患者存在交流障碍或情绪异常等情况）可以向家属了解情况。对病史的采集有助于康复医师或治疗师了解患者的障碍特点及其残存功能。

检查与测量是收集患者资料的重要手段，包括常规的体格检查和各种功能障碍、各种能力障碍、和社会参与障碍的评定。

2. **分析资料**　康复医师或治疗师将收集和测量检查的资料进行归纳和分类整理，将资料归纳为功能障碍、能力障碍及社会障碍三类。通过分析资料要确定患者存在问题点，并且明确问题点属于功能、能力、社会与环境哪一范畴；通过分析资料还应确定患者的残存功能或能力。

3. **解释评定结果**　康复评定是建立障碍学诊断的重要临床思维方法。康复医师或治疗师通过对结果的分析不仅确定患者障碍在哪里，更重要的是通过康复评定明确患者为什么会出现障碍，如何制订科学、有效的治疗方法是关键。

（1）发现障碍发生的原因：障碍的原因分为功能障碍发生的原因和功能性活动能力障碍发生的原因两个方面。一种功能障碍可影响多种日常生活活动的完成，而多种病理损害也可以引起某一种日常生活活动能力障碍。只有明确障碍发生的原因，才能制定出有效的治疗方案。

（2）做出障碍诊断：康复评定的核心是障碍学诊断。障碍学的诊断与临床工作中对疾病的诊断有明显不同（见表 5-2-3）。障碍学诊断是在临床医学诊断的基础上确定疾病或外伤造成的功能、能力、环境的影响。障碍学诊断除了明确障碍的种类还应该确定障碍的程度。只有科学的康复评定，才能准确地做出障碍学诊断，才能制定有针对性的、有效的治疗方案。

表 5-2-3　疾病诊断与障碍诊断的区别

项目	疾病诊断	障碍学诊断
诊断性质	诊断疾病或细胞、组织、器官、系统水平异常	诊断细胞、组织、器官、系统水平的异常对系统功能的影响
诊断目的	确定疾病种类；制定疾病的治疗方案	确定患者期望水平与实际水平之间的差距，即障碍的程度；制定功能障碍的康复方案
诊断种类	病因诊断、病理解剖诊断、病理生理诊断	功能障碍诊断、功能性活动障碍诊断、社会参与性障碍诊断
诊断对象	疾病或外伤者	需要康复的患者

（3）设定康复目标和制订康复治疗计划：科学的康复评定使康复医师和治疗师确定障碍点，找出障碍原因，并判断障碍程度和预后，不同专业的治疗师依据各自的专业特点在此评定的基础上为患者制定治疗方案和短期目标和长期目标。

4. 记录　康复医师和治疗师要将康复评定的结果客观真实地记录下来。记录的内容包括对障碍的分析、诊断、治疗计划以及对预后的估计。记录按照 SOAP 格式进行书写，即记录主观资料（subjective）是指患者及亲属的陈述；客观资料（objective）指客观检查所见，是检查者所观察、检查或测量的结果；评定（assessment）指对客观和主观资料的专业分析判断、制订长期和短期目标；治疗计划（plan）指总体治疗计划和治疗方案。

康复治疗记录既是障碍情况的实际记录，也是医疗质量和学术水平的反映。康复治疗记录为医疗、教学和科研提供了非常重要的基本资料，也是涉及医疗纠纷及诉讼的重要依据。

5. 评定会制度　评定会在各专业（PT、OT、ST 等）完成康复评定后进行。评定会的成员包括康复医师、运动疗法治疗师、作业治疗师、言语治疗师、心理医生、矫形器工程师、护士、社会工作者、文体治疗师、音乐治疗师，必要时要有营养师参加。通过成员间的沟通和讨论，使每个参加评定会的成员对患者的功能状况有一个全面了解，有助于加深对患者存在问题的理解；有助于各专业间相互协调、合作，提高患者的康复效果。

6. 康复评定时期　完整的康复都要经过"三期"评定，即初期评定、中期评定、末期评定。

（1）初期评定：是在对患者进行制订康复计划和开始康复治疗之前进行的首次评定。一般在患者入院一周内完成首次评定。初期评定的目的是确定患者的功能水平，确定患者的需要以及存在的问题，明确障碍诊断，即发现患者的障碍点、障碍程度、障碍原因以及患者需求，确定康复治疗的目标，制订康复治疗计划和注意事项，预测康复治疗效果以及可能影响康复治疗的因素，同时也为判定康复疗效提供客观基线指标。初期评定在整个康复过程中起到重要作用。

（2）中期评定：是患者经过一段时间治疗后进行的再次评定。评定的过程同初期评定。中期评定目的有两个：一是判断前一阶段治疗是否达到短期目标，如果已经达到预期目标，则需在中期评定的基础上重新设定短期目标；如果没有达到短期目标或进步不明显，提示治疗措施或方法不当，需要及时更改。二是通过将中期评定结果与初期评定结果进行对比，判断前一阶段的康复疗效。

（3）末期评定：通常在患者出院前或结束治疗时进行。目的是判断康复治疗效果如何、是否达到预期目标，提出今后重返家庭和社会进一步康复的建议。末期评定重点放在与运动能力、生活自理能力、工作社交能力等相应的功能方面。

（4）随访：随访是对出院后回归社区家庭的患者进行的跟踪随访。随访的目的是了解患者出院后的功能和能力状况，较出院时患者是进步还是退步。随访可 2～3 个月、半年甚至 1 年一次。

【案例分析】

1. 为什么患者入院一周只是检查和评定，没有及时安排康复治疗？

这些检查和评定是康复治疗之前必须要进行的。任何规范的康复治疗必须遵循先评定→再治疗→再评定的原则。没有规范康复评定的康复治疗是盲目的治疗，就会使康复治疗无的放矢，从而贻误康复治疗的最佳时期，甚至造成不良后果；任何一个康复治疗方案的产生和确定均以康复评定结果为理论依据。

2. 初次检查和评定的目的是什么？

这是对患者入院后进行的首次评定，也叫初期评定。目的是确定患者的功能水平、找出障碍点及原因、确定康复治疗的目标、确定患者治疗前基线水平，最终制订科学的、有针对性的康复治疗计划和注意事项。

3. 临床诊断与障碍诊断的区别是什么？

临床诊断和障碍诊断二者的诊断性质、目的、种类和对象都有明显不同。

学习检测

1. 康复评定的工作模式有哪些？
2. 各期康复评定时间如何把握？

■ 任务三　康复评定的类型和实施方法

案例导入 ◆

　　近几年，各地康复机构和综合医院的康复医学科基本都设置了评定科（室），因各地条件差别较大，致使康复评定工作开展的情况也不尽相同。

　　思　考

　　1.康复医学科如何根据自己科室的实际情况开展康复评定工作？
　　2.康复评定的原则是什么？

一、康复评定类型和实施

（一）定性评定及实施方法

　　定性评定是一种最根本、最重要的分析和研究过程，它从整体上对研究对象进行"质"的分析。通过定性评定解决研究对象"有没有""是不是"的问题。因此，定性评定不仅可以从各个不同角度和层面观察事物，找出共性的联系和特点，而且可以同时研究事物的特殊性，找出其原因。康复评定中的定性评定主要通过观察和调查访谈中获得。方法包括肉眼观察和问卷调查。在康复医学工作中，定性评定通常是对患者功能状况进行筛查的手段，通常是定量评定的前提。定性评定的优点是检查不受场地限制、不需要昂贵的仪器设备，可以在较短时间内对患者的情况作出判断。也正因为如此，定性评定具有一定的主观性，不同的检查者所做的结论不尽相同，使结论的客观性和准确性受到影响，在定量评定的基础上的定性评定结果更加科学、准确。

（二）定量评定及实施方法

　　定量评定是通过测量获得资料，并以数量化的方式说明其分析结果。其目的在于更精确的定性，通过定量分析可以使人们对研究对象的认识进一步精确化，能够更加科学的揭示规律，把握本质，理清关系，预测事物的发展趋势。定量评定通常将障碍的程度用数值表示，如关节活动范围以度、平衡功能以重心轨迹移动长度和面积、等速运动肌力测试以牛顿·米表示。定量评定的结果主要是通过仪器测量法获得，其优点是将障碍的程度量化，因而所得结论更加客观、准确；便于治疗前后进行疗效比较。定量评定是监测和提高康复治疗质量、判断康复疗效的最主要的科学手段。

　　定性评定是定量评定的前提，定量评定使定性评定更加科学、准确，并可以促使定性评定研究更加深入。

（三）半定量评定及实施方法

半定量评定是将障碍情况分等级进行量化，即将等级赋予分值的方法。半定量评定虽然结果比定性评定更明确和突出，但是分值并不精确地反映实际情况或结果。临床上通常采用标准化的量表评定法。如偏瘫患者的运动功能分六期（Brunnstrom 分期）、徒手肌力检查分级（0～5 级）、Berg 平衡量表（0～56 分）、日常生活能力评定（Barthel 指数）等。因为量表的评定标准统一且操作简单，因而易于推广，是临床康复中最常用的评定方法。

二、康复评定的原则

在康复评定实施过程中，康复医师或治疗师必须要掌握一定的原则才能保证康复评定的结果准确、客观，使患者得到及时、精准的康复。选择评定方法和评定工具的原则如下。

（1）选择信度、效度高的评定工具。

（2）根据实际情况选择具体评定方法。

（3）根据评定目的在同类工具中进行选择。

（4）评定与训练方法要一致。

（5）根据障碍的诊断选择具有专科特点的评定内容。

（6）选择与国际接轨的通用方法。

（7）一次评定时间不宜过长。

三、康复评定的注意事项

（1）选择标准化评定方案时需要进行严格的培训。

（2）检查应该从筛查开始，然后在筛查的基础上再做进一步的详查。

（3）尽量避免不必要的检查。

（4）重视和提高交流沟通能力，只有良好的沟通，才能获得更多、更准确的资料。

【案例分析】

1.康复医学科如何根据自己科室的实际情况开展康复评定工作？

康复评定分为定性评定、半定量评定和定量评定三种类型，临床工作中在定性评定的基础上，如果具备定量评定的条件，再采用仪器设备进行定量分析，使评定更准确、更科学；如果不具备定性评定分析的条件，则采用半定量评定（量表）法进行评定。

2.康复评定的原则是什么？

（1）选择信度、效度高的评定工具。

（2）根据实际情况选择具体评定方法。

（3）根据评定目的在同类工具中进行选择。

（4）评定与训练方法要一致。

（5）根据障碍的诊断选择具有专科特点的评定内容。

（6）选择与国际接轨的通用方法。

（7）一次评定时间不宜过长。

学习检测

1. 如何全面评定一个患者存在的功能障碍？

2. 简述康复评定的原则。

任务四　常用的康复评定方法

案例导入

李先生，65岁，退休，主因"右侧肢体活动不利伴言语不清4个月余"入院，收住康复科，诊断为脑出血恢复期。患者认知功能正常，可独站，需监护下步行。

思　考

1. 李先生在进行康复治疗前需要进行哪些评定？

2. 各项评定的常用评定方法有哪些？

本节重点介绍与躯体运动功能相关的几种评定方法，包括肌力评定、肌张力评定、关节角度测量、平衡功能评定、步态分析、日常生活能力评定。

一、肌力评定

肌力（muscle strength）是指肌肉或肌群产生张力，导致静态或动态收缩的能力，也可将其视为肌肉收缩所产生的力量。肌力评定是肢体运动功能检查的基本内容之一，也是肌肉、骨骼、神经系统疾病的诊断及评定的最基本内容之一。

常用的肌力测定方法有徒手肌力测试（manual muscle testing，MMT）、等长肌力测试（isometric muscle testing，IMMT）、等张肌力测试（isotonic muscle testing，ITMT）、等速肌力测试（isokinetic muscle testing，IKMT）。

（一）徒手肌力测试

徒手肌力测试是通过被检查者自身和检查者用手施加阻力而产生的主动运动来评定肌肉或肌群的力量的方法。此方法简便、易行、科学、实用，在临床中得到广泛应用。MMT的缺点是只能表明肌力的大小，不能评价肌肉收缩的耐力；定量分级标准粗略；难以排除测试者主观评价的误差。

1. 徒手肌力检查的一般原则　①大脑所支配的是运动而不是一块或一组肌肉的收缩。因此，MMT 是检查相关的主动肌和辅助肌共同完成的运动。②学习徒手肌力检查法，必须具备一定的解剖、生理知识、包括每一块肌肉的起止点、肌纤维的走向和关节运动的方向、角度，以及可能出现的代偿。只有具备扎实的基础知识，才能熟练掌握 MMT 技术。③ MMT 测试的某块肌肉或某组肌群的随意收缩能力。中枢神经系统损伤后，因上运动神经元损伤导致肌肉痉挛及异常模式，无法完成分离运动，故 MMT 不适用于中枢神经系统损伤后还未出现分离动作的患者。

2. 评级方法　MMT 的评级以三个因素为依据：①外加阻力的大小。能抗"较大阻力"者为 5 级，能抗"较轻阻力"者为 4 级。②重力作用。能克服肢体自身重力的影响完成全关节活动范围的运动者定为 3 级，去除肢体重力影响，能完成全关节活动范围的运动者定为 2 级。③肌肉或肌腱的收缩。检查者用手能够触摸到肌肉或肌腱的收缩，但不能引起关节运动者为 1 级，不能触摸到肌肉或肌腱收缩者为 0 级。

3. 肌力评级标准　临床多采用 Robert Lovett 1912 年创立的 6 级分级法（表 5-4-1）。

表 5-4-1　MMT 肌力分级标准

级别	名称	标准	相当于正常肌力的百分比（%）
0	零（Zero，O）	不能触摸到肌肉或肌腱的收缩	0
1	微弱（Trace，T）	有微弱的肌肉收缩，但不引起关节活动	10
2	差（Poor，P）	去除重力条件下，能完成全关节活动范围的运动	25
3	尚可（Fair，F）	能抗重力完成全关节活动范围运动，但不能抗阻力	50
4	良好（Good，G）	能抗重力及轻微阻力完成全关节活动范围运动	75
5	正常（Normal，N）	能抗重力及最大阻力完成全关节范围运动	100

为了更准确地评价肌力，有学者在 2、3、4、5 级基础上进一步划分 2-、2+、3-、3+、4-、4+、5-。如果测得的肌力比某一级稍弱时，就在该级的右上角加 -，如果比某一级稍强，就在该级的右上角加 +。由 Helen J.Hislop 博士主编的第九版《Muscle Testing》的观点：不提倡测试者人为地将 2、3、4 级分为加减，测试结果易受主观影响，缺乏可靠性。只有在踝关节跖屈 2 级肌力测试时分为 2+ 和 2-。2+ 分为两种情况：一种是患者站立位，踝关节可以完成部分范围上提足跟；另一种是患者仰卧位，踝关节可以抗最大阻力完成跖屈动作。2- 是在去除重力作用时（水平位）完成部分踝关节跖屈。

4. 主要肌肉的 MMT 测定方法

（1）上肢 MMT 测定方法（表 5-4-2）。

表 5-4-2　上肢主要肌肉（或肌群）的徒手肌力检查方法

肌肉	检查方法与评定		
	1 级	2 级	3、4、5 级
肱二头肌 肱肌 肱桡肌	坐位，肩外展，上肢放滑板上，试图肘屈曲时可触及相应肌肉收缩	位置同左，肘关节可主动屈曲	坐位，上肢下垂，前臂旋后（测肱二头肌）或旋前（测肱肌）或中立位（测肱桡肌），肘屈，阻力加于前臂远端

肌肉	检查方法与评定		
	1级	2级	3、4、5级
肱三头肌肘肌	坐位，肩外展，上肢放滑板上，肘屈，试图肘伸展时可触及肱三头肌收缩	位置同左，肘关节可主动伸展	俯卧，肩外展，肘屈，前臂在床缘外下垂，肘伸展，阻力加于前臂远端
旋后肌	俯卧，肩外展，前臂在床缘外下垂，试图前臂旋后时，可于前臂上端桡侧触及肌肉收缩	体位同左，前臂可主动旋后	坐位，肘屈90°，前臂旋后位，做旋前动作，握住腕部施加反方向阻力
旋前圆肌旋前方肌	俯卧，肩外展，前臂在床缘外下垂，试图前臂旋前时可在肘下、腕上触及肌肉收缩	体位同左，前臂可主动旋前	坐位，肘屈90°，前臂旋后，做旋前动作，握住腕部施加反方向阻力
尺侧腕屈肌	向同侧侧卧，试图做腕掌侧屈及尺侧偏时，可触及其肌腱活动	体位同左，腕可掌屈及尺侧偏	体位同左，肘屈，腕向掌侧屈并向尺侧偏，阻力加于小鱼际
桡侧腕屈肌	坐位，屈肘前腕放于滑板上，试图腕关节屈曲及桡侧偏时，可触及其肌腱活动	体位同左，腕可掌屈及桡侧偏	体位同左，去掉滑板，腕向掌侧屈并向桡侧偏，阻力加于大鱼际
尺侧腕伸肌	坐位，屈肘，上肢放于滑板上，试图腕背伸及尺侧偏时可触及其肌腱活动	体位同左，腕可背伸及尺侧偏	体位同左，去掉滑板，腕背伸并向尺侧偏，阻力加于掌背尺侧
桡侧腕长、短伸肌	坐位，屈肘，上肢放于滑板上，试图腕背伸及桡侧偏时，可触及其肌腱活动	体位同左，前臂旋后45°，腕可背伸及桡侧偏	体位同左，去掉滑板，前臂旋前45°腕背伸并向桡侧偏，阻力加于掌背桡侧

（2）下肢 MMT 测定方法（表 5-4-3）。

表 5-4-3 下肢主要肌肉（或肌群）的徒手肌力检查方法

肌肉	检查方法与评定		
	1级	2级	3、4、5级
髂腰肌	仰卧、试图屈髋时，于腹股沟上缘可触及肌活动	向同侧侧卧，托住对侧下肢，可主动屈髋	仰卧，小腿悬于床缘外，屈髋，阻力加于大腿远端前面
臀大肌	俯卧，试图伸髋时，于臀部及坐骨结节下方可触及肌活动	向同侧侧卧，托住对侧下肢，可主动伸髋	俯卧，屈膝（测臀大肌）或伸膝（测腘绳肌），伸髋10～15°，阻力加于大腿远端后面
腘绳肌	俯卧，试图屈膝时，可于腘窝两侧触及肌腱活动	向同侧侧卧，托住对侧下肢，可主动屈膝	俯卧，膝从伸直位屈曲，阻力加于小腿下端后侧
股四头肌	仰卧，试图伸膝时，可触及髌韧带活动	向同侧侧卧，托住对侧下肢，可主动伸膝	仰卧，小腿在床缘外下垂，伸膝，阻力加于小腿下端前侧
腓肠肌比目鱼肌	侧卧，试图踝跖屈时，可触及跟腱活动	同左，踝可主动跖屈	俯卧，膝伸直（测腓肠肌）或膝屈曲（测比目鱼肌），踝跖屈，阻力加于足跟
胫前肌	仰卧，试图踝背屈，足内翻时，可触及其肌腱活动	侧卧，可主动踝背屈、足内翻	坐位，小腿下垂，踝背屈并足内翻，阻力加于足背内缘，向外下方推
胫后肌	仰卧，试图足内翻及跖屈时，于内踝后方可触及肌腱活动	同左，可主动踝跖屈、足内翻	向同侧侧卧，足在床缘外，足内翻并踝跖屈，阻力加于足内缘，向外上方推

（3）躯干肌 MMT 测定方法（表 5-4-4）。

表 5-4-4 躯干肌 MMT 测定方法

肌肉	检查与评定				
	1级	2级	3级	4级	5级
斜方肌菱形肌	坐位，臂外展置于桌面，试图使肩胛骨内收时可触及肌收缩	同左，使肩胛骨主动内收时可见运动	俯卧，两臂稍抬起：使肩胛骨内收，肩胛骨内侧缘施加向外阻力		
斜方肌下部	俯卧，上臂前屈，内旋，试图使肩胛骨内收及下移时，可触及斜方肌下部收缩	同左，可见肩胛骨内收及下移运动	同左：肩胛骨内收及下移，肩胛骨内收及下移，肩胛骨内下缘施加向外上的阻力		
斜方肌上部肩胛提肌	俯卧，试图耸肩时可触及斜方肌上部	同左，能主动耸肩	坐位，两臂垂于体侧：耸肩时，在肩锁关节上施加向下的阻力		
前锯肌	坐位，上臂前屈置于桌上，肩前伸时肩胛骨内缘可触及肌收缩	同左，肩前伸时可见肩胛骨活动	坐位，上臂前平举，屈肘：上臂前移，保持屈肘，在肘部施加向后的阻力		
斜方肌颈部骶脊肌	俯卧，头后仰时可触及斜方肌活动	侧卧，托住头部时可仰头	俯卧，头能后仰，不能抗阻力	同左，能抗中等阻力	同左，头后仰时能抗加于枕部的较大阻力
腹直肌	仰卧，抬头时可触及上腹部腹肌紧张	仰卧，头部能抬离床面	仰卧，屈髋屈膝，肩胛以上能离开床面	同左，能双手前平举坐起	同左，能双手抱头坐起
骶脊肌	仰卧，头后仰时可触及收缩	俯卧位，头能后仰	俯卧，胸部以上在床缘外下垂30°，固定下肢，能抬起上身，不能抗阻力	同左，能抗中等阻力	同左，能抗较大阻力
腹内斜肌腹外斜肌	坐位，试图转体时可触及腹外斜肌收缩	坐位，躯干可旋转	仰卧，躯干旋转，一侧肩能离开床面	仰卧，屈髋屈膝，固定下肢，能双手前平举坐起并转体	同左，能双手抱颈后坐起同时向一侧转体

5. MMT 评定的适应证和禁忌证 ①适应证：下运动神经元损伤、脊髓损伤、原发性肌病、骨关节疾病等。②禁忌证：严重疼痛、关节活动度严重受限、严重的关节积液或滑膜炎、软组织损伤后刚刚愈合、骨关节不稳定、关节急性扭伤或拉伤等为绝对禁忌证；疼痛、关节活动受限、亚急性和慢性扭伤或拉伤、心血管系统疾病为相对禁忌证。

6. 检查的注意事项

（1）当单侧肢体病变检查肌力时，应先检查健侧肢体的肌力，后检查患侧，以便双侧比较。

（2）当主动肌肌力减弱时，协同肌可能取代被检的主动肌而引起运动。应采用触诊或观察的方法及时发现是否存在协同肌的收缩。检查者应在检查过程中避免出现代偿运动。

（3）不同的人甚至不同的肌肉，其疲劳特点存在差异。因此，重复检查同一块肌肉的最大收缩力量时，前后检查以间隔2分钟为宜。

（4）正常肌力受年龄、性别、身体形态以及职业的影响而存在个体差异。因此，在进行3级以上的肌力检查时，给予阻力的大小要根据被检查者的个体情况来决定。

（5）检查不同肌肉时需要采取相应的检查体位，但为了方便患者，检查者应在同一体位下完成所有肌力检查的内容后，再让患者变换体位，即应该根据体位来安排检查的顺序。

（6）检查者应尽量靠近被检查者，便于固定、施加阻力，但不应妨碍被检者运动。

（7）施加阻力时，要注意阻力的方向，应与肌肉或肌群的牵拉方向相反；阻力的施加点应在肌肉附着点的远端部位。肌力4级以上时，阻力应连续施加，且与运动方向相反。

（8）选择合适的测试时间，运动后、疲劳和饱餐后都不宜做肌力测试。

（二）等长肌力测试

等长肌力测试是测定肌肉等长收缩的能力。等长收缩（isometric contraction）是指肌肉收缩时，肌张力明显增加，但肌长度基本无变化，不产生关节运动。等长肌力测试通常采用专门的器械进行测试，常用的方法有握力测试、捏力测试、背肌力测试、四肢肌群肌力测试等。

1. 握力测试　用握力计测试手握力大小，反映屈指肌肌力。握力大小以握力指数表示，握力指数 = 手握力（kg）/ 体重（kg）×100%，握力指数正常值大于50%。测试时，用力握2～3次，取最大值。检查时避免用上肢其他肌群代偿。

2. 捏力测试　用捏力计测试拇指与其他手指间的捏力大小，反映拇指对掌肌及四肢屈肌的肌力。正常值约为握力的30%左右。

3. 背肌力测定　用拉力计测定背肌肌力的大小，用拉力指数表示。拉力指数 = 拉力（kg）/ 体重（kg）×100%，一般男性的正常拉力指数为体重的1.5～2倍（150%～200%），女性为体重的1～1.5倍（100%～150%）。进行背肌力测试时，腰椎应力大幅增加，易引起腰痛，因此不适用于腰痛患者和老年人。

4. 四肢肌群肌力测试　在标准姿势下通过测力计，可测试四肢各部肌群（膝关节伸屈肌、肩关节内收外展肌、肘关节屈伸肌等）的肌力。测力计通常由力学传感器及相应的软硬件构成，可测得的肌力范围从微弱到数百牛顿不等。

（三）等张肌力测试

等张肌力测试是测试肌肉克服阻力收缩所做功的能力。肌肉收缩过程中，肌张力基本不变，但肌长度缩短，引起关节运动。根据肌肉起止点的活动方向不同，可以分为向心性收缩（concentric contraction）肌力测试和离心性收缩（eccentric contraction）肌力测试。

向心性收缩特点是在肌肉收缩时，肌肉起止点彼此靠近，肌长度缩短。向心性收缩是作用于关节并使关节产生运动的主动肌的收缩。离心性收缩特点是在肌肉收缩时，肌肉起止点两端彼此远离，使肌长度增加。作用是稳定关节、控制肢体动作或肢体坠落的速度。

（四）等速肌力测试

1. 概念　等速肌力测试（isokinetic muscle testing）是一项全面评定肌肉功能的肌力评定技术，这项技术始于 20 世纪 60 年代后期。等速运动概念是由 Hislop 和 Perrine 首先提出，是指运动过程中，运动速度恒定（等速）而阻力可变，运动中受试者用力只能使肌肉张力增加，力矩输出增加，而速度不变。等速运动必须通过专门的仪器设备实现，等速运动测试仪有多种型号可供选择，如 Cybex、Biodex、Kin-Con、Lido 等。

2. 特点　等速肌力测试系统评定肌肉功能有以下特点。

（1）运动速度恒定。主观用力增加不会是运动速度增加，只能使肌肉张力增加，力矩输出增加。

（2）顺应性阻力。运动过程中，阻力大小随肌肉收缩力的大小变化而变化。

（3）全程肌力最大化。顺应性阻力使肢体在整个关节活动范围内的每一瞬间或角度承受的最大阻力，从而使肌肉在每一关节角度上均产生最大的张力和力矩输出。

（4）精确定量测定肌力。与徒手肌力测量相比，等速肌力测试对肌肉力量的测量更精准、更客观、更量化。

（5）安全性高。运动时阻力不会超过肌肉本身最大极限。

（6）可获得多种肌肉功能信息。峰力矩值、总功、屈伸比值等参数。

（7）测试范围广。四肢大关节周围肌肉及躯干肌力均可以测试。

（8）评价结果具有较好的信度、效度。

3. 测试参数及临床应用　等速肌力测试可以获得关于肌肉功能的多种参数，如峰力矩值、平均力矩、特定角度力矩、峰力矩体重比、峰力矩角度、峰力矩时间、总功、屈伸肌峰力矩比值、力矩加速能等。在康复医学领域，等速运动在以下几方面的临床应用具有明显优势：①肌肉功能评定；②关节稳定性评定；③运动系统损伤辅助诊断；④中枢神经系统损伤的辅助诊断；⑤康复疗效判定。

二、肌张力评定

（一）定义

肌张力（muscular tension）是指肌肉组织在松弛状态下的紧张度，这种紧张度来自于肌肉组织静息状态下非随意、持续、微小的收缩。正常肌张力的维持有赖于完整的外周神经和中枢神经系统调节机制以及肌肉本身的特性，如收缩能力、弹性、延展性等。

（二）正常肌张力

1. 正常肌张力应具有以下特征

（1）近端关节周围主动肌和拮抗肌可以进行有效的同时收缩使关节固定。

（2）具有完全抵抗肢体重力和外来阻力的运动能力。

（3）将肢体被动地置于空间某一位置，突然松手时，肢体有保持该姿势不变的能力。

（4）能够维持主动肌和拮抗肌的平衡。

（5）具有随意使肢体自由运动的能力。

（6）需要时，具有选择完成某一肌群独立运动的能力。

（7）被动运动时，具有一定的弹性和轻度抵抗感。

2. 正常肌张力分类　正常肌张力是维持人体各种姿势和活动的基础，根据身体所处的不同状态，肌张力可表现为以下几种。

（1）静止性张力：是指肌肉处于静息状态下具有的紧张度。

（2）姿势性张力：是指人体维持一定姿势（如坐、站立）时，身体前后肌肉所具有的紧张度。

（3）运动性张力：是指肌肉在运动过程中所具有的紧张度。

（三）异常肌张力

根据患者肌张力与正常肌张力水平的对比，肌张力异常分为肌张力增高、肌张力低下和肌张力障碍。

1. 肌张力增高（hypermyotonia）　是指肌张力高于正常静息水平。根据肌张力增高的状态不同可分为痉挛（spasm）和强直（rigidity）。痉挛多见于锥体束病变，表现为速度依赖性的牵张反射亢进，检查者在被动活动患者肢体时，起始感觉阻力较大，但会在运动过程中突然感到阻力减小，此现象又称折刀现象（clasp-knife phenomenon）。强直多见于锥体外系病变，表现为肢体的被动运动过程中，主动肌和拮抗肌同时收缩，各方向上的阻力均匀一致，与弯曲铅管的感觉类似，因此称为铅管样强直（lead-pipe rigidity），如果同时伴有震颤则出现规律而断续的阻力降低或消失，称齿轮现象（cogwheel phenomenon）。

2. 肌张力低下（hypomyotonia）　是指肌张力低于正常静息水平。肌张力减低见于下运动神经元病、小脑病变、脑卒中软瘫期、脊髓损伤的休克期等。关节活动范围增加，被动运动时感觉阻力降低或消失。

3. 肌张力障碍（dysmyotonia）　是一种因持续的肌肉收缩导致扭曲和重复运动及异常姿势的神经性运动障碍，肌张力障碍可由遗传因素所致，也可因外伤、感染、中毒及代谢异常等因素所致。根据受累部位可分为全身性、局灶性和节段性肌张力障碍。

（四）肌张力的检查方法

评定肌张力是否异常，是否对患者的日常活动、甚至休闲活动的影响，首先要从临床出发，详细询问病史，视诊、触诊，特别是一些手法检查。

1. 病史　详细询问痉挛的发生频率、受累的肌肉、引发痉挛的原因、如何缓解等。

2. 视诊　观察患者有无肢体或躯体的异常姿态、刻板运动模式、自发性运动缺失等。

3. 触诊　触摸肌肉的硬度判断肌张力。

4. 反射　应特别注意患者是否存在肌腱反射亢进等现象。

（五）肌张力增高的评定

1.量表法　临床工作中最常用的评定肌张力增高的量表是改良的Ashworth（modified ashworth scale，MAS）痉挛评定量表（表5-4-5）。

表5-4-5　改良 Ashworth 痉挛评定量表

等级	评定标准
0 级	无肌张力增加，被动活动患侧肢体在整个关节活动度（ROM）内均无阻力
1 级	肌张力稍增加，被动活动患侧肢体到终末端时有轻微的阻力
1+ 级	肌张力稍增加，被动活动患侧肢体时在前 1/2 的 ROM 中有轻微地卡住感觉，后 1/2 的 ROM 中有轻微的阻力
2 级	肌张力轻度增加，被动活动患侧肢体在大部分 ROM 内均有阻力，但仍可以活动
3 级	肌张力中度增加，被动活动患侧肢体在整个 ROM 内均有阻力，活动比较困难
4 级	肌张力高度增加，患侧肢体僵硬，阻力很大，被动活动十分困难

2.定量评定法　20 世纪末，一种专门用来测量肌张力状况的、无创伤性的检查仪器出现，该仪器操作简便，能够快速测试肌力、肌张力以及痉挛的严重程度。肌张力测定仪是通过一个压力传感器分别垂直压在静息和收缩两种状态的肌肉上，记录肌肉的形变。当肌肉松弛时，肌肉顺应性高，产生形变大；肌肉僵硬时，肌肉顺应性下降，产生形变小。

（六）肌张力减低的评定方法

肌张力弛缓的评定标准及分级（表5-4-6）。

表5-4-6　弛缓性肌张力的分级

级别	评定标准
轻度	肌力下降，将肢体放在可下垂的位置并放下时，肢体仅有短暂抗重力的能力，随即落下。能完成功能性动作。
中到重度	肌力明显下降或消失（0级或1级），将肢体放在抗重力肢位时，肢体迅速下落，不能维持规定肢位。不能完成功能性动作。

（七）肌张力评定的注意事项

由于影响肌张力的因素较多，并且肌张力是在不断变化的，因此评定肌张力时应注意以下内容。

（1）在痉挛评定时，要确保被动牵伸运动的速度相同，因为被动牵伸的速度不同，痉挛肌肉发生反应的角度也不同，影响痉挛分级的判断。

（2）在做肌张力评定时，测量体位及肢体位置必须标准化，测试时间和室内温度要保持一致。减少体位、肢体位置、情绪、室温、测试时间、药物等对肌张力状态的影响。

（3）肌张力评定应遵循健、患侧对比，先患侧、后健侧的顺序双侧对比。仪器测量时，要按照先肌肉放松后收缩的顺序测试。

三、关节活动度测量

（一）定义

关节活动度（range of motion，ROM），即关节活动范围，是指关节活动时经过的角度，是衡量一个关节运动量的指标。关节活动度可以分为全范围、外侧范围、内侧范围和中间范围。

1. **全范围**　运动的肢体从完全伸展位到完全短缩位的全关节活动范围。
2. **外侧范围**　肌肉（主动肌）从完全伸展位到全范围中点的范围。
3. **内测范围**　肌肉从全范围中点到完全短缩位的范围。
4. **中间范围**　运动肢体从外侧范围的中点到内侧范围的中点间的范围。

（二）关节活动度分类

1. **主动关节活动度**（active range of motion，AROM）　指肢体主动运动、无辅助的情况下达到的关节活动范围。AROM 可以反映受试者肌肉主动收缩的力量。

2. **被动关节活动度**（passive range of motion，PROM）　指肢体被动运动所达到的关节活动范围。通常，PROM 略大于 AROM。这是由于超过正常 AROM 的被动关节活动范围是不受随意运动控制的，用以吸收外力、保护关节的范围。PROM 不要求受试者主动收缩肌肉，因此不能反映肌力情况，但可以通过 PROM 检查判断关节运动终末感的性质，从而确定限制关节运动的异常结构变化。

（三）测量方法

1. **测量工具**　临床上通常采用量角器（关节角度尺）对关节活动范围进行测量。量角器由一个带有圆形或半圆形角度记的固定臂和标有刻度的移动臂组成（图 5-4-1、图 5-4-2），两臂的一端由铆钉固定，称为轴心。移动臂围绕轴心，可以跟随关节远端肢体自由移动，从而在固定臂角度计上读出关节活动度。

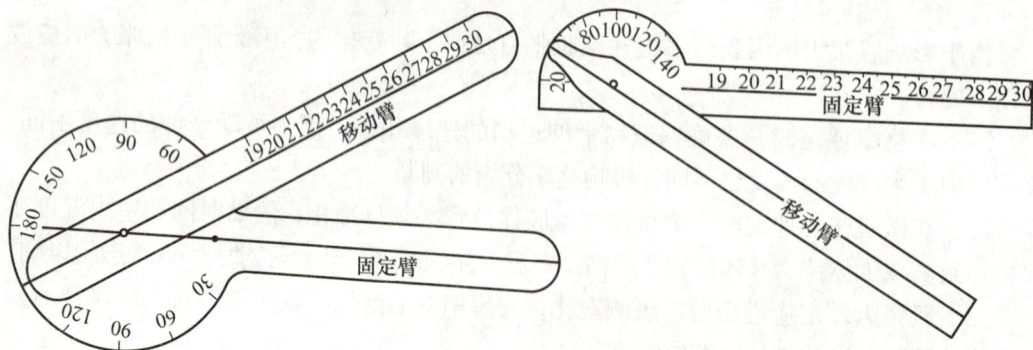

图 5-4-1　量角器

图 5-4-2　电子关节角度尺

2. 测量步骤

（1）准备测量所需的环境（如检查床、椅子等）和受试者测试体位。

（2）向受试者简要说明测量目的和过程，避免紧张情绪。

（3）暴露被检查关节，量角器轴心对准关节运动轴中心，固定臂与相应关节近端骨长轴平行，移动臂与远端骨长轴平行。

（4）要求受试者进行主动关节运动，测量并记录 AROM。患者可以无痛下完成关节全范围运动，则无须测量 PROM。

（5）被动移动被检查关节远端骨，测量并记录 PROM。注意体会运动终末感的性质，以便进一步分析关节运动受限的原因。

电子关节角度尺

3. 测试注意事项

（1）采取正确的测试体位并给予有效的固定，避免代偿运动。

（2）关节活动度存在个体差异，应进行双侧对比检查。

（3）被动运动关节要轻柔，避免产生疼痛或二次损伤。

（4）读刻度时，视线应与刻度等高。

（5）主被动关节活动度不一致时，需要进一步分析关节活动受限可能的原因。

（6）测量关节活动度时，还需观察和记录有无变形、肿胀、疼痛等情况。

（7）对同一受试者进行关节活动度的前后比较，测量者及测量工具应尽量保持一致。

（8）注意按摩、牵拉、镇痛、肌肉松弛药物对关节活动度的影响。

（四）常见关节活动度测量概述

以下为美国骨科学会关节运动委员会推荐的上肢（表5-4-7）、下肢（表5-4-8）及脊柱（表5-4-9）常见关节活动度测量方法和正常参考值。

表 5-4-7　上肢常见关节活动度测量

被测关节		测试体位 固定臂	量角器摆放 移动臂	轴心		参考值
肩关节	屈曲	坐位或立位，肩关节无外展、内收、旋转，前臂中立位，手掌面向躯干	腋中线	肱骨长轴	肩峰	180°
	伸展					60°
	内收	坐位，测量外展 ROM 时肩关节无屈曲、伸展，前臂旋后，掌心向前	躯干纵轴	肱骨长轴	肩峰	45°
	外展					180°
	水平内收	坐位，肩关节屈曲90°、内旋	与肱骨长轴平行，垂直于躯干	肱骨长轴	肩峰顶部	45°
	水平外展					90°
	内旋	坐位或仰卧位，肩关节外展90°，肘关节屈曲90°，前臂旋前	通过肘关节，与冠状面垂直	尺骨长轴	尺骨鹰嘴	70°
	外旋					90°
肘关节	屈曲	坐位，上臂紧靠躯干，肘关节伸展，前臂旋后	与肱骨纵轴平行	与桡骨纵轴平行	肱骨外上髁	150°
	伸展					0°
前臂	旋前	坐位，上臂紧靠躯干，肘关节屈曲90°，前臂中立位	垂直于地面	桡骨茎突和尺骨茎突的连线	尺骨茎突外侧	80°
	旋后					80°
腕关节	掌屈	坐位，肩关节适度外展，肘关节屈曲90°，前臂中立位	与尺骨纵轴平行	与第五掌骨纵轴平行	尺骨茎突	80°
	背伸					70°
	尺偏	坐位，肘关节屈曲90°，前臂旋前	前臂纵轴	第三掌骨纵轴	腕关节背侧中点	30°
	桡偏					20°

表 5-4-8　下肢常见关节活动度测量

被测关节		测试体位 固定臂	量角器摆放 移动臂	轴心		参考值
髋关节	屈曲	仰卧位，躯干无侧弯，髋关节无内收、外展、旋转	与躯干腋中线平行	股骨纵轴	股骨大转子	120°
	伸展	俯卧位，骨盆紧贴床面，双足在床缘外				30°
	内收	仰卧位，髋关节无屈曲、伸展、旋转，膝关节伸展，对侧下肢外展	双侧髂前上棘连线	股骨纵轴	髂前上棘	30°
	外展	仰卧位，髋关节无屈曲、伸展、旋转，膝关节伸展				45°
	内旋	坐位，髋关节屈曲90°，膝关节屈曲90°，两小腿垂于床缘外	通过髌骨中心，与地面垂直	胫骨纵轴	髌骨中心	45°
	外旋					45°
膝关节	屈曲	俯卧位，髋关节 0°	股骨纵轴	腓骨头与外踝连线	股骨外侧髁	135°
	伸展					0°
踝关节	背屈	坐位，踝关节无内、外翻	腓骨纵轴	第五跖骨长轴	腓骨纵轴与第五跖骨延长线的交点	20°
	跖屈					50°
	内翻	坐位，屈膝90°，髋无内收、外展及旋转	与小腿纵轴平行	足底面横轴	两臂交点	35°
	外翻					15°

表 5-4-9　脊柱常见关节活动度测量

被测关节		测试体位固定臂	量角器摆放			参考值
			移动臂	轴心		
颈部	屈曲	坐位，胸腰椎正直	与地面垂直	外耳道与鼻尖连线	外耳道中点	45°
	伸展					45°
	侧屈		沿胸椎棘突与地面垂直	以枕骨粗隆为标志点，与头后部中线一致	第七颈椎棘突	45°
	旋转		与两肩峰连线平行	头顶中点与鼻尖连线	头顶中心点	60°
胸腰部	屈曲	立位，颈、胸、腰椎无屈曲、伸展及旋转，固定骨盆	通过第五腰椎棘突的垂直线	与第七颈椎棘突与第五腰椎棘突的连线平行	第五腰椎棘突	80°
	伸展					30°
	侧屈					35°
	旋转	坐位，固定骨盆	与两髂嵴上缘连线平行	与两肩峰连线平行	头顶中心点	45°

（五）关节活动度测试结果分析

1. 运动终末感（end feel） 运动终末感是指关节在被动运动达到运动范围最末端时，测试者用手感受到的抵抗感。检查 PROM 时，测试者根据不同的运动终末感，判断关节运动情况。当关节功能正常时，应感受到生理性终末感（表 5-4-10）；当关节功能发生障碍，导致关节活动范围增大或减小时，可感受到病理性终末感（表 5-4-11）。通过不同的运动终末感，判断关节功能是否正常，若为异常，则进一步分析其限制原因。

表 5-4-10　生理性终末感

性质	手感	原因	举例
软组织抵抗	软组织被挤压感	身体表面相接触	屈膝时大腿与小腿后部肌肉接触
结缔组织抵抗	硬，有弹性感	肌肉被牵伸	伸膝位下被动背屈踝关节时腓肠肌的紧张
	坚硬但有少许弹性	关节囊被牵伸	被动伸展掌指关节时关节囊前部的紧张
骨抵抗	突然卡住，坚硬感	骨与骨的接触	被动伸肘时尺骨鹰嘴与肱骨鹰嘴窝的接触

表 5-4-11　病理性终末感

性质	手感	原因
软组织抵抗	软	软组织肿胀、滑膜炎
结缔组织抵抗	硬、有弹性感，或坚硬但有少许弹性	肌紧张增加，肌肉、关节囊、韧带短缩
骨抵抗	坚硬，运动终止时突然的坚硬感，或骨摩擦感	退行性关节疾病、骨性关节炎、骨折
虚性抵抗	因疼痛在运动终末之前停止，未产生运动终末抵抗感	急性关节炎、滑囊炎
弹性抵抗	反跳感	半月板撕裂
痉挛抵抗	运动突然中止且坚硬感，常有疼痛	严重的活动性损伤或骨折，无疼痛的痉挛抵抗提示肌张力增高

2. 关节活动度异常的原因　关节活动范围异常可表现为减小或增大，临床以关节活动度减小（即受限）最为常见。老龄化所致的退行性病变、疼痛、关节骨性结构异常、关节周围软组织病变、主动肌无力、拮抗肌张力过高等因素均可导致关节活动度减小。

（1）AROM 减小、PROM 正常：提示主动肌肌力下降，另外，受试者缺乏主观活动意愿、运动协调性障碍、意识水平降低也可导致 AROM 减小。

（2）AROM、PROM 均减小：各种关节疾病（如关节内积液或积血、类风湿关节炎、骨关节炎等）和关节周围软组织粘连、肌肉痉挛、皮肤瘢痕挛缩、骨折等可导致 AROM 和 PROM 均减小。

（3）关节活动度增大：婴幼儿、周围神经损伤所致的弛缓性瘫痪、中枢神经损伤早期（脊髓休克期）、关节囊或支持韧带松弛等常见关节活动度增大。

四、平衡功能评定

平衡功能的评定是运动功能评定的重要组成部分。正常的平衡功能和运动协调性是日常生活和运动的基础和保证，这种平衡功能和运动协调性不是一出生就存在的，是神经系统成熟和运动发育的结果。爬行、坐立、站立、行走、穿衣、做饭、滑冰、打球等活动都必须依赖良好的平衡功能和运动协调性。

（一）概念

1. 平衡（balance）　是指在不同的环境和情况下维持身体直立姿势的能力。一个人的平衡功能正常时，能够维持姿势、在随意运动中调节姿势、安全有效地对外来干扰做出反应。这种反应能力与个体的神经反射发育水平、参与平衡控制的感觉系统和运动系统以及中枢神经系统的协调整合作用密切相关。

2. 支持面（support surface）　指人体在各种体位下（站立、坐、卧、行走）所依靠的表面。站立时的支持面是包括两足底在内的两足间的面积。支持面的大小和质地均影响身体平衡功能。支持面不稳定或小于足底面积、质地柔软或表面不规则等情况时，双足与地面的接触面减小时，身体的稳定性下降。

3. 稳定极限（limit of stability，LOS）　指正常人站立时身体倾斜的最大角度，是判断平衡能力重要指标之一。LOS 的大小与支持面的大小和性质有关。正常人双足自然分开站在平整坚实的地面上时，LOS 前后方向的最大摆动角度约为 12.5°，左右方向为 16°。

（二）分类

1. 静态平衡（static balance）　人体处于某种特定的姿势时保持稳定的状态，如站或坐。

2. 动态平衡（active balance）　动态平衡分为自动态平衡和他动态平衡。

（1）自动态平衡：是指人体在进行各种自主运动时能重新获得稳定状态的能力，如坐位，伸手，身体前倾够取东西之后又重新回到坐位。

（2）他动态平衡：是指人体对外界干扰（如推、拉）产生反应、恢复稳定状态的能力。

（三）维持平衡的生理机制

人体正常的平衡功能有赖于感觉系统、运动系统的参与，以及中枢神经系统的整合。

1. 感觉系统

（1）躯体感觉系统：躯体感觉系统是通过躯体外周感受器感觉身体的位置和运动，以及身体各部位的相对位置和运动。平衡的躯体感觉输入包括来自于皮肤内的皮肤感受器，感受疼痛觉、温度觉、身体位置觉；骨骼肌肌腹内的肌梭感觉感受器，感受肌肉的肌长度；位于肌肉肌腱交接处的高尔基腱器，对肌腱的变化很敏感，起到抑制自身肌肉和兴奋拮抗肌的作用；分布在关节囊的关节感受器，能感知到自身在空间的位置。在维持平衡和姿势的过程中与支持面相关的皮肤感受器向大脑皮质传递有关体重分布和身体重心的位置；肌梭感受器、关节感受器、高尔基腱器等本体感觉感受器向大脑皮质输入随支持面变化，而出现的有关身体各部位的空间定位和运动方向的信息。

（2）视觉系统：通过视觉输入感受外界环境刺激，帮助人们辨识空间中的物体以及其运动状态，静止还是运动；视觉输入还能提供身体在空间的位置、身体各部分之间的联系以及身体的动作信息。视觉系统在视环境静止不动的情况下准确感受环境中物体的运动以及眼睛和头部的视觉空间定位。当环境处于动态或视力、视野出现问题时，由于视觉输入受到干扰，使人体产生错误的反应，平衡能力下降。

（3）前庭觉系统：前庭系统对于两种信息十分敏感，是头部在空间的位置以及头部运动方向的突然改变。前庭系统分为外周前庭和中枢前庭两个部分。外周部分包括前庭感受器，三个半规管、椭圆囊、球囊。半规管能感受头部在三维空间中的运动角加（减）速度变化而引起的刺激，但是不能感觉到头部的匀速运动，椭圆囊和球囊能提供身体相对于重力、线性加速度或者是头部的直线运动的位置变化。无论体位发生何种变化，都要通过头的调整反应改变颈部肌肉张力来保持头的直立位置是椭圆囊和球囊的主要功能。中枢部分包括四个前庭神经核团（外侧前庭神经核团、内侧前庭神经核团、上部前庭核和下部前庭核）以及上行和下行通路。一部分前庭感觉感受器直接传递信号至小脑、网状结构、丘脑和皮层。外侧前庭核接受来自囊泡、半规管、小脑以及脊髓的信号，输出信息通过前庭脊髓束激活颈部、躯干和肢体的抗重力肌；内侧前庭神经核和上部核团的输入信息主要来自半规管，内侧核团输出信号通过前庭脊髓束传递至颈部脊髓，以控制颈部肌肉；下部核团收集来自半规管、椭圆囊、球囊以及小脑蚓部的信息，输出路径是前庭脊髓束和前庭网状束的一部分。

研究结果表明，正常人面部向前站立在固定的支持面上时，足底皮肤的触、压觉和踝关节的本体感觉输入起主导作用，此时身体的姿势控制主要依赖躯体感觉系统，即使去除了视觉信息输入（闭目），身体重心摆动也不会明显增加。当身体的平衡因躯体感觉受到干扰或消失时，视觉系统发挥重要作用；在视觉系统和躯体觉系统输入正常情况下，前庭觉系统在控制身体重心的稳定上作用很小，当躯体感觉系统和视觉系统均不存在或出现错误时，前庭觉系统的感觉输入在维持平衡中就变得非常重要。

2. 运动系统　中枢神经系统对输入的多种感觉信息进行分析、整合后发出运动指令，经传出神经到相应运动系统，运动系统以不同的运动模式控制姿势变化，将身体重心调整回到原来的位置范围或重新建立新的平衡。这种姿势调节是由多组肌群共同协调完成的一个运动，被称为协同运动（synergy）。自动姿势协同运动（automatic postural synergy）是下肢和躯干肌以固定的组合方式按一定的时间先后顺序和强度进行收缩，用以保护站立平衡的运动模式，它是人体回应外力干扰或支持面变化而产生的对策。人体在对抗来自矢状面方向的干扰时采用三种对策或姿势协同性运动模式，即踝关节模式、髋关节模式、及跨步动作模式调节姿势维持平衡。

踝关节协同运动模式（ankle synergy）：指身体重心以踝关节为轴进行前后转动或摆动，类似钟摆运动。如图5-4-3所示，人站立在一平台上，当平台向后运动时引起了被测者身体向前的摆动。为了对抗身体继续向前倾斜，腓肠肌、腘绳肌、竖脊肌按顺序由远端至近端依次收缩，肌肉活动由腓肠肌开始，大约在干扰发生后90～100 ms，再经过20～30 ms后腘绳肌激活，竖脊肌最后激活；当站立的平台向前运动时会引起被测者身体向后的摆动，为了对抗身体继续向后倾斜，胫前肌、股四头肌、腹肌依次激活。踝关节模式中的肌肉兴奋收缩顺序由远端至近端。

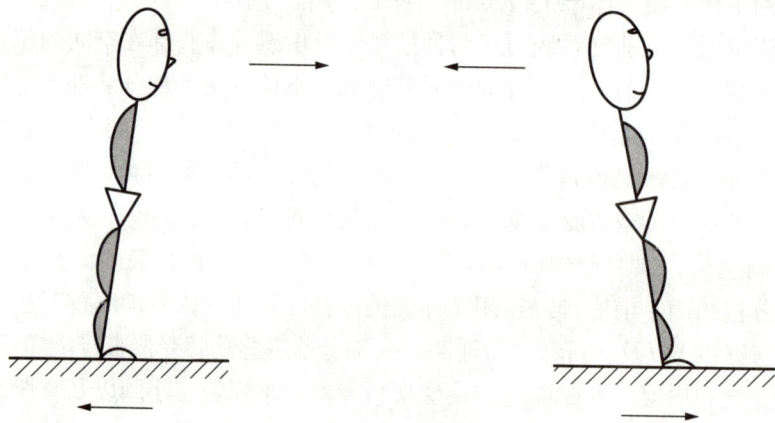

图 5-4-3　踝关节协同运动模式

髋关节协同运动模式（hip synergy）：是通过髋关节的屈伸来调整身体重心和保持平衡的。如图5-4-4所示，人站立在一个窄的支持面上，当支持面向后移动时，人会向前倾斜，为了对抗身体继续前倾，肌肉活动由腹肌开始，大约在干扰发生后90～100 ms，继之股四头肌激活，使髋关节屈曲、膝关节过伸展，躯干向前下方探出，身体重心向后移；当支持面向前移动时，人体会向后倾斜，为了对抗身体继续后倾，竖脊肌、腘绳肌依次激活，使髋关节过度伸展，腹部前突，膝关节屈曲使重心前移。

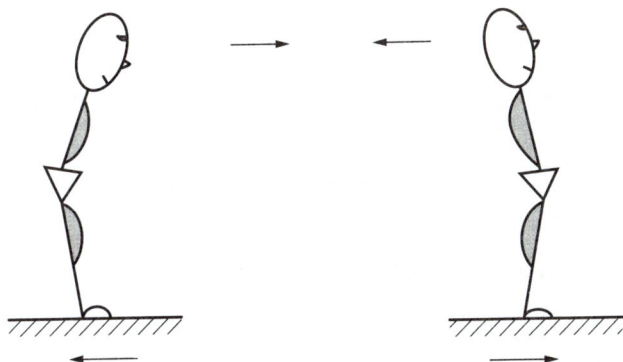

图 5-4-4 髋关节协同运动模式

　　跨步模式（stepping synergy）：当外力干扰过大或速度太快时，重心超出其稳定极限，人体自动地向作用力方向快速跨出一步，重新建立新的平衡。

　　研究者发现许多神经学上完好的个体，即使踝、髋、迈步模式及其相关协同肌肉以独立实体存在，在站立位仍是混合应用这些调节来控制前后方向摆动。

　　3. 预期姿势调整　在许多不稳定的随意运动开始之前，身体的某些部位就已经预先出现肌肉的收缩活动和体重的转移。这一现象被称为预期姿势调整（anticipatory postural adjustments）活动。俄国科学家 Belen' kill 首先提出这一概念。他的团队研究发现，当要求一个站着的人举起手臂时，姿势肌（腿部和躯干）和原发动作肌（手臂）都会活动。姿势性肌肉活动方式可分为两部分，第一部分是准备期，姿势性肌肉活动在原发运动之前 50 ms 发生，以提前代偿运动可能导致的不稳定。第二部分是代偿期，在原发运动之后，姿势肌再次活动，应用的是反馈模式，使得身体进一步稳定。由此可见，姿势调整的准备期和代偿期在功能上有很明显区别，代偿期是（原动肌收缩）扰动发生之后的一种恢复机制，恢复身体重心的位置；而准备期姿势调整的功能，则是对即将到来的扰动进行预见性的活动，以减少干扰的负面影响。干扰的可预见程度越低，准备期的姿势调整水平就越低，运动开始后的代偿期姿势调整反应就越强烈。预期姿势能力，成为构建一个维持初级运动的基础，没有这个维持运动的基础机制，技巧性活动将不复存在。

　　研究表明，由于脑瘫儿童、偏瘫患者的姿势肌群准备性姿势调整的强度变弱、能力下降，使身体无法提前充分做好准备，导致日常生活中容易发生过多的跌倒，或导致姿势肌在代偿期姿势调整阶段的强度增大，姿势稳定性和平衡功能下降。

　　4. 中枢神经系统整合　中枢神经系统如何利用不同的感觉输入在广泛变化的环境中维持身体的平衡是关键。有研究显示，在支持面和外周环境稳定的情况下，三种感觉信息均存在，都会对站立平衡起作用，但躯体感觉输入是在这种情况下维持身体平衡的最主要的部分；如果支持面被破坏，视觉就成为主要感觉输入；如果视觉和支持面均被破坏或扰动，前庭觉就成为主要的感觉输入。在站立位且有水平的干扰时，神经系统完好的成人倾向于依赖躯体感觉输入，儿童可能更多的依赖视觉输入。

（四）平衡功能的评定方法

1. 定性评定 通过观察、问询、平衡反应、下肢协同作用的检查、感觉整合等检查判断患者是否存在平衡障碍及其原因。

（1）平衡反应：是指当身体重心或支持面发生变化时，为了维持身体平衡所作出的反应，是人体恢复被破坏的平衡做出的保护性反应。平衡反应成为人体维持特定的姿势和运动的基本条件。平衡反应包括仰卧位倾斜反应、俯卧位倾斜反应、膝手位平衡反应、坐位平衡反应、立位平衡反应。

（2）下肢协同运动检查：人体在受到外来干扰时采取何种运动策略调整身体重心维持平衡，取决于受到干扰的强度、速度，以及所处支持面的大小，因此，检查时，施加干扰的强度、速度及支持面的变化要循序渐进，逐步诱发不同的调整对策出现。踝关节的运动对策是在平衡干扰较小并且支持面宽、固定的情况下检查；髋关节对策是对较大、较快干扰或者在支持面有顺应性或比足的面积小的情况下检查，如让被检者站在一条横梁上或是足跟接足尖（双脚一前一后）站立。在干扰的同时用手触摸（有条件的可以进行肌电图分析）检查相应的肌群的收缩情况和动作反应，在检查中注意判断协同动作的以下情况：存在并且正常、存在但是受限、存在但不能在特定的情况下出现、异常、消失。协同动作涉及相应关节本身的关节活动范围及其相应肌群的肌力、肌张力等都会对运动对策造成影响，检查者要进行仔细分析，查找原因。

（3）感觉整合检查：在进行平衡感觉整合检查之前，应该先进行足底和踝关节的本体感觉和触、压觉检查。感觉整合检查步骤和方法见表5-4-12。该方法通过改变站立支持面信息和视觉输入条件，可以分别对维持平衡功能的三种感觉成分即本体感觉、视觉、前庭觉在不同条件下维持平衡功能中的作用进行分析，以检查和鉴别被检查者感觉和判断信息的能力。该检查方法在临床使用中具有很强的实用性和易操作性。

表 5-4-12 感觉整合检查步骤与方法

检查步骤	检查方法	感觉输入	平衡控制机制
1	支持面稳定，睁眼	本体感觉、视觉、前庭觉	本体感觉信息为主
2	支持面稳定，闭眼	本体感觉、前庭觉	依赖本体感觉
3	支持面不稳定，睁眼	视觉、前庭觉	依赖视觉信息
4	支持面不稳定，闭眼	仅前庭觉	依赖前庭觉信息

2. 半定量评定 用于平衡功能评定的量表有 Brunnel 量表、Tinneti 平衡量表，还有适用范围广泛的 Berg 平衡量表（Berg balance scale，BBS）等。本文重点介绍 Berg 平衡量表（BBS）。BBS 是国际上平衡评定最常用和最通用的评定量表，是由加拿大人 Berg 等人设计，正式发表于 1989 年。该量表为综合性平衡功能检查量表，内容包括坐、站（睁、闭眼）及主动重心转移平衡能力的全面检查。

（1）BBS 评定内容及顺序（表 5-4-13）。

表 5-4-13　平衡评定量表（BBS）评定内容及顺序

检查序号	评定内容
1	从坐位站起
2	无支持站立
3	无支持坐位
4	从站立位坐下
5	转移
6	闭目站立
7	双脚并拢站立
8	上肢向前伸展并向前移动
9	从地面拾起物品
10	转身向后看
11	转身 360°
12	将一只脚放在凳子上
13	两脚一前一后站立
14	单腿站立

（2）BBS 评定量表评定方法及临床意义：BBS 平衡量包含 14 个动作项目，根据患者完成的质量，将每个评定项目均分为 0、1、2、3、4 五个功能等级予以记分。4 分表示能够正常完成所检查的动作，0 分则表示不能完成或需要中等或大量帮助才能完成。总分最低分为 0 分，最高分为 56 分。测试的工具包括：尺子、秒表、台阶（15 cm）、两把可调节高度的椅子（一把有扶手和靠背）。检查内容包括：坐位、站立位（静、动态）、转移等动作的平衡，评定时间大概 15 分钟左右。BBS 的评分结果与步行能力和跌倒风险关系极为密切。BBS 评分结果为 0 ~ 20 分，提示平衡功能差，需要乘坐轮椅；21 ~ 40 分，提示有一定平衡能力，可以在辅助下步行；41 ~ 56 分，提示平衡功能较好，可以独立步行。评分结果 < 40 分，提示有跌倒风险。

3. 定量评定　采用仪器设备评定对平衡功能进行定量分析，目的在于了解分析平衡功能障碍的程度以及根据康复治疗前后对比观察疗效，包括静态平衡功能和动态平衡功能的定量分析。

静态平衡功能可以在站立位或坐位下进行。检查方法可以双腿站立、单腿站立、足尖对足跟站立（双脚一前一后）、睁眼及闭眼站立。可获得静态平衡功能的相关参数：①重心摆动轨迹类型，通过观察重心轨迹的移动方向、范围及集中趋势判断轨迹类型；②重心轨迹移动长度和面积，通过分析重心轨迹长度和面积判断平衡障碍的程度。轨迹长度和移动面积越小，说明平衡控制的越好；③移动中心点的偏移距离，重心移动中心点指前后移动中心点和左右移动中心点的交叉点。偏移距离是指移动中心点与足底中心在 X 轴和 Y 轴上的距离（向前、右方向偏移，记录时采用 "+" 表示，向后、左方

静态平衡功能
定量检查

向偏移，记录时采用"−"表示）。因此，偏移距离反映身体重心偏移的方向及程度。平衡功能正常时，移动中心点与 X、Y 轴交叉点极为接近，如图 5-4-5 所示。

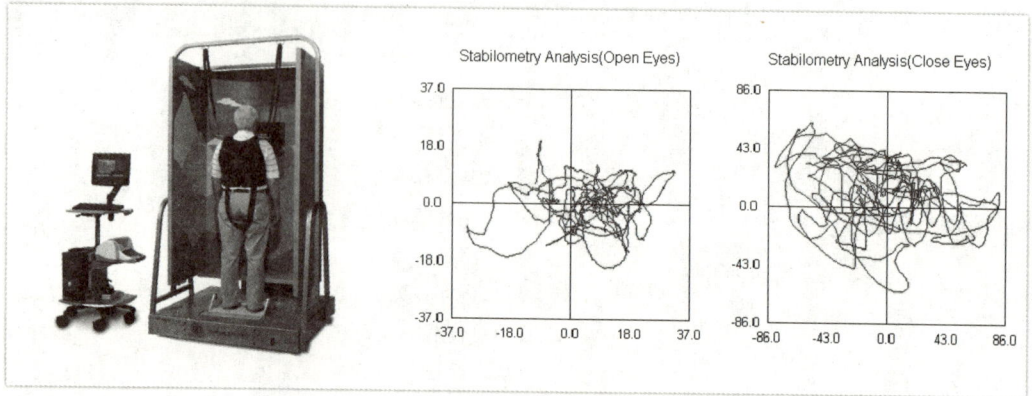

图 5-4-5　静态平衡功能定量检查

动态平衡功能评定方法包括稳定极限（limits of stability，LOS）和在支持面不稳定时身体重新获得平衡控制（调整反应）的能力。①稳定极限。可以在站立位或坐位下进行测试，要求被检者有控制地将身体尽可能向各个方向（前、后、左、右）倾斜。通过测量最大倾斜角度或测量支持面到身体最大倾斜度时重心位置的距离，判断被检者稳定极限范围是否正常、有没有存在稳定极限缩小、前后和左右不对称等异常表现。②调整反应。平衡功能检测专用仪器可以通过改变支持面的运动速度和运动方向来改变支持面的稳定性，为维持身体平衡而防止跌倒，要求被检者能够主动地进行调节以重新获得身体平衡。测试仪记录在被检者进行调整反应时的重心摆动轨迹及长度、范围等指标。

五、步态分析

步态分析是对人行走周期分析的系统性研究。正常的步态有赖于大脑、脊髓、周围神经系统、肌肉、骨骼以及关节等结构的复杂协调配合，因此上述任何系统发生病变均可能导致步态异常。对患者进行步态分析，有助于我们了解步态异常的性质和程度，为分析异常步态原因和矫正异常步态提供必要资料，为制订康复治疗计划和评定康复疗效提供客观依据。

（一）正常步态

掌握正常步态特征，是理解病理性步态的前提和基础。常用的分析指标如下。

1. 步行周期（gait cycle）　步行周期是指人行走过程中，从一侧足跟着地起到该侧足跟再次着地时所用的时间。每一侧下肢都有其各自的步行周期。每一个步行周期分为两个阶段：站立相（stance phase）和迈步相（swing phase）。站立相指从足跟首次着地到足趾离地的过程，即足部与地面有接触的时期。迈步相指从足趾离地到同侧足跟再次着地的过程，即足部与地面无接触（在空中移动）肢体向前移动的时期。正常步行周期中，站立相约占 60%，迈步相约占 40%。双足同时触地的时段称为双支撑期，单侧下肢与地面接触的时段称为单支撑期。在单支撑期间，身体的全部重量由承重下肢支撑，其持续时间可以代表下肢的支撑能力，支撑持续时间越长，该侧下肢的稳定性越好。

一侧下肢在步行周期中会经历首次着地、对侧足趾离地、足跟抬起、对侧下肢首次着地、足趾离地、双足邻近、胫骨与地面垂直共 7 个过程，相应的将步行周期划分为 7 个时间段，即负荷反应期、站立中期、站立末期、迈步前期、迈步初期、迈步中期、迈步末期（图 5-4-6）。前 4 个时间段发生在站立相，后 3 个时间段发生在迈步相。此外，由于首次着地发生于站立相的初始阶段，故也归到站立相中，则站立相共包括 5 个时期（表 5-4-14）。

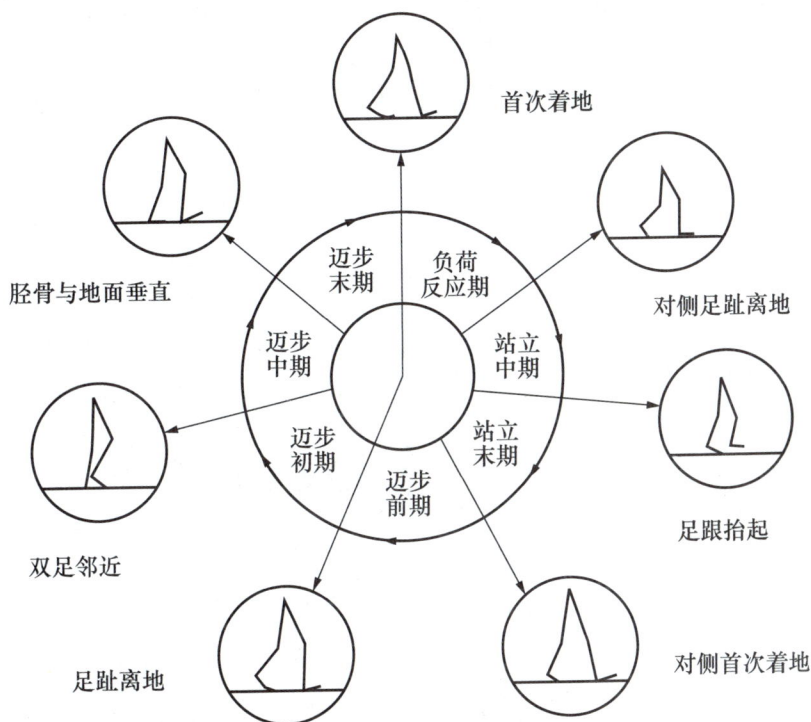

图 5-4-6　双下肢在一个步行周期（右下肢）中的位置

表 5-4-14　步行周期分期

时相	分期	定义
站立相	首次着地（initial contact）	足部（足跟或足底的其他部位）接触地面的瞬间
	负荷反应期（loading response）	足与地面初始着地后，至对侧下肢离地前的一段时间
	站立中期（mid-stance）	从对侧下肢离地至身体重心位于支撑面正上方
	站立末期（terminal stance）	从足跟抬起至对侧足着地
	迈步前期（pre-swing）	从对侧下肢足部着地至同侧下肢足趾离地前
迈步相	迈步初期（initial swing）	从足趾离地至摆动足位于支撑足的正对面
	迈步中期（mid-swing）	从摆动足位于支撑足的正对面至摆动侧胫骨与地面垂直
	迈步末期（terminal swing）	从胫骨直立位至该侧足再次着地前

2. 步长（step length）　步长是指双足初始着地之间的纵向直线距离，如左足在前即为左步长，右足亦然。正常人左右步长基本相等，为 50～80 cm。步长是反映步态对称

性的指标之一。

3. 跨步长（stride length） 跨步长是指同一侧足连续两次初始着地之间的纵向直线距离，其与一个步行周期是相对应的。一个跨步长包含左、右两个步长。

4. 步宽（stride width） 步宽是两脚之间的横向距离，通常测量双足跟后部中点，有时也以踝关节中心为测量点。步宽反映步态的稳定性，步宽越宽，步行的稳定性越好。

5. 足偏角（toe out） 足偏角是指前进方向与足中心线之间的夹角。步长、跨步长、步宽、足偏角示意图如图 5-4-7 所示。

6. 步频（cadence） 步频是单位时间内行走的步数，常用步数/min 来表示。正常人平均步频约为 95～125 步/min。步行周期（s）=120/步频（步数/min）。

7. 步速（speed） 步速是单位时间内行走的距离，常用 m/s 表示。正常人平均步速约为 1.2m/s。步速（m/s）=跨步长（m）×步频（步数/min）/120。

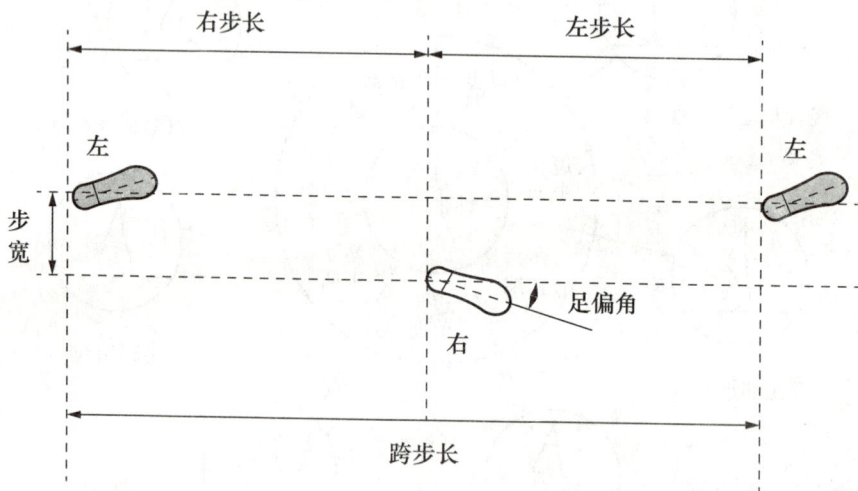

图 5-4-7　步长、跨步长、步宽、足偏角

（二）步态分析方法

1. 定性分析 定性分析是对研究对象进行"质"的分析，通常采用目测法获得评定资料，并对评定结果进行归类分析，通过与正常步态相比，大致判断患者步态是否存在异常以及存在哪些异常。

观察分析可分两步进行。首先总体观察步行情况，包括步行速度、流畅性、重心分布、上肢摆动等；然后再按照不同关节动作的先后次序进行分析，通常先从足部开始，然后自下而上（足、膝、髋、骨盆、躯干等）依次进行。

2. 半定量分析 半定量评定是将定性分析评定中所描述的内容分等级进行量化，通常采用量表评定法。临床步态分析常用的量表：

（1）威斯康星步态量表（wisconsin gait scale，WGS）：该量表用于评定脑卒中后偏瘫所致的步态异常，主要观察患侧下肢在站立相、足趾离地、迈步相及足跟着地时的动作表现，得分越高，表明步态异常越严重。该量表具有良好的信、效度，值得在偏瘫康复中推广使用（表 5-4-15）。

表 5-4-15　WGS 评定及评分标准

	评定项目	1分	2分	3分	4分	5分
患侧站立相	手持助行器	不使用助行器	最小限度使用助行器	最小限度使用底面加宽的助行器	大量使用助行器	大量使用底面加宽的助行器
	患侧站立相时间	单支撑期健患侧时间相等	不等	非常短		
	健侧步长（患侧支撑时）	健侧足跟超过患侧足尖	健侧足跟未超过患侧足尖	健侧未超过患足		
	体重转移至患侧（使用/不使用助行器）	完全转移（头和躯干在单支撑期时转移至患侧）	部分转移	非常有限地转移		
	步宽（患侧足尖离地前两足间距离）	正常（两足间距为一只鞋子的宽度）	较宽（两足间距为两只鞋子的宽度）	宽阔（两足间距＞两只鞋子的宽度）		
足趾离地	停顿（患肢向前迈步之前）	无（无犹豫地向前迈步）	轻度犹豫	显而易见地犹豫		
	患侧髋关节伸展（从后方观察臀部皱褶）	足蹬离期患侧伸展度与健侧相同（在足尖离地过程中维持直立姿势）	轻度屈曲	显著伸展		
患侧迈步相	迈步相初期外旋	与健侧相同	外旋增加	外旋显著增加		
	迈步相中期环形运动（观察患侧足跟的路线）	无（患侧足内收）	中度环形运动	显著的环形运动		
	迈步相中期髋关节抬高	无（骨盆于迈步相轻度倾斜）	抬高	跳跃		
	足尖离地至迈步相中期膝关节屈曲	正常（患侧膝关节屈曲度与健侧相同）	部分屈曲	屈曲度极小	无屈曲	
	足廓清	正常（足趾在迈步相期间不接触地面）	轻度拖步	显著拖步		
	迈步相末期骨盆旋转	骨盆前倾（骨盆旋前以备足跟着地）	骨盆中立位			
患侧足跟着地	首次着地	足跟着地	全足底同时着地	足跟未接触地面		

（2）计时起立－行走测验（time up & go test，TUG）：该测验是基本的功能性移动的测量方法。测试方法：被试从坐位站立，行走 3 m，转身回来再走到椅子前方，然后坐下，记录全程所用时间（S）。测试时被试可以使用平日所用的助行器（如手杖）。正常人完成该测验的时间是 7～10 s。大于 14 s 提示生活在社区的老年人存在跌倒风险，大于 20 s 提示存在移动障碍。TUG 可以作为筛查工具使用。

3. 定量分析　定量分析是借助专用设备对步态进行运动学和动力学分析。在此不做详细介绍。

（三）常见异常步态

常见异常步态如图 5-4-8 所示。

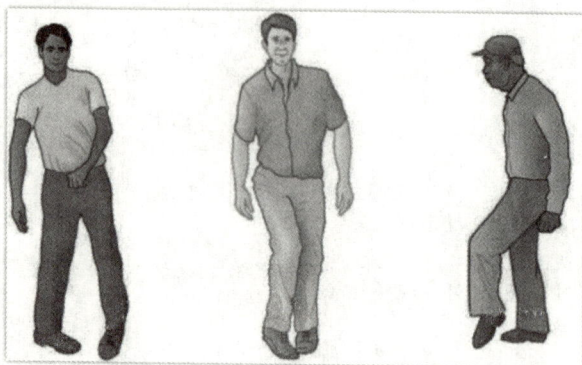

图 5-4-8　常见异常步态

1. 偏瘫步态（hemiplegic gait）　偏瘫步态是由于脑卒中、脑外伤等疾病所致中枢神经系统损伤引起肌张力和运动控制变化所导致的步态异常。常表现为偏瘫侧上肢摆动时肩、肘、腕关节及手指屈曲、内收；下肢髋关节伸展、内收、内旋，膝关节伸展，踝关节跖屈、内翻；为了使偏瘫侧下肢向前迈步，患侧肩关节下沉，骨盆代偿性抬高，髋关节外展、外旋，患侧下肢经外侧画一个半圆弧以代替正常的足趾廓清动作，故又称画圈步态。此外，偏瘫患者的步态特征还包括首次着地方式异常、患侧站立相时间较健侧缩短、步速减慢等。

2. 剪刀步态（scissors gait）　剪刀步态常见于痉挛型脑瘫患儿。患儿行走时骨盆前倾，由于髋关节内收肌群张力增高，行走时摆动侧下肢向前内侧迈出，双膝内侧常相互摩擦碰撞，足尖着地，呈剪刀步或交叉步，交叉严重时行走困难。

3. 胫前肌无力步态　因胫前肌无力致足下垂，患者为使足尖抬离地面向前迈步，需将患侧下肢过度抬高（过度屈曲髋、膝关节），犹如跨越门槛，故又称为跨阈步态（steppage gait）。常见于腓总神经麻痹患者。

六、日常生活活动能力评定

（一）定义

日常生活活动（activities of daily living，ADL）是指个体为满足日常生活的需要每天所进行的必要活动。按照所完成的活动内容的不同，日常生活活动可以分为基础性日常生活活动（basic activities of daily living，BADL）和工具性日常生活活动（instrumental activities of daily living，IADL）两类。

1. 基础性日常生活活动（BADL）　BADL 是人维持最基本的生存、生活所必需每日反复进行的活动，包括进食、洗漱、洗澡、如厕、穿脱衣、大小便处理等自理活动，也包括床上移动、床-轮椅转移、便器转移、驱动轮椅、步行、上下楼梯等功能性移动活动。其评估对象通常为住院患者。

2. **工具性日常生活活动（IADL）**　IADL 是维持生活独立性所需进行的活动，对躯体和认知能力的要求比 BADL 更高级，也更加复杂，包括使用交流工具（如交流板、电话）、操作电脑、社区移动（如骑自行车、乘地铁或公交车）、买东西、洗衣服、服药等。这些活动通常需要借助一些工具在社区环境中完成，较之于 BADL，具有更高的社会属性。评估对象通常为社区生活的伤残人士或老人。

（二）ADL 的评定方法

ADL 的评定方法包括提问法、观察法和量表评定法，在临床上，通常采用标准化的量表对患者的日常生活活动能力进行评定。以下介绍常用的 ADL 评定量表。

1. **Katz 指数（Katz Index of ADL）**　Katz 指数于 1963 年首次发表，该量表从洗澡、更衣、如厕、转移、排便控制和进食六个方面评价患者的自理能力。对于每一项目的得分，采用"I"（独立）、"A"（需要帮助）、"D"（依赖）表示。在修订版 Katz 指数中，6 分代表无功能障碍，4 分代表中度功能障碍，≤2 分代表重度功能障碍。完成 Katz 指数评定仅需 5 ～ 10 min，相较于其他 ADL 量表更为快速、简便易行，但该量表对一些细微的变化不敏感，因此不能全面反映患者的康复进展情况。

2. **Barthel 指数（Barthel Index of ADL）**　该量表于 1965 年出版，评定过程简单，信效度、灵敏度高，是临床康复中应用最为普遍的一种 ADL 评定量表。它可以评估患者治疗前后功能改善情况，也可以预测住院时间及治疗效果。Barthel 指数通过对大便、小便、修饰、如厕、进食、床椅转移、行走、穿衣、上下楼梯、洗澡等 10 项日常活动的独立程度进行打分（表 5-4-16）。分数范围 0～100 分。100 分，表示患者不需要照顾，可以自理，但并不意味着他能独立生活，他可能不能烹饪、料理家务或与他人接触。>60 分，提示生活基本自理；40～60 分，生活需要帮助（>40 分康复治疗效益最大）；20～40 分，生活需要大量帮助；<20 分，生活完全依赖。Barthel 指数比 Katz 指数涵盖了更多的日常生活活动，并且其计分方式对 ADL 的细微改善更为敏感。

表 5-4-16　Barthel 指数评分标准

项目		评分标准
大便	0 分	失禁或昏迷
	5 分	偶尔失禁（每周≤1 次）
	10 分	能控制
小便	0 分	失禁或昏迷或他人导尿
	5 分	偶尔失禁（≤1 次 /24h，>1 次 / 周）
	10 分	能控制
修饰	0 分	依赖
	5 分	自理，能独立完成洗脸、刷牙、剃须、梳头
如厕	0 分	依赖
	5 分	需部分帮助
	10 分	自理

项目		评分标准
进食	0分	依赖
	5分	需部分帮助
	10分	自理
床椅转移	0分	依赖
	5分	需大量（2人）帮助，能坐
	10分	需小量（1人）帮助或口头指导、监督
	15分	自理
行走	0分	不能步行
	5分	不能走，但能操作轮椅移动
	10分	在1人帮助下行走45m以上
	15分	独立步行
穿衣	0分	依赖
	5分	需要一半帮助
	10分	自理
上下楼梯	0分	不能
	5分	需要帮助
	10分	自理
洗澡	0分	依赖
	5分	自理

3. 功能独立性测量（functional independence measure，FIM） FIM是临床康复中唯一建立了康复医学统一数据库系统（the uniform data system for medical rehabilitation，UDSMR）的评估残疾程度的方法。FIM评定内容涉及6个功能领域的18项内容：自理（进食、梳洗修饰、洗澡、穿上身衣、穿下身衣、如厕）、括约肌控制（排尿管理、排便管理）、转移（床椅间转移、转移至厕所、转移至浴盆或淋浴室）、移动（步行/轮椅、上下楼梯）、交流（理解、表达）及社会认知（社会交往、解决问题、记忆）。前4个领域构成运动分量表，后2个领域构成认知分量表。FIM中所有项目评分均采用7分制（表5-4-17），从1分（完全依赖）到7分（完全独立），总积分最高126分，最低18分。7分制的FIM量表对ADL方面的细微改善非常敏感，可以提供更好的关于ADL障碍程度的等级特征。FIM不但评定患者由于运动功能损伤所致的ADL能力障碍，而且也评定认知功能障碍对ADL的影响，是制订康复治疗计划客观依据，也是评估康复疗效与医疗质量的重要指标。

表5-4-17 FIM评分标准

	能力	得分	评分标准
独立	完全独立	7	不需要辅助具
	有条件的独立	6	能独立完成，但需使用辅助具，或比正常时间长，或需要考虑安全问题
有条件的依赖	监护或准备	5	活动时需要帮助者，没有身体接触，只有提示或帮助穿戴矫形器
	最小量帮助	4	帮助限于轻触，患者付出≥75%的努力
	中等量帮助	3	帮助多于轻触，患者付出50%～74%的努力

能力		得分	评分标准
完全 依赖	最大量帮助	2	患者主动完成25%～49%的活动
	完全帮助	1	患者主动完成<25%的活动，或完全由别人帮助

4. 脊髓损伤独立性测量（spinal cord independence measure，SCIM）　SCIM是Catz等于1997年发表的专门用于评价创伤性和非创伤性、急性和慢性脊髓损伤患者日常生活能力的量表。该量表分为自理（进食、洗澡、穿衣、洗漱）、呼吸和括约肌管理（呼吸、膀胱管理、大便管理、如厕）、移动能力（床上翻身、床椅转移、坐便器转移、轮椅－汽车转移、地面－轮椅转移、室内外移动、上下楼梯）3部分。评分范围0～100分。SCIM对于评估呼吸、括约肌管理、室内和室外移动等脊髓损伤患者日常生活活动项目的敏感性高于FIM。

5. Lawton工具性ADL量表（lawton IADL scale）　Lawton工具性ADL量表是针对工具性日常生活活动进行评估的量表，评估者通过评估患者完成8项日常生活活动任务（包括拨打电话、洗衣服、购物、使用交通工具、烹饪、服药、完成家务、处理财务）的情况，对其功能做出评价。根据受试者完成每项任务的情况，评0分（不能完成）或1分（独立完成），总分0～17分。0分提示受试者完全依赖，17分提示该任务完全独立。Lawton工具性ADL量表可以评价患者疾病早期的IADL自理能力，这是由于在疾病早期IADL项目便已受到影响。

（三）评定注意事项

（1）评定日常生活活动能力要注意评估患者日常活动的实际完成情况，而非依赖患者或护理人员的口头描述。

（2）评分由康复小组成员共同参与观察打分。例如，物理治疗师评价转移活动，作业治疗师负责评价自理和认知活动，语言治疗师评价交流能力，护士评价大、小便控制及管理情况。

（3）基于患者每天确实完成的活动打分，而非评价"能做"或"可以做"的潜能。如果患者根本没有完成过某一活动，则该项目评最低分。

（4）患者在他人帮助下才可以完成某项活动时，要对帮助的方法及辅助量予以记录。

【案例分析】

1. 李先生在进行康复治疗前需要进行哪些评定？

李先生是一名偏瘫患者，在进行康复治疗前需要对其功能障碍进行一个全面的评估，主要包括患者的肌力（出现分离运动者）、肌张力、关节活动度、平衡功能、步态及日常生活活动能力等情况。

2. 各项评定的常用评定方法有哪些？

（1）肌力评定主要采用Lovett徒手肌力检查法，对患者进行肌力的分级。需要注意的是，若患者存在较明显的连带运动，则肌力评定不适用。

（2）肌张力主要采用改良的 Ashworth 分级评定法（MAS），共 6 个等级，通过感受被动活动患者关节时受到的阻力来判断。

（3）关节活动度测量主要应用量角器对患者各关节进行主动关节活动度（AROM）及被动关节活动度（PROM）的测量。

（4）平衡功能评定主要采用 Berg 平衡量表（BBS），通过观察多种功能活动评价重心主动转移的能力，对患者坐、站位下的动、静态平衡功能进行全面检查。

（5）步态评定主要采用威斯康星步态量表（WGS），通过观察患侧下肢步行周期中站立相、足趾离地、迈步相及足跟着地的动作表现，判断患者步态异常的严重程度。

（6）日常生活活动能力评定主要采用功能独立性测量（FIM），通过对患者自理活动、括约肌控制、转移、行进、交流、社会认知方面的评定，判断患者的日常生活能力。

学习检测

1. 阐述偏瘫、脑瘫、截瘫患者行走的运动学特征？
2. ADL 常用评定量表有哪些？各有什么特点？
3. 徒手肌力检查的注意事项有哪些？
4. 改良的 Ashworth 分级评定标准是什么？
5. 举例说明感觉系统在平衡控制中是如何发挥各自作用的？

任务五　神经肌肉电诊断技术

案例导入

患者，女性，52 岁，因突发四肢对称性、弛缓性瘫痪来就诊，经临床检查有以下症状：病前 1～4 周有胃肠道感染症状，急性起病，迅速出现四肢对称性、弛缓性瘫痪，腱反射减低，末梢肢体感觉异常，脑脊液检查蛋白－细胞分离，肌电图（EMG）和神经传导速度（NCV）检查：发病早期有 F 波或 H 反射延迟或消失；EMG 呈周围神经源性病损（有正锐波、纤颤电位、运动单位电位时限增宽、波幅增高）；NCV 减慢、远端潜伏期延长、波幅正常或轻度异常。

思　考

1. 本例患者患的是什么病？若该患者需进行康复治疗，康复治疗的目的是什么？
2. 在康复治疗过程中，怎样进行神经恢复的判定？

神经肌肉电诊断技术是康复医学中不可缺少的评定方法，它可以定位诊断神经肌肉疾病，预测神经外伤的恢复，协助制订正确的神经肌肉疾病诊疗和康复计划，在康复治疗中为物理治疗师提供信息以帮助评定或确定治疗方案。

一、肌电图

肌电图（electromyography，EMG）是一种记录神经和肌肉病变的电生理诊断技术，它通过检测和研究肌肉生物电活动，来了解神经、肌肉系统的机能变化，临床上利用它诊断和鉴别诊断中枢神经系统和周围神经系统疾病和障碍。广义肌电图包括肌电图、神经传导速度、H反射、F波以及单纤维肌电图等，肌电图检查结果要结合其他临床资料作综合分析。

（一）正常肌电图

1. 肌肉静息状态下的电活动

（1）电静息：当健康肌肉完全松弛时，肌纤维是没有收缩的，因此肌内电极记录不到电活动。这种现象为电静息。电静息是一种具有重要意义的正常表现。

（2）插入电位：将针电极插入肌肉时，电极针尖对肌纤维的机械刺激所引起的电位变化，为插入电位，表现为爆发性、成组出现的重复发放的高频棘波，持续时间为几百毫秒。正常肌肉此瞬间放电持续约 100 ms，不超过 1 s，转为电静息。

（3）终板区的电活动：①终板噪音。当针电极插入运动终板及附近时，可出现低电压（100 pV 左右）、短时程（0.5～20 ms）的负相电位。②终板电位。为针电极插入瞬间突然发生的一连串 30 Hz～150 Hz 的电位，电压 200 μV 左右，时程在 2 ms 内，第一相为较高振幅的负相电位，第二相为振幅偏低的正相电位，伴痛感，移动电极波形消失。

2. 轻收缩时的肌电图

正常肌肉在轻微主动收缩时，出现的动作电位称为运动单位电位，它表示一个脊髓前角细胞及其轴突所支配的肌纤维的综合电位或亚运动单位的综合电位。其相关参数包括以下几项。

（1）位相：指波峰通过基线的偏转次数。常以单相、双相或三相多见，占 80%，五相及五相以上称多相电位，正常肌肉中不超过 10%（一般为 4%）。

（2）时限：指动作电位总持续时间，以 ms 表示，受主观因素影响小，参考价值较大，一般在 3～15 ms 之间。它代表长度、传导速度以及膜兴奋性不同的肌纤维同步化兴奋的程度。

（3）波幅：为正负波最高偏转点的差，正常情况下，使用同心圆针电极引出的运动单位电位（motor unit potential，MUP）波幅一般在 100～2000 μV 之间，最高不超过 5 mV，由于影响因素较多，其参考价值较小。

3. 重收缩时的肌电图

肌肉进行重收缩时引出的电位，不同程度用力收缩时，参加收缩的运动单位数目频率不一，出现各种的波形：

（1）单纯相：轻度用力收缩时，只出现几个运动单位电位相互分离的波形。

（2）混合相：中度用力收缩时，有些区域电位密集不能分集，部分区域内可见单个运动单位电位，称混合相。

（3）干扰相：肌肉重收缩时，运动单位电位相互重叠，不能分离出单个运动单位电位，这种重叠波形称为干扰相。

（二）异常肌电图

1. 插入电活动

1）插入电位延长和插入电位减少：插入电位延长，系肌膜对机械刺激兴奋极度增高所致，提示肌肉易激惹，或者肌膜不稳定。这种情况往往与失神经状态、肌强直或者肌炎相关联。有时某些正常人也会在插入电位最后连续出现几次但不持续的正锐波。插入电位减弱或消失提示肌纤维数量减少，如严重肌萎缩和肌肉纤维化。功能性的肌肉不能兴奋，如家族性周期性麻痹发作期的病人，也会出现同样的异常表现。

2）肌强直放电：肌电图上出现一组在插入或者动针时激发的节律性电位发放并持续相当长一段时间，其波幅和频率先大后小逐渐衰减。扬声器上可闻及轰炸机俯冲或摩托车发动机样特征性的声音。肌强直是在自主收缩之后或者是在受到电或机械刺激之后肌肉的不自主强直收缩。

3）自发电位：自发电位包括纤颤电位、正锐波、束颤电位等。

（1）纤颤电位：为肌纤维对乙酰胆碱或机械刺激敏感而出现的自发电活动。纤颤电位是短时限低振幅的自发性小电位，时限范围是 $1 \sim 5$ ms，波幅为 $20 \sim 200$ μV。一般是两相或三相，起始为正相，后随一个负向。一块肌肉有两处以上出现者则认为异常，在下运动神经元疾病，纤颤电位是肌纤维失神经支配的有价值指征。一般失神经支配 $2 \sim 3$ 周后出现这种电位。

（2）正锐波：呈锯齿样，初始为正相，后伴有一个时限较宽、波幅较低的负相，其宽度大约 $2 \sim 5$ ms，其幅度大约 $100 \sim 200$ μV，一块肌肉有两处以上者为异常，多在失神经支配 $10 \sim 14$ 天出现。此波见于失神经支配的肌肉，是肌纤维对机械刺激敏感的表现，也出现在神经应激状态。

（3）束颤电位：单个或多个运动单位的全部或部分肌纤维自发放电，分为：①单纯束颤电位，一般为良性，常为神经肌肉接头出现变异（如低血钙，甲亢等引起）。仅有束颤电位，不能诊断为失神经病变。②复合束颤电位，为病理性，常因慢性前角细胞病变所致，神经根及周围神经刺激亦可引起，常与纤颤电位等失神经电位同时出现。束颤电位本身不能确定为异常，只有同时发现纤颤电位及正锐波才有肯定的病理意义。

2. 轻收缩时的肌电图 一个运动单位电位主要分析波幅、时限、上升时限、多相波百分比、稳定性和范围等不同的指标。可以通过各指标的异常组成而分辨出肌源性和神经源性病损。

（1）神经源性损害：表现为运动单位电位时限增宽、波幅增高、多相波百分比增多，它是由运动单位范围增大所致，为轴索芽生支配肌纤维的新生轴索长度和传导时间的变异。

（2）肌源性损害：运动单位电位时限缩短、波幅降低、多相波百分比增多，与运动单位的部分肌纤维丧失或失去功能有关。

3. 重收缩时的肌电图　肌肉重收缩时的波形改变，直接反映运动单位数量和频率变化，根据病变性质与程度，肌肉重收缩时的波形可分为以下几种。

（1）单纯相：运动单位数量减少（相当于正常肌肉作轻度收缩时的动作电位），正常的轴突向周围发生侧支去支配失神经的肌纤维，使每个轴突所支配的肌纤维数增多所致，见于神经源性病变。

（2）混合相：肌肉重收缩时，出现较正常干扰相为弱的电活动形式，即基线上无静止区、但仍能区分出单个动作电位或减弱干扰相。此种状态相当于正常肌肉作中等程度随意收缩时的动作电位。

（3）病理干扰相：波形细碎密集、波幅低，扬声器上出现碎裂的高音调，称病理干扰相。运动单位数量正常，但肌纤维变性坏死，使每个轴突所支配的肌纤维数目减少而造成，见于肌源性病变。

（4）无运动单位电位：完全瘫痪的肌肉，使之随意用力，并无任何动作电位出现，肌电图上电静息状态，称无随意运动，也称为病理性电静息，见于严重的神经肌肉病变及癔症性瘫痪。

（三）神经传导速度（nerve conduction velocity，NCV）

神经传导速度是测定周围神经传导功能的一种检查方法，它是利用电流刺激神经引起激发电位，从中计算兴奋冲动沿神经传导的速度，包括运动神经传导速度（MCV）和感觉神经传导速度（SCV）测定。

1. 检查方法

（1）运动神经传导检查：沿神经走行在两点或多点刺激运动神经，在其支配的肌肉上记录激发电位，可确定刺激点间的传导速度、潜伏期和波幅。运动传导速度：两点距（mm）/两点间潜伏期差（ms）。

（2）感觉神经传导检查：以电流刺激感觉神经纤维的远端部。在神经近端进行记录激发电位，来确定其传导速度和动作电位波幅。感觉传导速度：刺激点至记录点距离（mm）/潜伏期（ms）

2. 临床意义　神经脱髓鞘病变表现为传导速度减慢，轴突病变表现为波幅降低，但脱髓鞘和轴索损害经常是重叠的，在传导速度测定的结果表现上，主要是以下三种。

（1）波幅明显下降而传导速度或潜伏期正常或接近正常，常见于部分神经损伤引起神经失用或轴索断伤早期。

（2）传导减慢而波幅相对正常，提示有大多数神经纤维节段性脱髓鞘改变。

（3）如果绝大多数神经纤维都不能通过病灶进行传导，则无神经兴奋的反应，常见于神经失用或神经完全断伤。

（四）F 波

F 波是刺激运动神经引起顺向传导冲动的同时引起逆向传导冲动，在神经刺激产生的动作电位 M 波后约 20～30 ms 后出现的第二个较 M 波小的动作电位。

1. 检查方法 刺激四肢周围神经干，在其支配的远端肌肉记录。它是一种多突触脊髓反射，其波幅不随刺激强度改变而改变，但过强刺激时，F 波消失。

2. 临床意义 F 波传导速度可测定肢体近脊髓端的传导速度，而运动神经传导速度则可测定肢体远端的传导速度。两者正好起相互补充的作用。周围神经系统近端病变时（如神经根病），F 波可异常（缺失或延迟），因此，在常规神经传导正常时，它有助于诊断。

（五）H 反射

用电生理方法刺激胫神经，引起脊髓单突触反射，从而导致它所支配的腓肠肌收缩，这即是 H 反射。由 Hoffmann 而得名，这种方法间接地测定运动系统控制的肌梭灵敏度。

1. 检查方法 电刺激胫神经，在腓肠肌内侧头肌腹记录到第一个诱发电位为 M 波，第二个为 H 波。给予刺激时，强度要逐渐增加，开始 H 反射波幅是增加的，但在 M 波出现和继续加大过程中 H 反射逐渐减少。当强度超过 M 波的最大波幅而继续加大时 H 波消失，F 波取而代之，H 反射的最佳刺激强度是既最大限度兴奋了 IA 输入纤维，又不同时兴奋运动纤维。

2. 临床意义 H 反射潜伏期反映整个输入和输出通路的神经传导信息。H 反射正常潜伏期在 30～35 ms 左右，两侧差为 1.4 ms，波幅 2.4 mv 左右。上运动神经元病变时，H 反射亢进，潜伏期缩短。在老年病人或多发性神经病患者，双侧 H 反射常缺失；而 S1 神经根病时，则可有单侧缺失。

二、诱发电位

诱发电位（evoked potentials，EP）是重要的临床电生理检测手段之一，是指对神经系统某一部位给予适当刺激，在该系统相应部位产生可以测出的、与刺激有锁时关系和特定位相的生物电反应。其主要特点是诱发电位的出现与给予的刺激之间有一定的时间关系，即有一定的潜伏期、有一定的空间分布、有一定的反应形式，当传入通路受到刺激，经过一定的潜伏期后，在脊髓或对侧大脑皮层相应感觉区能记录到一个诱发电位。在临床上应用最为广泛的有：躯体感觉诱发电位、运动诱发电位、脑干听觉诱发电位、视觉诱发电位。

（一）躯体感觉诱发电位

躯体感觉诱发电位（somatosensory evoked potential，SEP），是指用电流脉冲刺激指、趾神经或肢体大的神经干中的感觉纤维，在肢体神经、脊柱皮肤表面及大脑感觉投射区的头皮上记录到的电位变化，主要经脊髓后索传导，是记录及判定从周围神经到大脑皮层的感觉传导束是否存在损伤的诊断方法。

1. 检查方法　通常用电刺激刺激末梢神经。上肢为腕部刺激正中神经；下肢为踝部刺激胫后神经，或膝部刺激腓神经，刺激强度以能引起肌肉出现收缩，但不引起疼痛为限。记录电极：上肢按脑电图 10/20 系统放置在头部的 C3′ 和 C4′ 处，下肢放置在头部的 Cz 处。

2. SEP 检测的波形命名及神经发生源

（1）上肢 SEP 的波形命名及所代表的神经发生源：周围神经成分包括 N9、N11、N13 波，其中，N9 为臂丛复合动作电位，N11 是后根神经冲动达下部颈脊髓入口处或后索的传导性电位，N13 为下颈段脊髓诱发电位。皮层电位成分：主要观察 N20、P25，N20 为一级体感皮层原发反应，产生于受刺激肢体对侧半球中央后回，其临床价值最大；P25 为一级体感皮层原发反应的另一个反应波。

（2）下肢 SEP 的波形命名及神经发生源：周围神经成分包括 PF、CE、LP 波，PF 为腘窝电位，为胫后神经复合动作电位，CE 为马尾电位，为马尾传入 / 传出神经，LP 为腰髓后角突触后电位。皮层电位成分：主要观察 P40、N50 波，P40 为一级体感皮层原发反应，是临床阅读与分析的重要成分，N50 为一级体感皮层原发反应的另一个反应波。

3. 测量指标　主要分析其潜伏期、峰间潜伏期、侧间潜伏期差值、波幅、形态学（即成分的出现与否）以及离散性，并进行双侧对照。潜伏期：易于测量，且容易标准化，受温度、肢体长度、性别等影响；峰间潜伏期：比较可靠，且与肢体长度无关，而且不受周围神经疾病的影响；波幅:SEP 的波幅绝对值变异很大，当波幅两侧差异超过 50% 时，通常即认为是异常，波幅和波形也是感觉通路病损早期较敏感的指标。

4. 临床意义

（1）大脑半球及脑干病变：SEP 异常与病变部位有关，额叶病变时 N20、P25 消失，顶叶病变可见 N20、P25 波幅降低，皮质下白质处脑卒中时可见 N20 潜伏期延长，内囊受损时 N20、P25 波幅下降，丘脑病变可见 N20、P25 波幅降低甚至消失，N20 潜伏期延长，脑干病变时各波波幅降低。

（2）多发性硬化：SEP 可发现亚临床病灶，并可对病变做出定位诊断，主要表现为潜伏期延长，波幅也明显下降，但 N9 多属正常，确诊为多发性硬化症者的 SEP 阳性率为 49%～94%。

（3）脊髓病变：脊髓病变是否出现 SEP 异常，取决于是否累及脊髓后索及临床有无深感觉障碍，尤以脊髓外伤、脱髓鞘和变性病时改变显著，SEP 表现为潜伏期延迟，重者波形消失；SEP 节段测定有助于定位诊断。

（4）周围神经病变：神经根、神经干、神经丛病变均可导致传导速度减慢及波幅降低；糖尿病时周围神经传导速度减慢，少数波幅减低。

（5）昏迷及脑死亡：严重颅脑外伤患者合并昏迷，如双侧 N20–P25 复合波消失者则预后不良；N13–N20 的峰间潜伏期持续延长者预后不良；上肢 SEP 的 N20–P25 波幅明显下降则预后不良。脑死亡时上肢 SEP 的 N20–P25 复合波消失。

（二）运动诱发电位

运动诱发电位（motor evoked potentials，MEP）是采用高强度磁场短时限刺激大脑运动中枢所诱发形成的运动诱发电位，通过测定中枢和周围运动神经通路的波形、传导速度、潜伏期、波幅及中枢传导时间，以判断运动通路的功能状态。

1.测量方法　采用刺激线圈进行单脉冲磁刺激，记录电极为表面电极，上肢在小指展肌记录，刺激部位分别选择肘点、Erb'点、第 7 颈椎棘突（C7）、皮层，下肢在胫前肌记录，刺激部位为腘窝、腰部（L4）、皮层。在相应部位的磁刺激量及磁场最大输出量的 65%～85%。操作时调整刺激线圈位置直至记录到的肌肉复合动作电位（CMAP）呈波幅最大、潜伏期最短、重复良好为止。

2.测量指标　主要为潜伏期（CCT）、波幅、中枢运动传导时间（CMCT），中枢运动传导时间为皮层刺激与脊髓刺激的 MEP 的潜伏期差，即皮层刺激引起肌肉收缩的潜伏期减去 C7 处刺激引起的肌肉收缩的潜伏期。侧间潜伏期差（ILD）：上肢 <3 ms，下肢 <5 ms。异常标准为：① MEP 不能引出；②潜伏期延长，或患、健侧差≥正常参考值 3 倍标准差；③波形异常，出现多相波或波幅降低。

3.临床意义

（1）脑卒中：表现为皮层潜伏期明显延迟，波幅下降，重者无波谱形成；CMCT 皮层→测点明显延迟，上肢 MEP 异常较下肢明显。MEP 的异常程度和神经损伤及临床体征严重程度呈正相关，且可预测治疗效果及预后，凡 MEP 异常显著者均不能完全恢复。

（2）多发性硬化：确诊者 MEP 异常率达 85%，可能者为 30%；有上肢锥体束征者异常率达 90%，无锥体束征者为 44%。且可在早期发现亚临床病例。

（3）压迫性脊髓病：脊髓型颈椎病 MEP 阳性率为 87.6%，高于感觉诱发电位（SEP），但二者联合检测对神经功能，包括感觉、运动功能的全面了解有重要价值。

（4）泌尿生殖系运动功能：采用对阴部神经的传入、传出通路，即球海绵体反射，磁刺激皮层及胸 12、腰 1，在尿道、肛门、骨盆底肌肉可记录其诱发电位的潜伏期和波幅。可判断圆锥、马尾病变所致膀胱、直肠及性功能障碍，有一定实用价值。

（5）术中监测：MEP 监测多用于脊髓肿瘤、脊柱畸形矫正等脊髓手术中监测运动通路的完整性和预测术后运动功能，有利于避免手术中可能并发的神经损伤。MEPs 还可应用于监测临近运动皮质和运动通路的颅内病变手术，目的是对皮质和皮质下的运动通路进行辨别和监护，以便最大限度切除肿瘤并保护运动功能。

（三）脑干听觉诱发电位

脑干听觉诱发电位（brainstem auditory evoked potential，BAEP）为短潜伏期听觉诱发电位，是声刺激在听觉传导通路中不同部位诱发的电位活动远场记录，它能客观、敏感地反映中枢神经系统功能。

1.检查方法　检测时单耳给予主观听阈加 70 dB 的 Click 刺激，对侧耳以白噪声掩盖。

记录电极置于 Cz，以刺激耳同侧的耳垂为参考电极。

2.BAEP 各波的起源及分级 BAEP 可反映脑干听觉通路及其周围神经结构的功能。可从头皮上记录到 7 个连续正波，每个波均有其明确的解剖学基础。Ⅰ波：蜗神经；Ⅱ波：蜗神经核；Ⅲ波：上橄榄核；Ⅳ波：外侧丘系；Ⅴ波：下丘；Ⅵ波：内侧膝状体；Ⅶ波：丘脑皮层投射区。其中Ⅰ、Ⅲ、Ⅴ波为主波，正常情况下均可引出。

3.测量指标 主要分析各波潜伏期、波幅、波峰间潜伏期、形态学（即成分的出现与否）以及离散性，并进行双侧对照。异常标准：①主波Ⅰ、Ⅲ、Ⅴ波消失或波形分化不良；②同侧Ⅴ/Ⅰ波幅比值小于 0.5；③Ⅰ、Ⅲ、Ⅴ波潜伏期及峰间潜伏期大于正常参考值 3 倍标准差；④峰间潜伏期比值（R）（Ⅲ－Ⅴ）/（Ⅰ－Ⅲ）>1.0。

4.临床意义

（1）评价听神经脑干听觉通路器质性病变：桥小脑角肿瘤（听神经瘤），BAEP 表现各波消失；仅见Ⅰ波或Ⅰ、Ⅱ波；Ⅰ～Ⅴ峰间潜伏期延长，Ⅰ～Ⅴ延长常与肿瘤大小成比例。

（2）脑干病变：BAEP 改变与病灶部位、性质、严重程度有关，以脑桥病变异常率较高。脑桥病变时Ⅳ波后的电位缺失，或Ⅰ～Ⅴ、Ⅲ～Ⅴ峰间潜伏期延长；中脑病变时多有Ⅴ波缺失。

（3）多发性硬化：BAEP 在多发性硬化病人可检出亚临床病灶，但检出率比 VEP、SEP 低。可对治疗效果提供客观指标。BAEP 异常表现为Ⅴ波波幅减低或消失，Ⅰ～Ⅴ、Ⅲ～Ⅴ峰间潜伏期延长。

（4）昏迷与脑死亡：BAEP 用于昏迷病人脑干机能的客观评价，当脑电呈电静息，临床脑干反射完全缺如时，BAEP 常仅存Ⅰ波，提示脑干功能丧失。

（5）后颅凹手术时的听神经监护：利用 BAEP 不易受麻醉剂影响，在手术中监护。例如，偏侧面肌痉挛的后颅凹面神经血管减压术，行 BAEP 监护可降低术后听力下降等并发症。

（6）临床听力学：BAEP 主要用于判断婴幼儿和难于测试的受试者的听力是否健全，对听觉功能异常进行定位，鉴别耳蜗和蜗后病变。

（7）其他：缺氧性脑病（BAEP 各波均消失）；糖尿病：约 50% 病例Ⅰ～Ⅲ波、Ⅲ～Ⅴ波及Ⅰ～Ⅴ波峰间潜伏期延长。

（四）视觉诱发电位

视觉诱发电位（visual evoked potential，VEP）指用闪光刺激或图形刺激等视觉刺激所诱发出的脑电位活动，在双侧枕部的头颅表面记录出的电位变化。

1.检查方法 记录电极置于枕外粗隆上 2～5 cm，及左右旁开 5 cm、10 cm 处。参考电极置于额正中或鼻根上。刺激方法分为两种：①闪光刺激，闪光灯频率为 0.5 Hz～1 Hz，单眼刺激，用于高度视力障碍不能作图形 VEP 者及意识障碍不能合作者，可用皮肤表面电极同时记录闪光视网膜电图（ERG）；可用于研究光敏性肌阵挛的发生机理。②图形刺激,最常用棋盘格反转刺激,图形刺激主要是刺激中心视野(视锥细胞)。格子的大小(图形密度)、图形的亮度和黑白对比度均影响 VEP 波幅和潜伏期。应用时注意矫正视力,因为会影响 VEP 峰潜伏期。优点为潜伏期时比闪光 VEP 离散度小,可作不同视野的刺激(全视野、半视野)。

2. VEP 各波的起源　VEP 的多数成分为皮层起源,含两种来源,主要成分即视冲动起自视网膜的感受器,经外侧膝状体到达枕叶,辅助成分起自视网膜的神经冲动经延髓网状结构和弥散性丘脑投射系统到达枕叶,属长潜伏期 VEP,VEP 从电生理方面对视觉传导通路损伤的性质和病变的部位进行客观的评估。

3. 正常波形

(1)闪光 VEP:主要成分为潜时 100 毫秒的阳性波,但个体差异较大。

(2)图形反转 VEP(PRVEP):全视野刺激时,记录最大的三相波(N75–P100–N145),主要观察 P100 波的变化。

4. 测量指标　主要分析各波潜伏期、波幅、波峰间潜伏期、形态学(即成分的出现与否)以及离散性,并进行双侧对照。异常标准:① P100 波形消失;② P100 波峰潜伏期超过正常参考值 3 倍标准差。

5. 临床应用

(1)多发性硬化:表现为潜伏期延长,尤其是亚临床病人,阳性率可达 60%~90%;

(2)视觉通路的压迫性病变;视神经炎、家族遗传性视神经病变(Leber 氏病)等,表现为潜伏期延长或波形消失。

(3)脑血管病:颈内动脉闭塞影响到视神经时,VEP 出现波幅或潜伏期的变化。

【案例分析】

1.本例患者患的是什么病?若该患者需进行康复治疗,康复治疗的目的是什么?

本例患者诊断为吉兰-巴雷综合征(Guillain-Barrés syndrome,GBS),又称急性感染性多发性神经根神经炎,是由病毒感染或感染后以及其他原因导致的一种自身免疫性疾病。其主要病理改变为周围神经系统的广泛性炎性脱髓鞘。临床上以四肢对称性弛缓性瘫痪为其主要表现。康复治疗的目的是:维持和扩大关节活动范围,增强肌力和耐力,改善和提高患者日常生活自理能力。

2.在康复治疗过程中,怎样进行神经恢复的判定?

在康复治疗过程中,需定期进行神经肌肉电诊断检查,检测神经损伤的恢复情况,来制订正确的康复诊疗计划。

学习检测

1. 简述肌电图、神经传导速度、F波、H反射、单纤维肌电图、躯体感觉诱发电位、运动诱发电位、脑干听觉诱发电位、视觉诱发电位的基本概念。

2. 神经传导速度的临床意义?

3. BAEP各波的起源?

4. 神经肌肉电诊断技术在康复医学中的作用?

项目六
康复治疗常用技术 ——————————————

学习目标

    1. 掌握物理治疗、物理因子疗法、运动治疗技术的概念和区别。

    2. 熟悉常用运动治疗技术和物理因子疗法及其应用。

    3. 掌握言语治疗的基本概念、言语障碍的分类、言语治疗的常用治疗形式，言语治疗的途径、原则、注意事项。

    4. 熟悉传统康复技术方法。

    5. 了解音乐治疗的方式和应用。

    康复治疗是以改善功能和提高生活质量为目标的综合治疗，包括了物理治疗、作业治疗、言语治疗、传统康复等，其共同处是围绕患者生活以主动训练为主题提高患者的生活质量。物理治疗主要关注患者躯体功能，作业治疗主要关注患者 ADL 和精神心理认知功能，言语治疗主要关注言语吞咽方面。

任务一　物理治疗

案例导入

　　患者，女性，43 岁；因"颈痛 1 个月"入院；现病史：患者 1 个月前起出现右颈痛，呈间歇性发作，长期低头伏案工作加剧，休息后缓解，无明显颈椎关节 ROM 受限。曾就诊于某医院行颈椎 X-Ray 检查提示"颈椎反弓"，今日患者来我院康复门诊进一步治疗。

　　查体：神志清楚，含胸驼背，第 5 颈椎棘突压痛（＋），VAS 6-7 分，上斜方肌和胸锁乳突肌紧张度增高，颈椎椎间孔挤压试验（－），旋颈试验（－），颈椎各关节活动度轻度受限，四肢肌力及肌张力皆正常，大小便正常，Babinski 征阴性，Hoffmann 征阴性。

思　考

1. 请问导致患者疼痛的原因是什么？
2. 请为本患者制定物理治疗方案？

一、概述

（一）概念

物理治疗（physical therapy）是指利用声、光、电、磁、力、冷、热等各种物理因素，通过手法或者训练，针对人体局部或全身性的功能障碍或病变，采用非侵入性、非药物性的治疗来恢复身体原有的生理功能达到预防或改善患者功能障碍，提高生活质量的康复手段。物理治疗可以分为两大类，一类是以功能训练和手法治疗为主要手段，又称为运动治疗或运动疗法；另一类是以各种物理因子（声、光、冷、热、电、磁、水等）为主要手段，又称为理疗或者物理因子疗法。

（二）内容

（1）检查和评估个体的残损、功能受限、伤残或其他与健康相关的情况，以决定诊断、预后和治疗介入。

（2）通过设计并执行治疗，调整治疗介入来减轻残损和功能受限。

（3）预防损伤、残损、功能受限和残疾，包括促进不同年龄人群的健康和生活质量提高。

（4）从事物理治疗相关咨询、教育和研究。

（三）适应证

1. 神经系统疾病　脑血管疾病和外伤、脑退行性病变、脊髓病变和损伤、周围神经疾病或损伤等引起的肢体功能障碍。

2. 骨骼、肌肉系统疾病 关节炎、强直性脊柱炎、软组织损伤、骨折、颈肩腰腿痛等造成的运动功能障碍。

3. 心肺功能障碍疾病 胸、腹腔和心脏手术前后，慢性阻塞性呼吸疾病、胸膜炎、肺炎和支气管扩张等引起运动功能障碍。

4. 消化系统、泌尿生殖系统系统疾病

5. 皮肤组织物理治疗及其他等

二、运动治疗技术

通过手法或治疗性运动使患者运动功能、感觉功能恢复的训练方法，运动治疗在恢复、重建功能中起着极其重要的作用，是物理治疗的主体。

（一）关节活范围训练

关节活动范围训练是指利用各种方法以维持正常的关节活动范围或改善因关节周围组织粘连而造成的关节活动度下降的一种康复手段。

1. 关节活动范围训练的适用范围

（1）因长期关节制动而出现的关节粘连和挛缩。

（2）因力学因素所致软组织挛缩、疼痛、粘连。

（3）因神经疾患所致的关节活动范围减小或受限。

2. 关节活动范围训练的禁忌证

（1）因各种原因而致的关节不稳。

（2）关节内骨折未愈合。

（3）关节内炎症、肿胀。

3. 关节活动范围训练的基本方法

（1）主动关节活动范围训练：在治疗师指导下自主活动肢体，尽可能达到关节最大幅度，关节各方向依次都要训练，动作平稳缓慢，活动末端可稍停留维持。适用于患者意识清晰，可遵医嘱患者。主动活动的特点是在活动关节的同时还可以锻炼肌肉，如果有疼痛的患者，还可以根据疼痛控制幅度，避免损伤。

（2）被动关节活动范围训练：利用外力活动患者肢体，肢体放松无肌肉收缩。可以是治疗师或者患者健侧带动患侧活动肢体，也可以利用器械完成。适用于肢体因疼痛不能活动，瘫痪或者昏迷导致肢体不能活动，肌腱断裂或者骨折未愈合时肌肉收缩可造成损伤的情况。

（3）助力关节活动范围训练：自身可以主动活动，但是不能达到有效范围，需要辅助支持才能完成的关节活动范围训练。通常可利用健侧、器械等，如肩周炎患者常做的爬墙训练，通过手指跟墙面的摩擦力辅助肩关节上抬。

（4）持续被动运动（continue passive motion，CPM）：肢体放于CPM器械上不需要主动运动，器械会带着肢体持续不断的活动，主要用于预防制动引起的关节挛缩，增加关节周围软组织延展性，促进关节内软骨、韧带和肌腱的修复，改善局部血液循环、淋巴循环而促进肿胀、疼痛消除。CPM 器械有髋–膝–踝持续被动运动器械，肩、肘关节器械。被动运动幅度、速度、治疗时间可根据患者情况调节。

4. 关节活动范围训练的注意事项

（1）一般来说活动范围应达到关节的全范围，关节的各个方向都应活动到位。若关节有失稳或者撞击等情况可减少活动范围，在安全范围内活动。

（2）患者治疗过程中发生强烈疼痛应停止治疗查明原因。

（3）若治疗后疼痛感没有逐渐减弱，疼痛在 24 小时后还没有消失，考虑是否用力过度。

（4）因关节被动活动经常需要床边治疗，治疗师需要注意自我保护，尽量避免弯腰。

（二）关节松动术

关节松动技术是治疗师在关节活动可动范围内完成的一种针对性很强的手法操作技术，主要治疗因力学因素（非神经性）引起的关节功能障碍。

1. 关节松动术的作用 关节松动术可促进关节液流动，增加关节软骨和软骨盘无血管的营养，缓解疼痛，防止关节退变。还可以抑制脊髓和脑干致痛物质释放，提高痛阈。保持关节周围组织的伸展性，改善关节活动度。增加关节本体感觉输入，关节位置、活动速度和方向，及肌肉张力及变化。关节松动术适于任何力学因素引起的关节功能障碍，关节疼痛。

2. 关节松动术的基本方法

（1）摆动：骨的杠杆样的运动，属于生理运动，摆动时要固定关节近端，关节远程做往返运动。

（2）滚动：一块骨在另一块骨表面发生滚动时，两块骨的表面形状必然不一致，接触点同时变化，所发生的运动是成角运动，其滚动的方向总是朝向成角骨运动的方向。

（3）滑动：一块骨在另一块骨上滑动，一侧骨表面的同一个点接触对侧骨表面的不同点。滑动方向取决于运动骨关节面的凹凸形状（凸出–滑动方向与成骨角运动方向相反；凹陷–骨动方向与成骨角运动方向相同。由于滑动可以缓解疼痛，合并牵拉可以松解关节囊，使关节放松，改善关节活动范围，临床应用较多。

（4）旋转：旋转是指移动在静止骨表面绕旋转轴转动，旋转时，移动表面的同一点作圆周运动。旋转常与滑动，滚动同时发生，很少单独作用。

（5）分离和牵引：分离是当外力作用使构成关节两骨表面呈直角相互分开时称分离或关节内牵引。牵拉：当外力作用于骨长轴使关节远程移位时，称为长轴牵引。

3. Matland 分级标准

Ⅰ级：在关节活动的起始端，小范围、节律性地来回松动关节。

Ⅱ级：在关节活动允许的活动范围内，大范围、节律性来回松动关节，但不接触关节活动起始和终末端。

Ⅲ级：在关节活动允许的活动范围内，大范围、节律性来回松动关节，每次均接触到关节活动的终末端，并能感到关节周围软组织的紧张，但是并不接触起始端。

Ⅳ级：在关节的终末端，小范围、节律性地来回松动关节，每次接触到关节活动的终末端，并能感觉到关节周围软组织的紧张。

手法应用选择：手法分级可用于关节的附属运动和生理运动，Ⅰ级、Ⅱ级用来处理疼痛，Ⅲ级、Ⅳ级处理关节活动度受限。既有关节活动度受限又有疼痛选择Ⅱ级或Ⅲ级，若疼痛明显选择Ⅱ级，若关节粘连明显选择Ⅲ级。

（三）肌力训练

肌力是肌肉收缩时产生的力量。肌肉耐力是指肌肉反复收缩时耐疲劳的能力。肌力训练是运用各种训练的方法逐步增强肌肉力量和肌肉耐力，改善肢体运动功能，同时肌力训练具有预防各种骨关节疾病及术后患者的肌肉萎缩、促进肌肉功能恢复的作用。

1.肌力训练适用范围　各种肌肉骨骼系统病损以及周围神经病损常导致患者的肌力减弱、肌肉功能障碍等，影响肢体运动功能。肌力训练原则要满足三个方面：阻力原则，超常负荷原则（强度、时间、频率、间期、肌肉收缩的方式），肌肉收缩的疲劳度原则。

2.肌力训练时的注意事项

（1）选择适当的方法：根据目的、疾患、时期以及肌力的级别不同，选择被动运动、辅助主动运动、主动运动、抗阻力运动等不同的训练方法。

（2）适合的阻力：阻力合适与否直接影响到训练效果。及时、正确地增减抵抗量与辅助量，是提高肌力、避免损伤的关键。

（3）科学地设计运动量：根据超量负荷原则，结合患者的具体情况，设计足够的运动量，且应坚持6周以上的训练（以第2天不感到疼痛和疲劳为宜）。

（4）防止出现代偿动作

（四）平衡训练

1.基本概念　平衡训练是指人体保持身体处于直立位置，不会跌倒的能力。平衡分为静态平衡和动态平衡。静态平衡是无外力作用下，自身可以控制稳定状态的能力。动态平衡是指当身体在运动过程中维持稳定，或者有外力作用破坏了原有稳定，通过身体姿势调节重新获得平衡的过程。

2.维持平衡的因素

（1）感觉的输入：应有良好的本体感觉、视觉、前庭觉，可感受身体姿势。

（2）运动的输出：应有良好的肌肉控制能力、反射调节能力，包括踝调节、髋调节、跨步调节、上肢保护性伸展反射。

（3）中枢整合能力：良好的中枢整合能力可以分析感觉的输入，正确判断身体位置，通过运动的输出予以调节，达到保持平衡的能力。

3.平衡训练的原则　平衡的条件是重心必须在支撑面内才能维持平衡。平衡训练围绕平衡训练的条件循序渐进，从简单到复杂。支撑面从小到大，重心由低到高，从睁眼到闭眼，从静态到动态。平衡训练需要保证患者安全，注意防止患者摔倒，做好安全防范。

（五）协调训练

协调性指身体作用肌群之时机正确、动作方向及速度恰当，平衡稳定且有韵律性。用于深部感觉障碍、小脑性、前庭迷路性和大脑运动失调，以及一系列因不随意运动随之的协调功能障碍。协调训练是利用残存部分的感觉系统以及利用视觉、听觉和触觉来管理随意运动，需要集中注意力，反复训练。

（六）神经肌肉易化技术

易化技术（facilitation techniques）又称神经生理学疗法或神经发育学疗法。这是一类改善脑组织病损后，肢体运动功能障碍的治疗技术，是根据神经生理学与神经发育学的原理和规律，利用各种方式刺激运动通路上的神经元，调节其兴奋性，以获得正确的运动控制能力的一类康复治疗方法。

1. Bobath 技术　由英国物理治疗师 Bobath 夫妇根据长期的临床经验总结出的处理中枢神经系统损伤运动功能障碍的方法。

Bobath 偏瘫治疗技术的基本观点认为：中枢神经系统损伤运动功能障碍，主要是由于大脑高级中枢对低级中枢失去控制，低级中枢原始的反射失去抑制所致。表现为异常的张力、异常的姿势、异常的协调、异常的运动模式和异常的功能行为。例如，痉挛模式的出现，上肢表现为屈曲内收内旋，下肢表现为伸展外展外旋，主要问题是运动控制障碍，而不是直接的肌力的问题。正常的运动模式是不可能建立在异常的运动模式的基础上的，只有抑制异常的运动模式，才有可能诱导正常的运动模式。因此治疗的重点在于改变患者的异常姿势和异常运动模式，所以 Bobath 治疗原则是：①控制肌张力；②按照人体运动功能发育顺序，促进主动运动；③重视全身整体治疗。

2. Brunnstrom 技术　是由瑞典物理治疗师 Signe Brunnstrom 于 20 世纪 70 年代创立的一套中枢神经系统损伤后针对运动障碍的治疗方法。

该方法主要依据患者运动功能恢复的各个不同阶段，提出了"恢复六阶段"理论：即肌张力由低逐渐增高，联合反应、共同运动、痉挛状态逐渐显著，随着共同运动的完成，出现分离运动、精细运动等，直至完全恢复正常。此疗法利用各种运动模式诱发运动反应，再从异常运动模式中引导、分离出正常运动的成分，达到恢复患者运动功能的目的。

3. 本体感觉神经肌肉促进技术（PNF）　最初由 Herman Kabat 于 20 世纪 40 年代末所发展。PNF 技术是以自身抑制和交互抑制等神经生理学机制为基础。Alter 认为，PNF 技术是基于促进和抑制、阻力、扩散以及反射等重要的神经生理机制。

三、物理因子疗法

物理因子疗法临床可用于：炎症性疾病、创伤性疾病、机能性疾病、疼痛性疾病、血管痉挛及末梢循环障碍性疾病、变态反应性疾病等。

物理因子疗法禁忌证：①佩带心脏起搏器者，特别是按需心脏起搏器（可能会影响起搏器的正常功能，引起室颤）；②外周血管性疾病，如静脉血栓形成，可能会引起栓子脱落；③对刺激不能提供感觉反馈的患者，如婴幼儿、老人、精神疾患；④不能放置功能性电刺激（functional electric stimulation，FES）电极的部门［颈动脉窦处（电流可能会影响血压和心脏收缩，引起心律失常）、感染部位（可以加重感染）、孕妇的躯干部位（可以引起子宫收缩）、手术部位（肌肉收缩可以引起伤口裂开）、恶性肿瘤，皮肤感觉缺损或对电极过敏的部位］。

（一）神经肌肉电刺激（NES）

神经肌肉电刺激是指任何利用低频脉冲电流刺激神经或肌肉引起肌肉收缩，以达到提高肌肉功能或治疗神经肌肉疾患的一种治疗方法，包括功能性电刺激和经皮电神经刺激等。

（二）功能性电刺激（FES）

FES 是利用一定强度的低频脉冲电流，通过预先设定的刺激程序来刺激一组或多组肌肉，诱发肌肉运动或模拟正常的自主运动，以达到改善或恢复被刺激肌肉或肌群功能的目的。FES 所刺激的肌肉在解剖上具备完整的神经支配，但是失去了应有的收缩功能或失去了中枢神经的支配（如脊髓或脑损伤），其特点是可以产生即刻的功能性活动，如上肢瘫痪患者手部肌肉在受到刺激时，可以产生即刻的抓握动作；下肢瘫痪患者（截瘫、偏瘫）的腿部肌肉在受到刺激时，可以产生行走动作；等等。

FES 可以改善或促进瘫痪肌肉的功能恢复，预防或延缓肌肉的失用性萎缩，维持或增加关节活动范围，增加局部的血液循环，肌肉功能的再训练，预防下肢手术后深静脉血栓形成。

（三）膈神经刺激仪

膈神经刺激仪通常用植入式电极，适用于两类患者：一类是高位脊髓损伤（膈神经核可能部分或完全破坏）；另一类是中央小气道通气功能低下（central alveolar hypoventilation，CAH），CAH 多为先天性，但在脑干损伤或对 CO_2 不敏感的患者也可以出现。患者清醒时呼吸功能正常，入睡后容易出现呼吸暂停，需要用膈神经刺激仪治疗，但要除外睡眠中有上呼吸道阻塞。

（四）膀胱控制治疗仪

膀胱控制治疗仪利用植入电极刺激支配膀胱的神经或神经根（如骶神经前根）。治疗有两个目的：一是恢复膀胱的控制能力；二是达到有效排空。

（五）经皮电神经刺激（TENS）

经皮电神经刺激是指将电极放在皮肤表面，通过低频脉冲直流电刺激神经纤维，达到治疗目的。广义上任何利用表面电极的电刺激都可以称作为 TENS，习惯上则指用于治疗疼痛的低频脉冲电刺激。①通用型 TENS（conventional TENS）为感觉水平刺激，特点为频率高（100 Hz 以上）、强度低、脉宽小，20 ～ 100 μs（通常为 50 ～ 80 μs）。由于这一型 TENS 主要通过脊髓机制刺激 II 型神经纤维来达到镇痛作用（没有肌肉收缩），因此，镇痛作用快，持续时间短，一般在治疗后数小时内有效。②针灸型 TENS （acupuncture-like TENS）为运动水平刺激，特点为频率低（1～4 Hz）、强度高、脉宽大（1～200 μs），治疗时刺激电极通常放置在针灸的穴位上或运动点上，能引起可见的肌肉收缩，主要刺激 III 型和 IV 型神经纤维以及小运动神经纤维，镇痛作用慢于通用型，但持续时间长。③混合型 TENS（burst train TENS）由一系列较高频率的脉冲（100 Hz）叠加在较低频率的脉冲（1～4 Hz）上所产生，患者容易耐受引起较强肌肉收缩的刺激强度。也有作者将此型称为针灸型，二者的区别在于针灸型为单次脉冲，混合型为系列脉冲。④调制型 TENS（modulation mode TENS）电流强度从 0 增加到预先设置的水平，持续 2 s 再回到 0，间歇 1 s，如此循环，给患者一种舒服的按摩感受。

TENS：除了用于治疗各种类型的疼痛之外，还可用于治疗脑损伤患者的肢体瘫痪，减轻肌肉痉挛；治疗不稳定性心绞痛，缓解肿瘤患者化疗时出现的恶心和呕吐等副作用，减轻 Down 综合征患者的自我伤害行为，改善下肢烧伤患者烧伤局部的血液循环，改善早期 Alzheimer 患者的非语言性短期和长期记忆，语言性长期记忆和语言的流利性，据文献报告，均取得了良好的疗效。

（六）肌电生物反馈疗法

肌电生物反馈疗法是将患者自己的肌电信号反馈回仪器，控制电刺激输出。具有生物反馈、认知再学习、促进本体感觉恢复的作用。仪器能自动检测瘫痪肌肉的肌电信号，动态设定阈值，重建大脑和瘫痪肌肉的功能联系，充分调动患者的积极性，促进患者达到越来越高的目标。因此，比普通的神经肌肉电刺激疗法有更好的疗效。肌电生物反馈疗法可应用于脑血管意外、颅脑外伤引起的偏瘫、脊髓损伤截瘫、周围神经损伤引起的肌无力、偏头痛、紧张性头痛、失眠、神经症、焦虑症、高血压、痉挛性斜颈等。

（七）经颅磁刺激技术（TMS）

经颅磁刺激技术是一种无痛、无创的绿色治疗方法，磁信号可以无衰减地透过颅骨而刺激到大脑神经，实际应用中并不局限于头脑的刺激，外周神经肌肉同样可以刺激，因此现在都称其为"磁刺激"。根据 TMS 刺激脉冲不同，可以将 TMS 分为三种刺激模式：单脉冲 TMS（sTMS）、双脉冲 TMS（pTMS）以及重复性 TMS（rTMS）。重复经颅磁刺激（rTMS）用于治疗主要是通过改变它的刺激频率而分别达到兴奋或抑制局部大脑皮质功能的目的。

临床诊断经颅磁刺激技术（TMS）作为新的神经电生理技术，与肌电图诱发电位仪结合新开辟的检查项目有：①运动诱发电位（MEP）是刺激运动皮质在靶肌记录到的肌肉运动复合电位；检查运动神经从皮质到肌肉的传递、传导通路的整体同步性和完整性；②中枢运动传导时间（CMCT）；③运动阈值（MT），是指在靶肌记录到大于20 μV MEP 时最小头部磁刺激强度；反应中枢运动神经兴奋性；④成对刺激和皮质间的抑制和易化（ICI/ICF）；⑤中枢静息期（CSP）。

神经内科、精神心理科及康复科的应用：经颅磁刺激技术在神经、精神心理科及康复科的应用可以看作一种暂时的、可逆的"虚拟性损毁"。TMS 可用来刺激视皮层、躯体感觉皮层等大脑皮层，引起局部的兴奋或抑制效应，以探测系统的功能。另外，TMS还可以用于学习、记忆、语言及情绪等领域的研究。新一代的无框架立体定位式TMS能整合 fMRI 结果，极大地提高 TMS 刺激部位的准确性，精确控制刺激大脑的深度从而可以准确地调节刺激强度，已经发展应用于神经外科手术中。

（八）自然疗法

自然疗法（naturopathy）是利用自然物理因子的影响，促进人体疾病、身心康复，达到强身健体、防病治病的方法，亦称自然康复法。常用的自然因素有：气候、日光、海滩、洞穴、森林、矿泉等。空气浴疗法是指裸体或半裸体直接接触空气，利用空气中气温、气湿、气流及其化学成分等理化因素对人体的综合作用来养生康复的方法，称为空气浴疗法，亦称空气浴康复法。岩洞疗法是指利用自然环境中的天然洞穴，或掘地为窟的人工洞穴，进行养生防病和康复治疗的方法，亦称岩洞康复法。高山疗法是利用高山气候、环境对人体的影响，以使疾病康复的方法，其在中医古籍中，称为山巅疗法、山之绝顶法，所谓高山，一般以海拔在 1500～3000 m 的高地为适宜。日光浴疗法是利用日光照射全身或局部，通过日光对机体功能的调节作用，而对疾病进行康复及养生延年的方法，亦称日光浴康复法、阳光康复法。

【案例分析】

1. 请问导致患者疼痛的原因是什么？

患者由于长期伏案工作，造成颈部周围肌肉功能下降，出现上交叉综合征，上斜方肌和胸锁乳突肌紧张，颈部深层肌肉无力。

2. 请为本患者制定物理治疗方案？

治疗计划：缓解疼痛，降低上斜方肌和胸锁乳突肌张力，强化深层肌肉功能，纠正错误姿势。

治疗方法：缓解疼痛和放松肌肉，使用中频理疗，筋膜松解；强化深层肌肉训练；纠正姿势需要牵伸胸大肌等紧张的肌肉，强化颈背部肌肉。

学习检测

1. 物理治疗与物理因子治疗一样吗？差别是什么？
2. 试述经颅磁刺激在神经内科、精神心理科及康复科的应用。

任务二　作业治疗

案例导入

赵××，男，48岁，博士，机关公务员。"突发意识不清伴肢体不灵20天"入院。11月08日下午2点左右活动过程中突然出现口角歪斜，随即出现左侧肢体活动不利。查颅脑CT示：右侧基底节出血，面积较大，破入侧脑室。送神经外科开颅血肿清除术等治疗。现患者神志清楚，已经可以在室内短距离独立步行，左肩疼痛明显，饮食尚可，二便正常。既往史：有高血压病5年。

思　考

1. 患者目前非常想独立洗脸，请从PEO角度评定患者作业能力。
2. 针对评定制定作业治疗方案。

一、概述

（一）概念

作业疗法是让人们通过具有某种目的性的作业和活动，来促进其健康生活的一种专业疗法。其目的是通过促进患者必需的日常生活能力，发展、恢复或维持其功能，预防残疾。作业疗法重点是在作业治疗的过程中，以患者为中心，使患者积极地参与活动。

（二）分类

1. 按作业活动对象和性质分类　功能性、心理性、精神疾患、儿童、老年人作业疗法。

2. 按治疗目的和作用分类　用于减轻疼痛的作业，用于增强肌力的作业，用于增强耐力的作业，用于增强协调能力的作业，用于改善关节活动范围的作业。

3. 按实际分类　维持日常生活所必需的基本作业，包括衣食住行、个人卫生等；能创造价值的作业活动：力求通过作业治疗生产出有用的产品但又不以产品为目的，目的是获得一定的技能；消遣性作业活动或文娱活动：目的是转移注意力，丰富生活内容；教育性作业：使青少年获得受教育的能力；矫形器和假肢训练：目的在于熟练掌握穿戴方法和充分利用这些工具完成日常工作或生活。

（三）特点

（1）治疗目标明确，有助于改善和预防患者躯体和心理功能障碍，提高患者生活质量。

（2）选择性作业活动是科学的、合理的，是以作业疗法的理论为基础的。

（3）与患者日常生活或工作学习有关，符合患者兴趣和需求，能被患者接受。

（4）患者的主动参加可调动机体的积极性，并可从作业结果中得到一定的满足。

（5）活动量可调节，主要从活动时间、活动强度、间歇次数和时间等方面。

（6）有助于改善或预防功能障碍，提高患者生活质量。

（7）活动的性质及其作用以科学知识和治疗师的专业经验作为依据，不是盲目的、不合理的。

（四）作业疗法对象

有作业功能障碍的人；老年退化，先天发育障碍；病损导致的永久残障等。

二、作业疗法的适应证和禁忌证

（一）适应证

1. 神经系统疾病　脑卒中、颅脑外伤、脊髓损伤、脊髓炎、中枢神经退行性病变、周围神经伤病、老年性痴呆、老年性认知功能减退等。

2. 骨关节疾病　骨折、骨关节损伤后遗症、手外伤、截肢、断肢断指再植手术、人工关节置换术后、骨性关节病、肩周炎、强直性脊柱炎、类风湿性关节炎等

3. 儿科疾病　脑瘫、肢体残疾、发育缺陷、学习困难等。

4. 内科疾病　冠心病、心肌梗死、高血压病、慢性阻塞性肺部疾病、糖尿病等

5 精神科疾病　精神分裂症康复期、神经症、焦虑症、抑郁症、情绪障碍等。

6. 其他疾病　烧伤、肿瘤等。

（二）禁忌证

意识不清不能配合者，严重认知障碍不能合作者，危重症疾患者，心肺肝功能严重不全等需绝对休息者等。

三、作业治疗师的职责和作用

1. 教育训练者　教导患者学习自我照顾和日常生活活动训练，发挥其健侧的代偿功能，矫正患侧残障。

2. 治疗师　帮助患者恢复身体功能的治疗，加强身体各方面的训练。

3. 指导师　指导患者及其家属配合治疗，以达到预期效果。

4. 职业评定者　探寻患者的职业潜能，并为其提供选择职业的参考。

四、作业疗法目的

（1）维持患者现有功能，最大限度发挥其残存功能。在自理、家务、社交、心理等多方面得到最大的独立性，在生活各方面继续参与并做出贡献，能选择自身认为有意义的生活方式。

（2）提高患者日常生活活动的自理能力。

（3）为患者设计及制作与日常生活活动相关的各种自助具。

（4）提供患者职业前技能训练。

（5）强化患者自信心，辅助心理治疗。

五、作业疗法特点

1.儿童作业疗法特点　儿童作业疗法需要治疗、游戏、教育三结合。治疗中应充分注重患儿家长参与。在计划实施过程中，应将知识性、娱乐性和集体活动相结合。此外儿童康复辅助器具的设计应注重儿童发育的特点。

2.老年人作业疗法特点　老年人作业疗法目标是使老年人获得足够的独立，减少依赖，提高其生活质量。不要求功能完全恢复只是根据个体水平去争取最佳效果。制定方案前首先要充分了解老年疾病的特点，全面掌握治疗对象的全身情况及患者的需求。根据具体情况明确治疗目标，合理制订治疗计划。计划应考虑多种因素对老年作业疗法实施的影响，在训练场所和设备上应充分考虑老年人的特点，以防发生不必要的意外。根据老年人的特点，作业治疗师应进行审慎的评估后，再制定出方案。

六、作业疗法功能评定

作业疗法中的功能评定，是一个获取患者作业能力信息、发现存在的问题、形成想法及提出治疗目标和计划的过程。

作业疗法评定反应机体的综合功能和作业能力，了解功能障碍的严重程度对作业能力的影响，为制订治疗计划提供客观依据。作业治疗评定动态观察功能障碍的发展变化和预后，解决患者的特殊需求，及时观察治疗效果和调整治疗方案，增加患者对自身状况的了解和认识，通过环境评定了解患者的作业潜能，为治疗师提供帮助患者适应、改造环境及简化活动的依据。

（一）作业技能评定

（1）感觉：温、痛、触觉，本体感觉，前庭感觉、视、听、味、嗅觉。

（2）运动：ROM、肌力、耐力、肌张力、协调控制能力、神经反射、平衡。

（3）高级脑功能评定：主要有认知功能、计算能力等。

（4）心理社会活动技能评定：评定影响患者 ADL 和其他日常活动的心理因素。

（二）作业能力评定

（1）日常生活活动（ADL）能力评定：包括基本躯体或躯体的 ADL 和工具性 ADL。

（2）娱乐和兴趣性作业能力评定：包括职业的、业余的、社交的兴趣及作业能力。

（3）生存质量评定。

（4）职业能力评定。

（5）就业前能力评定。

（6）环境评定。

七、作业活动内容

（一）日常生活活动

1. 自我照料　进食活动、梳头、如厕、洗澡、更衣、基本的起居转移、洗脸、刷牙、剃须、化妆。

2. 家务劳动　可分为室内及室外活动，室内再细分为轻巧的家务操作（包括烹调、洗涤与清洁方面的活动，烹饪的准备、烹饪后的清洁与打扫、杂事项的活动整理、家政财务、理财行为等）和辛苦的家务操作（包括扫除活动、清洁家具、洗涤、熨衣、晾晒等，也包括照顾子女等活动及照顾老人疾病患者、照顾宠物等）。

3. 睡眠活动　保障日常充足的睡眠。

4. 日常养生活动　需要结合自身状况科学养生。

（二）工作/生产力

（1）受薪工作。

（2）没有受薪工作。

（3）学业活动。

（三）休闲娱乐

1. 主动式休闲　打太极、气功、茶道等养生活动，也包括体操、球类、跑步、游泳等比赛活动，也有逛街、散步、钓鱼等放松活动。

2. 被动式休闲　看电视、听音乐、看书、看报等。

3. 交际活动　与家人、朋友、亲属等的交际活动。

4. 艺术活动　如弹琴、画画及摄影等内容。

八、活动行为成分

1. 活动行为成分　指活动中每一项动作的基本构成要素，包括动作的基本步骤、运动类型和所需的基本功能等。表现在以下几个方面。

（1）运动功能：肌力、肌张力、耐力、协调性、粗大运动、精细运动等。

（2）感觉功能：听觉、视觉、触觉、本体感觉、实体觉、平衡觉等。

（3）高级脑功能：知觉、记忆力、注意力等。

（4）心理：独立性、自制力、自尊心等。

（5）社交：集体精神、合作共事精神等。

2. 活动行为背景

（1）时间方面。

（2）环境方面：包括自然环境和社会环境。

（3）文化方面：宗教、习俗等需要做的活动。

九、作业活动层次

作业活动层次如表 6-2-1 所示。

表 6-2-1　作业活动层次

作业活动层次	含义	示例
角色 roles	在已有期望、责任和权利的社会中的角色及位置	父母、照顾者
活动 activities	通常是指有目标及指定的工作，对参与者有意义，并且与多项任务有关，即组成任务的单位	购物
任务 tasks	具有共同目的和行动的结合，对参与者有意义，处理不同的任务构成了人一生的作业。	书写一张去食品杂货店的购物清单
行动 actions	可认识的及看得见的行为	触摸、行走、站立
能力 abilities/技巧 skills	支持作业表现的一般特性或者个人的特性	空间感知能力、分析推理能力、手操作技巧等

十、作业疗法治疗原则

在制定作业治疗方案时需要根据患者的功能障碍确立作业治疗目标，同时还要结合患者身体基本状态、本人的愿望和所处环境等诸多因素，选择其能力范围内可以完成的作业治疗方法。

（1）选择作业治疗的内容和方法需与治疗目标相一致。

（2）恢复实用功能目标、恢复辅助功能目标、获得功能目标、发挥代偿功能目标。

（3）根据患者的愿望和兴趣选择作业活动。

（4）选择患者能完成 80% 以上的作业活动。

（5）作业治疗在考虑局部效果时要注意对全身功能的影响。

（6）作业治疗的选择需与患者所处的环境条件相结合。

十一、作业治疗技术

作业治疗技术有很多种，可以按照作业的功能分类，通常包括自我照顾性作业、生产性作业和文娱作业；也可以按所需的技能进行分类，包括对肌肉骨骼功能、感觉运动功能、感觉功能、心理社会功能障碍。

（一）按作业功能分类的治疗技术

（1）生活技能训练：生活技能含义较为广泛，它既是与患者日常生活密切相关的一种生活技能，又包括与患者回归社会相关的一些高级生活技能，相当于基本日常活动能力和工具性日常活动能力。生活技能训练的成功与否取决于本人、家庭成员及亲朋好友、医护人员、社区服务人员等之间的相互理解、配合和支持，取决于患者主观的愿望和客观条件。

（2）工作和职业技能训练。

（3）工艺和园艺疗法。

（4）压力治疗。

（5）辅助工具和自助器具使用。

（6）教育及咨询。

（7）环境改造技术。

（二）按照作业技能分类的治疗技术

1. 感知技能训练 感觉再训练、感觉敏感性训练、感知觉训练、感觉替代训练。

2. 运动技能训练 改善肌力和肌张力的训练，维持关节活动度的训练，运动协调性和灵巧度的训练，平衡训练，身体转移训练。

3. 认知技能训练 定向能力训练，注意力训练，提高醒觉能力的训练，抽象思维能力训练，学习能力的训练，记忆能力训练，社交能力的训练，改善患者自知力的训练，

4. 心理技能训练

十二、自助具的应用

1. 自助具 是利用患者残存功能，在不需要借助外界能源的情况下，单靠患者自身力量就可以独立完成日常生活活动而设计的一类器具。选用以实用、经济、可靠为原则。

2. 矫形器 主要用于预防、矫治肢体和躯干的畸形，保护残留肢体的功能和进行功能补偿。

十三、作业活动分析

1. 作业活动分析 作业活动分析是逐步分析一种活动中许多基本动作的过程。按这种活动的实际过程或动作步骤将它分解成一些最简单的成分。

（1）活动范畴：指人类的所有基本活动，其包含为日常生活活动、工作生产活动和休闲娱乐活动。

（2）行为构成：指活动中每一项动作的基本构成要素，包括动作的基本步骤、运动类型和所需的基本功能等。

（3）行为场景：是指活动发生的基本外界条件，包括时空条件、物质和社会环境等。

（4）任务分析：指分析个人活动和行为构成、行为场景之间的动态关系，是对某一项日常生活活动、工作生产活动或休闲娱乐活动的基本行为构成以及患者完成该活动所应具备行为场景的一个分析认识的过程。

（5）活动分析：指在治疗过程中评估治疗性活动中患者的主动性和行为构成，是对一项治疗性活动的基本行为构成以及患者能够完成该活动所应具备的功能水平的一个分析认识的过程。

2. 作业活动分析必要性 可以观察和了解作业动作的基本组成，选择适合患者的作业活动。便于确定患者完成的程度。便于区别作业活动程度。分解动作便于学习和训练。

3. 简单分析法具体内容

What：选择适合患者需要的活动，能够解决问题和引起患者兴趣。

Why：满足各种患者需要（躯体上、心理上、认知上）。

Where：选择适宜进行活动的场地和环境进行分析和治疗。

Who：患者、治疗师、亲属等。

When：活动时间应符合患者需要和遵循患者的生活习惯。

How：分析活动基本动作和过程，明确活动方式，如运动类型（脑力/体力），是否需要借助器具，要求的位置、运动、反应、认知功能状态等是什么。

【案例分析】

1.患者目前非常想独立洗脸，请从人、环境与作业模式（Person-Environment-Occupation Model，PEO）角度评定患者作业能力。

P：左上肢肌张力偏低，肩肘控制差，腕指屈曲未见有明显主动活动。辅助手评定：左上肢辅助手正常。

E：患者是公务员，工作单位制度要求衣着整洁等，与家人、同事、朋友的交往中，不希望被看到蓬头垢面。使用洗面奶可以使脸部清洗得更干净，洗脸池前有镜子，可以看到自己的洗脸行为。

O：患者洗脸习惯用洗面奶，基本程序是先用水把脸打湿，挤洗面奶，用洗面奶洗脸，清水洗脸，毛巾漂洗，绞干毛巾，擦干脸部。患者对洗脸过程已形成习惯，主要困难在于挤洗面奶、绞干毛巾等需要双手协调和精细功能的动作。有时也会不能很好地洗清患侧脸部。

2.针对评定制定作业治疗方案。

强化基础能力训练，利用滚筒训练、磨砂板训练、上肢操球训练改善偏侧上肢肩肘控制能力，利用移动木柱训练、木钉板训练改善腕手功能。日常生活活动能力训练进一步强化洗脸、更衣、穿袜、穿鞋等生活自理能力训练，特别是挤洗面奶、挤牙膏、扣纽扣、系鞋带等精细动作。教育家人逐渐减少协助或旁边监护的时间。

学习检测

1.简述作业疗法治疗原则。

2.作为作业治疗师，如何分析作业活动？

任务三　言语治疗

案例导入 ◆

患者，男，12 岁，自闭症，言语评估为言语响度偏弱，响度测量为 57 dB。患者是独生子，父亲是公司文员，母亲无业全职照顾孩子。由患者响度判断该患者存在响度过低的问题，需要增加响度训练。

思　考

请根据患者情况拟订详细的响度训练方案。

一、概述

1. **言语治疗（speech treatment，ST）**　是康复医学的重要组成部分。其内容包括对各种言语障碍和交流障碍进行评定、诊断、治疗与研究，包括临床医学、听力学、语言学、教育学、心理学、言语病理学及电声学等多学科为一体的综合性学科。言语说话（口语），是神经和肌肉组织参与的发声器官的机械运动。言语障碍：发音困难、嗓音产生、气流中断、言语韵律出现困难。代表性的言语障碍，如构音障碍。

2. **语言（language）**　人类社会中约定俗成的进行思想交流的符号系统，包括口头符号、文字符号，也包括姿势符号（手势、面部表情、手语、旗语），包括对符号运用（表达）和接受（理解）的能力，也包括对文字语言符号的运用（书写）、接受（阅读）以及姿势语言和哑语。代表性语言障碍：失语症和儿童语言发育迟缓。

3. **失语症**　言语获得后的障碍是由于大脑损伤所引起的言语功能受损或丧失，常表现为听、说、读、写、计算等方面的障碍。

4. **构音障碍**　构音器官神经、肌肉病变，引起构音器官的肌肉无力、瘫痪或肌张力异常和运动不协调出现发声、发音、共鸣、韵律等异常。分为运动性构音障碍、器质性构音障碍、功能性构音障碍，最常见的构音异常为音的置换、歪曲、省略、添加。

5. **儿童语言发育迟缓**　儿童在生长发育过程中其言语发育落后于实际年龄，最常见病因是大脑功能发育不全、脑瘫、自闭症等。

6. **听力障碍所致的言语障碍**　注意鉴别获得言语之前与获得言语之后的听觉障碍，临界期：6 岁，获得言语之后的听觉障碍处理只是听力补偿问题，获得言语之前的听觉障碍导致言语障碍，需言语康复治疗。

二、言语神经控制与发育基础

1. **优势半球和言语中枢**　优势半球在言语能力、逻辑推理、左右定位以及计算功能等方面占优势（多位于左侧大脑半球）。非优势半球在音乐、美术、想象力、躯体和空间的定向、几何图形和人物面容的识别及视觉记忆功能等方面占优势（多位于右侧大脑半球）。语言中枢是人类大脑皮质所特有的。语言区所在的半球称为优势半球。儿童时期若在大脑优势半球尚未建立时左侧大脑半球受损伤，有可能在右侧大脑半球皮质区再建立其优势，而使语言机能得到恢复。

2. 语音发育和发展的年龄特点

语音发育和发展的年龄特点如表 6-3-1 所示。

表 6-3-1　语言发育和发展的年龄特点

年龄	发育标准
出生	会哭
2～3 个月	不同感受哭声不同，会咿咿呀呀交流
3～4 个月	会自己发声
5～6 个月	有节律的发声
6～11 个月	有意义地发出 "baba, mama, dada"
12～18 个月	清楚地说出 1～2 个字，知道自己的名字，可以模仿声音，理解简单指令
2～3 个岁	认识身体部位，可以把名词和动词联系在一起说短句子
3～4 岁	说 4、5 个字以上的句子，知道自己的姓名，会讲故事唱儿歌
4～5 岁	说长句子，会问 "为什么"，知道颜色
5～6 岁	理解空间关系，知道上下左右，认识地址、钱币

三、言语障碍的分类

1. 言语听觉失认证（verbal auditory agnosia）　又称 "听觉感觉缺失""词盲"。这类患者常常不能理解由听觉通道传来的语言信息，但若以视觉信息呈现如书面语或者手语，则完全可以理解。

2. 言语运用障碍（verbal dyspraxia）　又称 "构音障碍""失语症"。这种语言障碍主要是以严重不流利的言语、语句简单短小和有缺陷的语言为特征的表达性语言障碍。

3. 语音加工缺陷综合症（phonologic programming deficit syndrome）　又称 "语音障碍"，这种障碍主要也是表达性语言障碍。但是他们的言语比言语运用障碍的儿童要流利得多，只是由于语音方面的缺陷，因而他们的言语可懂度非常低。

4. 语音 - 句法缺陷综合症（phonologic-syntactic deficit syndrome）　又称 "语音 - 句法障碍"，这类患者同样表现出语音加工缺陷综合症患者所出现的语音问题，但其程度更加严重，而且伴有语法方面的问题。

5. 词汇 - 句法缺陷综合症（lexical-syntactic deficit syndrome）　又称 "词汇 - 句法障碍"。这类患者通常有正常的语音，但是很晚才开始说话，而且找词困难，句法不成熟，在说出句法完整的语句时存在严重的困难。

6. 语义 - 语用缺陷综合症（semantic-pragmatic deficit syndrome）　又称 "语义 - 语用障碍"，这类患者在语言的内容和使用方面存在很多的困难，而在语音和语法方面则相对正常。

四、言语治疗

1. 治疗原则　评估准确、个性化的原则；难易适中、循序渐进的原则；重点突出、多方面综合的原则；积极参与、形式多样的原则；注重心理、环境调整的原则。

2. 治疗途径 训练和指导，手法介入，辅助具，替代方式（如：手势、交流板等）。

3. 治疗原理 基本过程：给患者某种刺激，使患者做出反应，正确的反应要强化（正强化），错误的反应要加以更正（负强化），反复进行可以形成正确反应，纠正错误反应。

【案例分析】

可以选择增加肺活量训练、张嘴咀嚼法、甩臂后推法、试听反馈法等做训练。训练流程：详细，实施时间符合要求。例如，第一阶段可选用"消防员救宝宝"游戏，本游戏是让消防员爬上梯子去救树上的宝宝。消防员爬梯的高度取决于儿童的响度水平，只有当儿童的声音响度逐步达到预设值 60 dB 时，消防员才可救出儿童。未发声时，消防员是在消防车上，开始发声了，消防员就开始向上爬。响度越小，爬行高度越低；响度大，爬行高度越高；响度达到设定 60 dB 时，救出宝宝，并获得奖励。

学习检测

1. 简述言语治疗原则？
2. 简述言语治疗时需要注意的事项。

■ 任务四　传统康复技术

案例导入 ◆

患者，女性；因"腰痛伴右坐骨神经痛2个月"收住入院。其主要症状表现下腰部疼痛，伴右坐骨神经痛。神清，精神可，脊柱外观无明显畸形，第4、第5腰椎棘突及横突侧叩击痛，右下肢直腿抬高试验阳性，加强试验阳性，右下肢屈膝屈髋试验阳性，4字试验阴性，双膝反射（++）、双踝反射（++），右小腿后外侧及右足背外侧浅感觉减退，足背动脉搏动正常，足背伸肌力正常，拇背伸肌力正常，双下肢肌力、肌张力皆正常病理征未引出。辅助检查：腰椎间盘CT提示："①腰 4/5 椎间盘变性、椎间盘向后轻度突出；②腰椎退行性变"。初步诊断：①腰椎间盘突出症；②右侧坐骨神经痛。予以消炎、镇痛、营养神经对症治疗。

思　考

若你是传统推拿师，你将如何对该患者进行推拿治疗？

一、中国传统康复技术

康复治疗技术是在 20 世纪 80 年代随着现代康复医学传入我国并快速发展之后，在现代"康复"概念和内涵的影响下提出的。而"中国传统康复技术"则是在现代康复治疗技术的概念和内涵的影响下，在我国康复治疗师（士）的培养教育与临床康复工作的过程中提出并发展起来的，包括推拿、针灸、太极拳、气功、八段锦等传统医疗康复保健项目。

1. 中国传统康复技术的理论特点

（1）建立在传统哲学基础上的理论体系。

（2）整体康复和辨证康复是指导传统康复治疗的两大核心思想。

（3）独特的发病机制认识、康复评定和康复治疗原则。

2. 中国传统医学对传统康复技术作用原理的认识

（1）疏通经络、活血祛瘀。

（2）调整阴阳、补虚泻实。

（3）舒筋健骨、滑利关节。

（4）祛风散寒、通络除湿。

3. 现代医学对传统康复技术作用原理的认识

（1）对运动系统的作用：调节肌肉张力、恢复关节功能、促进无菌性炎症的吸收。

（2）对神经系统的作用：调节神经的兴奋性、神经修复作用。

（3）对循环系统的作用：改善局部及周身血液循环，促进组织修复；对全身血液循环的影响。

（4）对呼吸系统的作用：针刺、推拿及六字诀等功法常用于慢性阻塞性肺炎、哮喘等疾病的康复。

（5）对其他系统的作用：推拿治疗消化系统疾病，如胃肠痉挛性疼痛，包括幽门痉挛、肠道痉挛、胃炎等，疗效显著。

4. 中国传统康复技术的特色和优势
与养生与康复结合，与自然康复与自疗康复相结合，与内外治相结合，整体康复与辨证康复相结合的综合康复手段，并且具备经济、简易、实用的特点。

5. 传统康复技术

（1）针灸：针灸由"针"和"灸"构成，针法是指在中医理论的指导下把针具（通常指毫针）按照一定的角度刺入患者体内，运用捻转与提插等针刺手法来对人体特定部位进行刺激从而达到治疗疾病的目的。刺入点称为人体腧穴，简称穴位。根据最新针灸学教材统计，人体共有 361 个正经穴位。灸法是以预制的灸炷或灸草在体表一定的穴位上烧灼、熏熨，利用热的刺激来预防和治疗疾病。通常以艾草最为常用，故而称为艾灸，另有隔药灸、柳条灸、灯芯灸、桑枝灸等方法。

（2）推拿：推拿是一种非药物的自然疗法、物理疗法。通常是指医者运用自己的双手作用于病患的体表、受伤的部位、不适的所在、特定的腧穴、疼痛的地方，具体运用推、拿、按、摩、揉、捏、点、拍等形式多样的手法和力道，以期达到疏通经络、推行气血、扶伤止痛、祛邪扶正、调和阴阳、延长寿命的疗效。

（3）拔罐：是以罐为工具，利用燃火、抽气等方法产生负压，使之吸附于体表，造成局部瘀血，以达到通经活络、行气活血、消肿止痛、祛风散寒等作用的疗法。

（4）刮痧：刮痧是以中医经络腧穴理论为指导，通过特制的刮痧器具和相应的手法，蘸取一定的介质，在体表进行反复刮动、摩擦，使皮肤局部出现红色粟粒状，或暗红色出血点等"出痧"变化，从而达到活血透痧的作用。还可配合针灸、拔罐、刺络放血等疗法使用，加强活血化瘀、驱邪排毒的效果。

（5）传统功法

①太极拳：是以中国传统儒、道哲学中的太极、阴阳辩证理念为核心思想，集颐养性情、强身健体、技击对抗等多种功能为一体，结合易学的阴阳五行之变化，中医经络学，古代的导引术和吐纳术形成的一种内外兼修、柔和、缓慢、轻灵、刚柔相济的中国传统拳术。

②五禽戏：2001年，国家体育总局健身气功管理中心委托上海体育学院迅速展开了对五禽戏的挖掘、整理与研究，并编写出版了《健身气功·五禽戏》，其动作编排按照《三国志》的虎、鹿、熊、猿、鸟的顺序，动作数量按照陶弘景《养性延命录》的描述，每戏两动，共十个动作，分别仿效虎之威猛、鹿之安舒、熊之沉稳、猿之灵巧、鸟之轻捷，力求蕴含"五禽"的神韵。

③八段锦：是一套独立而完整的健身功法，起源于北宋，古人把这套动作比喻为"锦"，意为五颜六色，美而华贵，体现其动作舒展优美，现代的八段锦在内容与名称上均有所改变，此功法分为八段，每段一个动作，故名为"八段锦"，练习无须器械，不受场地局限，简单易学，节省时间，作用极其显著，适合男女老少。

二、音乐疗法

音乐疗法，又称为音乐治疗（music therapy），是一种利用乐音、节奏对身心疾病的患者进行治疗的方法。音乐疗法是人类最古老的疗伤方法之一，中国繁体字的"藥"字，就是由草字头加个音乐的"樂"字，反映出音乐和草药一样，都可以作为药物治病。现今越来越多医疗从业人员重新发现声音在治病和调整身心平衡方面的功效。音乐治疗在改善脑卒中、脑损伤患者的意识状态、情绪状态、语言交流能力、运动功能、睡眠状态以及大脑认知功能康复等方面，有其独特的临床应用价值。随着音乐康复治疗的迅速发展，目前已逐渐成为现代康复医学中的一支重要力量。

1. 音乐疗法的作用原理　量子力学已经证明了宇宙万物都是由振动力构成，人体也不例外。一般认为声音是最重要的一种振动能量，由此产生其他各种形态的振动。不同能量场的振动会产生不同的效果，而且任何振动力都会对我们的身心造成有利或有害的影响。

音乐声波的频率和声压会引起生理上的反应。音乐的频率、节奏和有规律的声波振动，是一种物理能量，而适度的物理能量会引起人体组织细胞发生和谐共振现象，能使颅腔、胸腔或某一个组织产生共振，这种声波引起的共振现象，会直接影响人的脑电波、心率、呼吸节奏等。

德国曼斯特大学的研究人员，根据 8 名耳鸣患者的音乐喜好分别予以个性化设计的音乐疗法，并移除了患者耳鸣频率的匹配音频。发现接受改版音乐疗法治疗 1 年后的患者，其耳鸣症状得以显著改善。

2. 音乐疗法的历史沿革 自 20 世纪 40 年代起，人们已逐渐将音乐作为一种医疗手段，音乐在某些疾病的康复中起一定的效果，如降低血压、减轻疼痛及消除紧张等。

从 20 世纪 80 年代开始，在精神病学方面也进行了音乐对精神病康复的探索和临床研究。

音乐疗法对具有淡漠、退缩及思维贫乏等阴性症状者有较好的效果，也有少数试行于抑郁症、神经症与心身疾病患者。音乐疗法的疗程一般定为 1 ～ 2 个月，也有以 3 个月为一疗程的，每周 5 ～ 6 次，每次 1 ～ 2 小时。

在具体实施时，如何选择音乐或歌曲是一个亟待解决的问题。原则上应适合患者的心理（尤其情绪方面），更要适合患者的病情，然后编制设计，规定出一系列适用的音乐处方，故宜深入这方面的研究讨论，以促成相对统一的定式化、规范化。

近年来，欧美等国将音乐疗法广泛用于综合医院临床。美国音乐治疗协会明确指出，音乐疗法在临床适用于身体健康的恢复、改善和维持。在日本，音乐疗法尚处于临床研究阶段。多家医学院附属医院、综合医院和精神病院确定并报道音乐疗法临床的有效性，从心理和身体两方面进行临床评价，确立音乐疗法为一种临床治疗手段。

3. 音乐体感振动治疗的原理 人类对于声音的感受源于振动。一般情况下，音乐是通过增幅器放大信号后从扬声器发出，再经过空气振动而达到人的耳膜。通常人类可以听到的音乐低音部分一般为 50 Hz ～ 150 Hz。低于 10 Hz 的振动一般伴随着自然灾害发生，如地震、海啸、山崩、火山爆发等振动均为含有巨大能量的 3Hz ～ 6 Hz 的低频波。自然界的有些动物可以感知，但人类已失去这种能力。人类通过身体可以感受到的音乐振动称之为"音乐体感振动"，其最大范围为 16Hz ～ 20000 Hz。20Hz ～ 50 Hz 的低频部分使人的重低音感大大增强，伴随着振动感和冲击感给人以极其强烈的临场感。同时，20Hz～50 Hz 的频率范围最能够给人以心理和生理愉悦的快感和陶醉感。体感音响技术是将音乐中 16 Hz ～ 150 Hz 低频部分电信号分练出来，然后经过增幅器放大，通过换能器转换成物理振动，做用于人体传导感知。音乐体感振动治疗可能通过物理、心理、生理、化学、细胞、分子等多种途径，调节人体机能状态。

用于音乐体感振动治疗所采用的音乐曲目是经过音乐、心理等多学科的选择，并且经过特殊录制的能够最好体现音乐体感振动的音乐乐曲。分析乐曲的振动波形和疗效之间的关系，我们将波形分为三大类 16 小类。

第一大类——慢周期信号波：包括二钟波、念波、交互波、碎波、紧虚波、摇波等 6 类波形，主要功效为放松、镇静等。

第二大类——快周期信号波：包括交断、摇交断、钟风等 5 类波形，主要功效为使人欢快、轻松。

第三大类——快周期、紧迫信号波：包括觉醒等 4 类波形，主要功效为使人觉醒和振奋。

4. 高频疗法　高频音乐疗法是根据法国著名音乐学家阿尔弗雷德·托马提斯的理论制作而成，适用于 2 岁以上人群，是一款系统的、科学的音乐调理产品。

5. 音乐听觉理论　托马提斯通过不断的试验研究、实践，得出了具有特色的音乐听觉理论。托马提斯发现每一种语言都有它自己的频率间隔，比如，法语的频率间隔为 1000 Hz ~ 2000 Hz，故法国人对该频率的声音格外敏感。英国人对频率间隔为 2000 Hz ~ 12000 Hz 的声音格外敏感，故英国人对于法国人声音就有"聋"的感觉。这也说明了为什么学习一种新的语言是如此的困难，但是托马提斯又发现可以通过对耳朵的锻炼达到对各外频率的适应，从而达到轻松学习语言的目的。

【案例分析】

若你是传统推拿师，你将如何对该患者进行推拿治疗？

推拿疗法的治疗原则是：治病求本，扶正祛邪，调整阴阳。基本治法为：温法、通法、补法、泻法、汗法、和法、散法、清法。推拿具有疏经通络、促进气血运行、调整脏腑功能、润滑关节、增强人体抗病能力等作用。先通过望闻问切为患者辩证，之后施予适合的治疗方法。推拿后患者症状减轻，结合康复训练巩固治疗效果。

学习检测

1. 中医康复与西医康复一样吗？有哪些相同？哪些不同？
2. 音乐疗法可以用于哪类疾病康复？

项目七
康复医学科的管理

随着国家对残疾人事业的重视，以及对社会老龄化、疾病谱的改变、慢性病发病率持续增加等因素的关注，和社会经济、卫生事业的发展，康复医学在中国取得了很大进步，另外人们对健康和生活质量的要求越来越高，对各种慢性病、老年病、伤残与残疾者的功能障碍恢复的要求也越来越迫切，因此对康复医学科建立的需求更大，康复医学科从20世纪80年代初在我国起步，建设从无到有、从少到多、规模从零到整，从小到大、从点到面，质量从低到高，发展迅速，很多医院已相继设立了康复医学科及中心，然而发展中的中国康复事业仍存在不少问题，如何发展建设康复医学科是人们关注的焦点。康复医学的发展必须满足我国社会现代化发展的需求，因此康复医学科的规范化建设更是重中之重的任务。

2011年4月原卫生部制定了《综合医院康复医学科建设与管理指南》和《综合医院康复医学科基本标准》，进一步指导和规范了我国综合医院康复医学科的建设，同时，国家在康复医学领域的政策支持也极大地促进了学科的发展。

任务一　康复医学科的设置

案例导入 ◆

　　一所市级三级甲等综合医院，设置科室有神经内科、神经外科、儿科、妇科、骨科、心脏内科、中医科等，因临床各科需要，医院准备建立康复医学科，该医院总编制床位 2000 张。

　　思　考

　　1.此三甲医院如何应用康复医学实施体制设置康复医学科？
　　2.康复医学科的建设规模和场地规划？
　　3.康复医学科由哪些部分构成？

一、康复医学科的功能与作用

　　综合医院康复医学科是在康复医学理论指导下,应用功能评定和物理治疗、作业治疗、言语治疗、认知治疗、心理康复、传统康复治疗、康复工程等康复医学诊断和治疗技术,为患者提供全面、系统的康复医学专业诊疗服务的临床科室。

　　综合医院应当根据医院级别和功能提供康复医疗服务,以疾病、损伤急性期与恢复早期的临床康复为重点,与其他临床科室建立密切协作的团队工作模式,选派康复医师和康复治疗师深入其他临床科室,提供早期、专业的康复医疗服务,提高患者整体治疗效果,为患者转入专业康复机构或回归社会、家庭做好准备。同时,综合医院应当与专业康复机构或者社区卫生服务中心建立双向转诊关系,实现分层级医疗,分阶段康复,使患者在疾病的各个阶段均能得到适宜的康复医疗服务,提高医疗资源的利用效率。

（一）综合医院康复医学科的体制建设

　　康复医学是现代医学的必要组成部分,它不是临床医疗的延续,也不是临床工作的重复,康复医疗应贯穿于疾病的整个救治过程,早期康复、全面康复是康复医学遵循的基本主导思想,坚持预防为主,综合应用临床医疗及专业的康复技术,进行功能评估、功能训练、功能的补偿和代替,才能真正预防和减轻残疾者的功能障碍。

　　综合医院康复医学科的建设应根据康复医学的特点,进行科学化、规范化建设与管理,一定要与不同时期的国家政策和医学模式变化相适应。

　　（1）设立独立的一级临床科室——康复医学科,作为全院开展和推动临床康复工作的核心要素,逐步培养康复亚专业队伍,使康复医疗覆盖所有的临床学科。

　　（2）单独设置门诊康复科室,无康复病区设置,主要从事门诊康复医疗,可根据医院的特点和发展需求,选择性的开展床旁康复治疗服务。

　　（3）附属于其他临床科室的康复治疗组,如神经康复组、骨科康复组、儿童康复组,主要针对临床各科开展专业康复治疗。

　　（4）建立与周边社区的分级诊疗体系,实现综合医院康复医学科与社区康复相结合的康复医疗服务,基本建立基层首诊、双向转诊、急慢分治、上下联动的康复医疗体制。

开展有中医特色的康复治疗技术。

（二）康复医学科实施体制中现存的问题

（1）医疗服务价格形成机制与快速发展的专业技术之间的矛盾。

（2）城镇医疗保险对康复治疗项目的覆盖不足。

（3）康复医疗服务的公共性质与商业化、市场化服务方式之间的矛盾。医疗卫生的普遍服务性质，决定了康复医疗必须能够及时满足每一位患者的需求，因此该服务体系应该是多层次、布局合理的。

（4）康复治疗师专业团队的建立和培养问题，康复医学的快速发展，使得康复治疗专业逐步细化，而经济效益和薪酬待遇在现有体制下制约了治疗师专业的建立和培养。

二、康复医学科设置的基本原则

（1）根据卫生部《医疗机构诊疗科目名录》，康复医学科设置为一级诊疗科目，不设二级专业分科。

（2）随着社会与经济的发展和 2011 年卫生部《综合医院康复医学科设建设与管理指南》的实施，二级以上综合医院应当按照《综合医院康复医学科基本标准》独立设置科室开展康复医疗服务，科室名称统一为康复医学科。

（3）基层卫生服务机构逐步向医疗、预防、保健、康复、健康教育和计划生育技术指导"六位一体"功能转化，鼓励一级综合医院设置康复医学科，并能够开展基本康复医疗服务和残疾预防、康复相关健康教育。

三、康复医学科的组成部分

综合医院康复医学科一般应设康复门诊、康复病房、康复治疗室三部分，并具有相应的康复测评和治疗功能，门诊设置专业的诊察室接诊患者，并提供咨询服务等工作。治疗区域最基本设置物理治疗室（包括运动治疗和理疗室）、功能评定室、认知治疗室、心理治疗室、文体治疗室、传统康复治疗、假肢与矫形器等康复医学专业诊疗室，更好地为患者提供全面的康复治疗。病房二级以上综合医院康复医学科必须设置独立康复病房，开设病房能更好地满足医疗、教学、科研的需要。三级综合医院康复医学科床位数不少于医院总床位的 2% 到 5%，二级综合医院康复医学科康复床位数不少于医院总床位的 2.5%。规模较小的康复医学科可不建立病房，但应设置专科门诊，并根据具体情况设置理疗室、运动治疗室或与针灸推拿等传统康复治疗手段结合起来，以满足院内住院患者和门诊患者的需求。

四、诊疗场地与设施

（1）根据 2011 年卫生部《综合医院康复医学科基本标准（试行）》，三级综合医院康复医学科门诊和治疗室总使用面积不少于 1000 m^2，二级综合医院康复医学科门诊和治疗室总使用面积不少于 500 m^2。

（2）康复病房的基本设施与要求与其他学科基本相同，每床使用面积不少于 6 m^2，床间距不少于1.2 m，以方便轮椅和推车通行。

（3）康复医学科应设在医院中功能障碍患者容易抵离的处所，根据实际情况和条件，治疗室既可采取门诊、住院共用的设计方式，也可以在门诊部、住院部分别设置。

（4）康复医学科门诊，病区及相关公用场所应当执行国家无障碍设计规定的相关标准，通行区域和患者经常使用的治疗室、楼梯、台阶、坡道、走廊、门、电梯、厕所、浴室等主要公用设施应采用无障碍设计和防滑地面，室外走廊或过道应允许轮椅和推车通行无阻，通道走廊的墙壁应装有扶手装置。

（5）康复医学科特别是治疗室的地板、墙壁、天花板及有关管线应易于康复设备及器械的牢固安装、正常的使用和经常检修，部分器械的使用如高频电疗室还应注意绝缘和屏蔽。

（6）治疗室应有良好的通风和室温调节设备，对于不同功能与作用的治疗室应进行一些装饰，色彩的设计与布置应有利于患者的治疗与训练。

康复医学科设置如图7-1-1和图7-1-2所示。

图7-1-1 康复医学科设置（1）

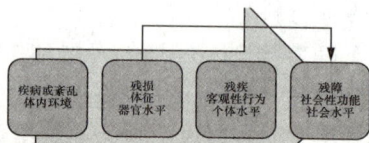

图7-1-2 康复医学科设置（2）

【案例分析】

1. 此三甲医院如何应用康复医学实施体制设置康复医学科？

依据综合医院康复医学科的体制建设，三级综合医院康复医学科门诊和治疗室总使用面积不少于1000 m²，设立独立的一级临床科室——康复医学科，涵盖有门诊、住院病区、康复治疗区。

2. 康复医学科的建设规模和场地规划？

康复医学科门诊、病区及相关公用场所应当执行国家无障碍设计规定的相关标准，通行区域和患者经常使用的治疗室、楼梯、台阶、坡道、走廊、门、电梯、厕所、浴室等主要公用设施应采用无障碍设计和防滑地面，室外走廊或过道应允许轮椅和推车通行无阻，通道走廊的墙壁应装有扶手装置。该三甲医院编制床位2000张，初步设定康复医学科病床应为40~100张。

学习检测

1. 康复医学科的功能和作用是什么？
2. 康复医学科的建设体制是什么？
3. 康复医学科建设体制中的问题有哪些？
4. 康复医学科设置的基本原则是什么？

任务二　康复医学科的常用设备

康复医学科设备的配备包括：康复功能评定设备和用品用具；物理疗法设备，作业疗法设备；言语评估治疗设备；吞咽评估治疗设备；心理测试和治疗用设备；康复工程用设备和工具。

案例导入

某市区二级甲等综合医院开设康复医学科门诊及治疗区域，医院总编制床位 600 张，筹建康复医学科面向临床神经内外科、骨科开展各项康复服务及治疗。

思　考

1. 此医院康复医学科设备应设置哪些类？
2. 该医院应设置哪些相关治疗室？

一、康复功能评定设备和用品用具

康复功能评定设备和用品用具如表 7-2-1 所示。

表 7-2-1　康复功能评定设备和用品用具

1. 量角器	21. 等速运动测定仪
2. 方盘量角器	22. 肌电图仪
3. 手指量角器	23. 诱发电位测定仪
4. 直尺	24. 强度-时间曲线测定仪
5. 量规	25. 表面肌电测定仪
6. 现代化电子量角器	26. 非平衡性协调能力测定用表
7. 9 孔插板等手指灵巧度测定用具	27. 平衡测定仪
8. 前臂稳定度测定仪	28. 下肢负重测定仪
9. 上肢功能评定成套用品	29. 简式 McGill 疼痛测定问卷（MPQ）
10. 手 ADL 功能评定成套用品	30. 失认症检查用品
11. 手感觉检查用品	31. 失用症检查用品
12. 两点分辨觉测定用品	32. 认知能力筛查用量表
13. 触觉识别测试用品	33. 记忆单项智商测定用品
14. 步态分析仪	34. 注意单项智商测定用品
15. 动作分析仪	35. 思维单项智商测定用品
16. 测力平台	36. 观察力单项智商测定用品
17. 脊柱弯曲曲线测定仪	37. 各种 PADL 测定量表
18. 手握力计	38. 各种 IADL 测定量表
19. 指捏力计	39. FIM 测定量表
20. 背拉力计	40. 固定跑台、固定自行车、上肢测定计
41. 心肺功能测定工具	53. 就业能力测定量表
42. 活动平板	54. QLI、LSIA 等生活质量测定量表

43. 多导联心电图仪	55. 其他心理测试用品参阅心理测试
44. 心肺功能测定仪	56. 其他言语功能障碍测试用品参阅言语功能部分
45. 尿流动力学检查设备	57. 计步器
46. 红外线相图仪	58. 人体磅秤
47. 数字皮肤温度计	59. 身高尺
48. 数字血压计	60. 卷尺
49. 耳夹式血氧分析仪	61. 秒表
50. 心率遥测仪	62. 皮脂厚度测量仪
51. 言语障碍筛查量表	63. 本体感觉测试仪
52. 社会生活能力测定量表	64. 关节角度测试仪

康复评定对康复计划的制订、康复效果的评价起着不可或缺的作用。配备一定数量和质量的评定设备，才能对患者功能障碍的部位、性质、类型、程度等进行科学的评定。

二、物理疗法设备

康复物理疗法设备分为两大类：运动疗法类设备和电、光、声、磁、水、热等设备（表7-2-2、表7-2-3）。

表 7-2-2　运动疗法设备

1. 步行训练用平行杠	23. 多功能肌力训练仪
2. 训练用阶梯	24. 四肢联动全身功能训练器
3. 训练用斜板	25. MOTOmed 床旁训练器
4. 训练用扶梯	26. 悬吊式多功能牵引架
5. 哑铃、沙袋、带重量的带子	27. 肩关节旋转器
6. 肋木	28. 前臂旋转器
7. 姿势矫正镜	29. 腕关节环转器
8. 训练用垫子	30. 腕关节屈伸活动器
9. 体操球	31. 髋关节活动训练器
10. 体操棒	32. 踝关节屈伸活动器
11. 各种手杖、拐杖、助行器	33. 踝关节矫正踏板
12. 手支撑器	34. 功率自行车
13. 训练用平台或床	35. 平衡垫
14. PT 床	36. 平衡训练球
15. 多体位功能康复训练床	37. 电动起立床
16. 可调式按摩床	38. 下肢智能训练器
17. 弹力带、弹力绳	39. 减重步行训练系统
18. 悬吊式多功能牵引器	40. 下肢机器人
19. 拉力计、握力计	41. 呼吸功能训练器
20. 墙壁拉力器	42. 呼吸功能测定器
21. 等速训练仪	43. 颈腰椎牵引装置
22. 上下肢协调训练器	44. 轮椅

利用以上设备，在物理治疗师的指导下进行治疗和训练，可以改善和提高患者的躯干与肢体的活动度、肌力与耐力、平衡功能、协调功能、转移功能与步行功能等。运动疗法室的环境要求方便整洁、空间宽敞明亮、设备摆放布局合理，有利于治疗操作及患者康复。

上肢功率车

多功能康复训练仪

步态训练系统

表 7-2-3　电、光、声、磁、水、热等治疗设备

1. 低频脉冲电疗仪	17. 激光治疗仪
2. 神经肌肉电刺激仪	18. 半导体激光治疗仪
3. 痉挛肌治疗仪	19. 磁疗仪
4. 经皮神经电刺激治疗仪（TENS）	20. 磁震热治疗仪
5. 经颅直流电刺激仪（tDCS）	21. 经颅磁刺激治疗仪
6. 肌电生物反馈治疗仪	22. 超声波治疗仪
7. 音频电疗仪	23. 超声药物离子导入治疗仪
8. 电脑中频治疗仪	24. 超声脉冲电导治疗仪
9. 药物导入治疗仪	25. 蜡疗袋
10. 干扰电治疗仪	26. 蜡疗设备
11. 短波治疗仪	27. 水疗设备
12. 微波治疗仪	28. 压力治疗仪
13. 分米波治疗仪	29. 振动治疗仪
14. 红外线治疗仪	30. 冲击波治疗仪
15. 红外线偏振光治疗仪	31. 湿热敷治疗仪
16. 紫外线治疗仪	32. 中药熏蒸仪

理疗设备在康复医学科还是必不可少的，在我国这些理疗设备主要用于常见的炎症、痛症、慢性病、老年病的治疗和康复。对于神经、肌肉原因引起的瘫痪、骨关节病等配合运动疗法等训练能取得更好的效果。

微波治疗仪

大功率短波治疗仪

电脑干扰电疼痛治疗仪

蜡疗机

三、作业治疗设备

作业治疗设备如表7-2-4所示。

表7-2-4 作业疗法设备

1.OT 桌	31. 橡皮手指训练器
2. 砂磨板	32. 自来水开关训练器
3. 插板	33. 灶台训练器
4. 螺栓	34. 木工器材
5. 套圈	35. 门、抽屉、柜、电器开关训练器
6. 手指功能训练器	36. 食具
7. 前臂旋转训练器	37. 厨房用具
8. 握力器	38. 家用电器
9. 捏力器	39. 梳子
10. 分指板	40. 毛巾
11. 楔形垫	41. 上衣
12. 肩抬举训练器	42. 裤子
13. 上肢协调训练器	43. 模拟厕所
14. 上肢推举训练系统	44. 浴室设备
15. 滚筒	45. 自助具
16. 认知训练用品及图卡	碟档
17. 黏土及陶器制作用具	弯头刷
18. 竹编或藤编工艺用具	粗把匙、刀、叉
19. 绘画、图案、书法用品用具	弯头匙、刀、叉
20. 电脑	吸盘刷
21. 打字机	修改的指甲钳
22. 缝纫机	取物器
23. 纺织机	穿衣棒
24. 电子元件组装器材	多用 ADL 箍
25. 制图用器材	长对掌矫形器及 ADL 箍
26. 砂轮	书写器
27. 钳工工具	锯刀
28. 竹工工具	有挡板和固定钉的切菜板
29. 裁剪工具	46. 训练用上肢支具
30. 纸编工艺	47. 矫形器

48.虚拟情景互动系统	53.盥洗池训练器
49.计算机辅助认知训练系统	54.厕所训练器
50.声控、气控系统	55.沐浴训练器
51.娱乐性器材	56.各种体育球类
52.灶台训练器	乒乓球、排球

上肢康复工作站

四、言语治疗设备

听力计、录音机、语言评定用具等也是言语治疗用具，其他如实物、言语训练卡片、笔、纸、矫形镜、交流画板，以及计算机辅助语言训练系统，有的与认知评定和治疗用具相同。言语治疗室应采用隔音设施。常用的言语评估与治疗仪器如表7-2-5所示。

表7-2-5　言语评估与治疗仪器

纯音测听仪	汉语失语检查用表格、图片、字卡和物品
录音机和录音带	西方失语成套测验用表格、图片、字卡和物品
必要的替换交流仪器（ACS）	构音障碍检查用表格、图片、字卡、物品
一般的临床耳鼻咽喉科检查用具	有条件可设置隔音室
口形矫正镜	简易交流板
节拍器	计算机辅助语言训练系统

五、吞咽障碍治疗设备

吞咽障碍治疗设备如表7-2-6所示。

表7-2-6　吞咽障碍治疗用设备

吞咽评定系统	吞咽言语诊治仪
表面肌电系统	脉冲静电按摩治疗仪
痉挛肌治疗仪	球囊扩张技术设备
各种辅助的勺子	呼吸训练器
舌肌康复器	吞咽辅助设备

六、心理测试和治疗用设备

心理测试和治疗用设备如表7-2-7所示。

表 7-2-7　心理测试和治疗用设备

韦氏成人智力测验用品	霍一涅神经心理检测用品
韦氏学前儿童智力检测用品	手指灵活度测试仪
韦氏记忆检测用品	脑电图仪
丹佛发育筛查试验用品	诱发电位测定仪
格塞尔发育试验用品	视野仪
明尼苏达多项性格调查用品	速示仪
艾森克性格问卷测试用品	双听仪
A、B 型性格测定用表	反应潜伏时测定仪
汉密尔顿抑郁测定用表	生物反馈治疗仪
焦虑自评测定用表	行为疗法用的一些代币

七、心肺功能治疗设备

心肺功能治疗设备（表 7-2-8）可评估各类人群的心肺储备功能，制定心肺康复的运动处方，用于呼吸困难的评估与诊断，心血管疾病严重程度和预后的评估，药物和康复疗效的评估。

表 7-2-8　心肺功能治疗设备

运动心肺测试仪	心率无线遥测仪
活动平板	功率单车
呼吸训练器	四肢联动全身功能训练仪
运动血压监护仪	6 min 步行测试系统

八、支具、假肢、矫形器设备

支具、假肢、矫形器设备如表 7-2-9 所示。

表 7-2-9　支具、假肢、矫形器设备

支具	下肢矫形器
假肢	护具
矫形器	肩吊带
辅助器具	腰围
生活辅助器具	颈托
假肢	护膝
现代智能假肢	矫形鞋垫
压力衣	康复工程用设备
可穿戴技术肢体训练系统	听力及语言辅助器具

以上设备在三级以上综合医院的康复医学科是应基本配备的，二级以下医院的康复医学科可选择性地购置，也可由假肢、矫形器专门制作部门的工程技术人员上门定制与安装使用。

【案例分析】

依据床位编制及专业分类,此二甲医院应设置康复评定室、运动疗法室、作业疗法室、物理疗法室、言语治疗室、中医特色疗法室并配备相关设备,可根据当地的需求和自身条件选择相关设备。

学习检测

简述康复医学科的设备分类。

任务三　康复医学科的人员组成

案例导入

某市区三级甲等综合医院开设康复医学科门诊、治疗区域及病区,医院总编制床位3000张,康复医学科床位45张,现有神经康复、骨科康复、儿童康复等专业方向,康复医学科编制人数55人。

思　考

1. 此案例中康复医学科所需人员比例是多少?
2. 康复医学科医师、治疗师、护士人数各多少?
3. 此康复服务单元人员配比是否合乎要求?

一、康复医学科人员构成

康复医疗机构建设中,对人员的要求,国际国内尚无统一的标准,康复医学科的人员配备主要是:康复医师、护士,物理治疗师、作业治疗师、言语治疗师。在规模较大的康复医学科或康复中心还应配备心理治疗师、支具与矫形器师、文体治疗师、社会工作者等。

二、康复医学科人员配比

对于设置病床的二、三级综合医院,人员比例按照科室的病床数,门诊量和治疗量配备康复医师、护士和康复治疗师,一般每床至少配备0.25名医师、0.5名康复治疗师、0.3名护士,其中至少有1名具有副高以上专业技术职务任职资格的医师及1名具备中医类别执业资格的执业医师。对于规模较小而未设置病房的康复医学科至少应有1~2名康复医师和2~4名治疗师,才能更好地配合开展康复医学诊疗工作。

三、康复医学科人员资质

1. 康复医师 具有医师资格证书后，经注册具有康复医学专业的职业范围的医师执业证书。鼓励其他执业范围的医师，通过规范化培训转为康复医学科医师。

2. 康复治疗师 高等或中等专业学校康复治疗专业毕业生，或通过全国卫生专业技术资格的康复治疗师考试并取得康复治疗师资格证书者。

3. 康复护士 基本同临床各科护士要求，有条件的应接受康复医学的专业培训或继续教育学习。

4. 其他 支具与矫形器师、心理治疗师、社会工作者等也须有相关专业的毕业证书和专业技术资格认证。

【案例分析】

此医院康复医学科床位 45 张，根据康复医学科人员规范化配比，康复医师应至少 12 名，康复治疗师 23 名，康复护士 14 名，总计 49 人，目前 55 人的科室，合乎规范化人员配置。

学习检测

1. 简述康复医学科的组成。
2. 康复医学科人员组成比例是怎样的？

项目八
社区康复 ————————————————

学习目标

1. 掌握国际社区康复和国内社区康复的定义、社区康复的原则及主要人力资源。

2. 熟悉我国社区康复组织实施的工作体系，以及康复需求调查的目的、方法、内容及流程。

3. 了解社区康复服务的主要内容。

1978 年，世界卫生组织提出并倡导社区康复，旨在使贫穷和发展中国家的残疾人能够得到康复服务，之后得到众多国家的响应，社区康复发展迅速。1988 年，我国顺应国际康复发展趋势，积极开展社区康复。社区康复从理念更新到行动落实、从体系构建到能力提升、从模式探索到理论研究，均取得显著成效。本章介绍了社区的基本概念；国际社区康复的产生、发展及最新理念及国内外社区康复的定义及服务原则；我国社区康复的组织实施体系；社区康复工作计划的制订和人员培训；康复需求调查和社区康复服务内容。

任务一　社区康复基本概念

案例导入

　　目前我国城乡普遍开展社区康复服务，依托卫生、民政、残联等部门在基层设立的社区卫生服务中心、社区服务场所、温馨家园等资源为残疾人、老年人、慢性病人等康复服务对象开展康复服务。不同的基层服务机构，其工作人员的职责范围明确，内容不同。社区康复服务内容融入基层各种服务机构中。这种情况下，隶属不同部门的基层工作人员在开展社区康复服务时，应该开展哪些内容的培训，成为社区康复工作开展需要考虑的问题。

思　考

1. 社区康复的内容包括哪些方面？
2. 开展社区康复的原则有哪些？

一、社区的概念

（一）国际社区的概念

从广义上讲，普遍认为"社区是指进行一定的社会活动，具有某种互动关系和共同文化维系力的人类生活群体及其活动区域"。作为社会的一部分，社区对于社会在整体上达到良性运行及协调发展，起着重要的作用。社区是人类生活的基本场所，是地理空间与社会空间的结合，社区人群多具有共同的行为规范、生活方式和社区意识，人们在从事各种活动中，结成了相互关系，并利用国家、政府、机构对社区的支持，调动社区成员的积极性，利用社区自身力量发展社区，使之发展得更完善。

（二）我国社区康复中的社区概念

自 20 世纪 80 年代，社区这一学术名词在我国的实践中得到重视和推行。1986 年国家民政部提出在城市开展社区服务工作的要求。与此同时，在世界卫生组织联合国儿童基金会等国际组织支持下，我国卫生、民政、教育和残联等部门密切配合，开始倡导和推广社区康复，旨在使残疾人、慢性病人、老年人和其他康复对象得到医疗、教育、职业和社会等方面的康复服务。经过试点，不断总结经验和逐步推广，人们对社区康复中的社区内涵更加明确了。社区康复中的"社区"界定，一方面要适应我国行政管理体制的特点，另一方面要符合社区康复组织实施的实际情况，特别是要跟上我国经济体制改革和城乡管理体制改革的步伐，适时、合理、有效地以社区为工作平台，使残疾人和其他康复对象得到康复服务。

随着残疾人康复事业的不断发展，在国家康复计划中，社区康复的概念也越来越清晰，即在政府领导下，多部门合作，社会力量广泛支持，残疾人亲友积极参与，建立以区、县为指导，街道、乡镇为核心，社区、村为基础，家庭为网络的组织管理、技术指导和训练服务网络，为残疾人在街（乡）、社区（村）层级提供就近、方便的康复服务。在这个网络中，区县、街道/乡镇、社区（村）、家庭四个层面具有各自的功能和作用。区、县是国家社区康复工作任务下达的行政区，承担组织管理、综合协调、督导检查、统计汇总等责任；街道、乡镇是一级政府，便于协调工作、统筹资源、直接服务和指导社区、村开展康复服务的核心行政区；社区、村与居民的关系越来越密切，最了解辖区残疾人和其他康复对象的康复需求、实际困难和家庭情况，是保证残疾人普遍得到康复服务的基础层级；家庭则是绝大部分康复对象的生活单元，需要向家庭普及康复基本知识、提高康复意识，鼓励康复对象积极开展功能训练，参与社会活动等康复服务。

二、社区康复定义

（一）国际社区康复定义

随着社区康复在全球的不断深入开展，其定义也在不断地更新、完善。世界卫生组织等国际组织，曾多次对社区康复定义进行修订，以适应残疾人的康复需求和全球社区康复发展现状。

2010年世界卫生组织、联合国教科文组织、国际劳工组织和国际残疾与发展联盟共同出版了《社区康复指南》，明确了社区康复涵盖了健康、教育、生计、社会融入、赋权等五大领域的25个方面的具体内容，为世界各国开展残疾人社区康复提供了全面指导。《指南》强调了残疾人的权利、参与、全纳、可持续四项通用原则，体现了对残疾人融合、平等、包容、发展的核心理念。

2014年11月10日《促进残疾人平等参与和融合发展的联合倡议》在亚太经合组织残疾人主题活动中发布，并获得20个亚太经济体的一致通过。"倡议"秉持联合国《残疾人权利公约》非歧视和融合发展理念，呼吁各国采取切实有效措施保障残疾人平等参与区域经济和社会发展的权利，建设包容的社会环境，让广大残疾人共享经济社会发展成果。

2015年9月召开的第三届亚太社区康复大会，社区融合发展的理念得到进一步倡导。从社区康复到社区融合发展，是社区康复的医学社会模式向社会模式转变的体现，是人们对国际社会倡导以全面康复、以人为本、权利核心理念的贯彻，是全球残疾领域相关人员多年追寻和努力的目标，也是未来行动的指引。观念的更新必将带来任务的改变，社区融合发展将以保健康复、教育康复、生计与职业支持、社会权益保障、赋权自立等全面康复服务为重要任务领域。

2016年9月由世界卫生组织等国际组织和马来西亚政府召开的第二届世界社区康复大会在马来西亚首都亚吉隆坡召开，来自78个国家1000多名社区康复领域的管理者、研究者、实践者、残疾人及其他社区康复利益相关方（政府、组织、机构等）参加了大会共同探讨了以融合发展为核心的现代社区康复理念、内容和模式等。

随着国际社区康复定义的不断更新，社区康复的模式由早期的医疗模式，逐步的演变为社会模式和当今的权利模式。

（二）我国社区康复定义

根据国际上对社区康复所下定义，结合我国国情和社区康复实践，目前我国对社区康复所下的定义为：社区康复是社区建设的重要组成部分，是指在政府领导下，相关部门密切配合，社会力量广泛支持，残疾人及其亲友积极参与，采取社会化方式，使广大残疾人得到全面康复服务，以实现机会均等、充分参与社会生活的目标。

三、社区康复产生与发展

（一）国际社区康复的产生和发展

1978 年世界卫生组织首次提出社区康复，目的是使众多发展中国家的残疾人得到康复服务。20 世纪 90 年代，社区康复的理论研究不断深入，实践成果逐步积累，社区康复的概念、管理框架、技术要素、监测评估等不断完善。

进入 21 世纪，社区康复在国际社会得到进一步重视。2003 年 5 月社区康复国际协商会议在赫尔辛基召开，提出在社区康复实施过程中，不但要提供高效的服务，更要注重将社区康复发展融入社区发展整体规划中。2004 年国际劳工组织、联合国教科文组织、世界卫生组织发表的《社区康复的联合意见书》，阐明社区康复是以社区为基础的康复，是为残疾人康复、机会均等、减少贫困和社会包容的一种社区整体发展战略。

2006 年第 61 届联合国大会通过的《残疾人权利公约》为社区康复发展提供了政策框架。社区康复的理念发生了重大改变，从以往为残疾人提供慈善性服务转变为以残疾人权利为本。联合国残疾人权利公约的目的是促进、保护和确保残疾人充分和平等享受一切人权和基本自由，并且进一步提高尊重他们与生俱来的尊严。联合国残疾人权利公约的基本原则：尊重他们固有的尊严和自治包括自己做选择的自由和自己独立的自由、没有歧视、充分和有效的参与和融入社会、尊重和承认残疾人作为人类多样性和不同属性的一部分、机会平等、男女平等、重视残疾儿童的发展能力和尊重残疾儿童保持个性的权利。公约包含了残疾人受教育、健康、工作、足够的生存标准和社会保护的权利及一系列其他保护措施以保证残疾人是享有平等权利和义务的社区一员。公约对确保扎根于大众的社区康复及将该公约在社区水平付诸实施提供了法律和宪法的支持。

社区康复响应联合国权利公约的理念，以社区运行、社区所有和社区为基础的唯一的政策法规，以实现残疾人权利为导向是社区康复重要策略之一。

2010 年世界卫生组织、联合国教科文组织、国际劳工组织和国际残疾与发展联盟共同出版了《社区康复指南》，明确了社区康复涵盖了健康、教育、谋生、社会、赋能等五大领域，同时提出了社区康复新的理念，如包容性发展，强调主流社会观念、价值观的改变和社会无障碍环境的创设；强调残疾人生而平等与其他人一样享有生存、教育、健康、康复、适应性训练、就业参与政治和公共生活、文娱体育的权利等。国际社区康复框架如图 8-1-1 所示。

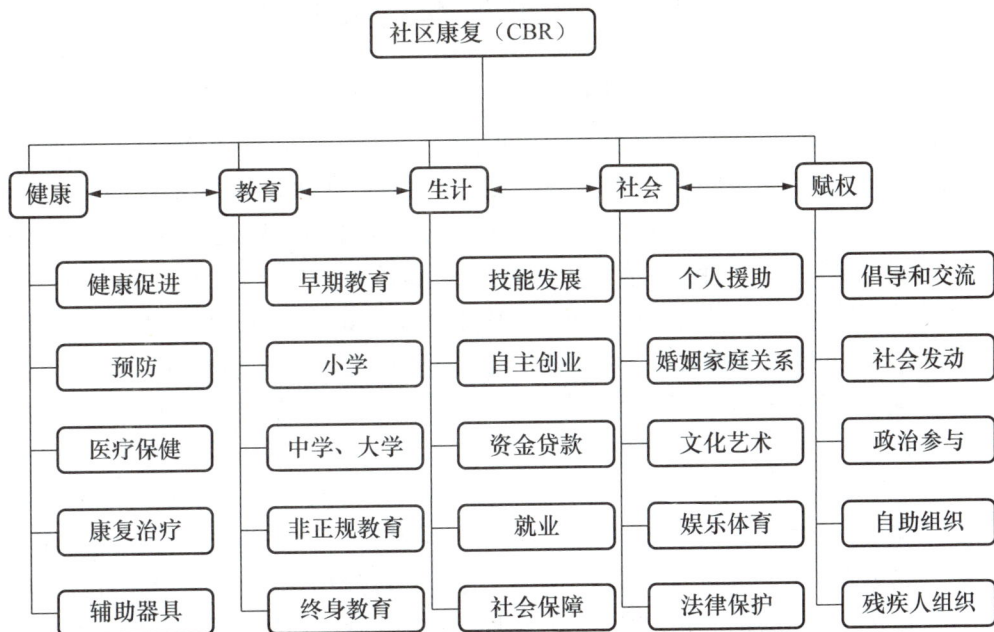

图 8-1-1　国际社区康复框架

现代社区康复的主要目标更加广泛，侧重个体与其生活的社区，即社会模式，其目标如下。

（1）尽可能的改善残疾人的功能。

（2）实现畅通无阻的环境、信息和通信方法，以创造一个具有包容性的社会，在这样的社会中残疾人有平等的机会，并享有充分的参与。

（3）使残疾人及其家属作为各级社区康复方案的决策者，并提高公众意识，以确保残疾人充分享有社区生活的所有方面。

（4）采取社会权益观念模式。该模式认为残疾是社会性问题，考虑与残疾有关的医疗、社会、文化教育、环境、阻碍残疾人参与社会生活活动的偏见和态度等多方面因素，努力改善残疾人参与的社会环境状况。

（5）社区康复的最基本的目的是在全社会树立正确的残疾观。社区康复是全世界通用的残疾人康复策略。社区康复计划涉及残疾人生活的各个方面，如卫生保健、教育、民生、赋权、社会融合等，因此，理想的社区康复框架应是全方位的。

社区康复管理者应根据当地实际情况选择上述社区康复框架中五个方面中可及的内容，确定目标、制订计划。

（二）我国社区康复的产生与发展

20 世纪 80 年代，我国残疾人问题得到广泛的关注，社区康复的理念和方法逐步引入中国。1986 年在广东、山东、吉林、内蒙古等省区开展了社区康复试点。1988 年残疾人康复工作被列入国家发展规划，开展了抢救性的"三项康复"，即白内障复明手术、聋儿听力语言训练和小儿麻痹后遗症矫治手术，探索了在基层为残疾人提供康复服务的途径。

自 1991 年起，社区康复纳入残疾人康复工作中；2002 年第三次全国残疾人康复工作会议提出残疾人"人人享有康复服务"的宏伟目标；2004 年，国务院办公厅转发民政部等部门《关于进一步加强扶助贫困残疾人工作意见的通知》（国办发〔2004〕76 号）等文件，明确提出城市社区卫生服务中心（站）和农村乡镇卫生院要为基层提供融预防、医疗、保健、健康教育、计划生育、康复为一体的综合性卫生服务；2005 年中国残联和国家有关部门共同制定《关于印发〈进一步将社区康复纳入城乡基层卫生服务的意见〉的通知》《关于开展全国残疾人社区康复示范区活动的通知》等文件，提出以点带面推动社区康复工作开展；2008 年 3 月中共中央国务院印发《关于促进残疾人事业发展的意见》（中发〔2008〕7 号，简称"中央 7 号文件"），要求"大力开展社区康复"，之后两年里，在各地党委政府制定贯彻中央 7 号文件的实施意见中，对社区康复的人员、场所、服务网络建设等方面直接或间接地给予了强调；2008 年 7 月 1 日起施行的修订后的《中华人民共和国残疾人保障法》再次规定地方各级人民政府和有关部门要开展社区康复工作。国家以法律和政策的形式，将发展社区康复提高到保障残疾人人权，促进残疾人事业健康发展的高度予以推行；2010 年 3 月国务院办公厅转发中国残联等部门和单位《关于加快推进残疾人社会保障体系和服务体系建设指导意见》（国办发〔2010〕19 号），提出要完善社会化康复服务网络，大力开展社区康复；2015 年 1 月国务院印发的《关于加快推进残疾人小康进程的意见》（国发〔2015〕7 号）提出，建立医疗机构与残疾人专业康复机构双向转诊制度，实现分层级医疗、分阶段康复，依托专业康复机构指导社区和家庭，为残疾人实施康复训练；2016 年 8 月召开的全国卫生与健康大会的讲话中强调："重视重点人群健康，努力实现残疾人'人人享有康复服务'的目标"。2017 年 2 月颁布的《残疾预防和残疾人康复条例》明确了政府在残疾人康复工作中的职责，即加强对残疾人康复工作的领导，合理配置残疾人康复资源，规范了康复服务行为。残疾人社区康复工作迈入新的发展阶段。

通过 30 余年的实践，社区康复工作不断顺应医疗卫生、社会保障的改革和残疾人事业的发展，已取得显著成绩，并在此基础上，探索了与社区建设、社会保障、社区卫生服务等相关领域互相融合、协调发展的格局与方法。社区康复呈现以下特点。

（1）立法保障。在《中华人民共和国残疾人保障法》中，我国以国家法律的形式，明文规定了社区康复是我国残疾人康复工作的基础。

（2）政府主导。我国坚持政府主导的工作方式，将社区康复纳入当地经济社会发展规划、社区建设规划、区域卫生规划和政府年度工作计划，统筹规划，统一实施。

（3）组织实施。采取社会化的工作方式，将社区康复工作纳入社区建设规划，纳入相关部门业务范畴，充分调动社区一切可以利用的人力、物力、财力、文化等资源，以街道、乡镇为实施平台，为残疾人提供就近、方便的各种服务。

（4）服务网络。在政府的组织领导下，卫生、民政、教育、残联等部门分工协作，依托社区现有初级卫生保健网络、基层社会服务网络或社会保障网络，协调一致开展社区康复。

（5）服务模式。采取全面康复的模式，初级残疾人在身心功能上、教育上、职业上、社会上都得到康复。

（6）实施方法。组织方法，实行社区康复与初级卫生保健相结合、与社区服务相结合；康复方法实行现代功能训练与中国传统医药和民间方法相结合，家庭康复与社区康复站训练相结合。

当前，我国社区康复发展的战略意义逐步建立，组织实施更加规范；发展趋势，由弱到强，由局部试点到全国推广，由城市向农村统筹发展；对概念的理解，从模糊的国外理论到结合中国国情的概念；工作内容和服务，由抽象到具体，由康复医疗服务向综合性康复服务发展；计划实施，由部门计划上升到国家计划，由某一部门实施到多部门协调，以社会化的方式推进；管理监测，由单领域、阶段性管理逐步实现多领域信息化管理。社区康复成为政府向残疾人提供康复服务的重要途径。

四、社区康复原则

（一）全面康复的原则

全面康复就是包括医疗、心理、教育、社会与职业等多方面的康复，目标是使残疾造成的障碍减到最小。《社区康复指南》提出的全面康复工作原则，其目标为：提供如何发展和强化社区康复项目的指南；促进社区康复作为融合性发展策略在发展措施中协助残疾发展主流化，特别是缩减贫困；通过促进残疾人及其家庭获得卫生、教育、生计和社会服务，支持相关利益方满足他们的基本需求并提高生活质量；鼓励相关利益方促进残疾人在发展和决策过程中融合和参与，促进残疾人及其家庭的赋权。

在社区康复的规划过程中要以残疾人的全面康复为出发点，按照《社区康复指南》要求，全面考虑，统筹规划，同步实施。提升残疾人的医疗保障、康复治疗水平，辅助器具的适配，身体功能的提高；接受适宜的教育形式，保证教育效果；注重发展残疾人技能，鼓励自主创新，提供相应的就业服务和适当的资金贷款；发动社会向残疾人提供各种形式的支持，努力满足残疾人婚姻家庭需求，鼓励并保障残疾人对艺术、文体追求；倡导残疾人自强、自立，鼓励并保障残疾人参与政治，发展残疾人自助组织等。

（二）社会化的原则

社会化的工作原则是针对封闭、孤立、一家包揽的工作方式而提出的，具体是指：在政府的统一领导下，相关职能部门各司其职，密切合作，挖掘和利用社会资源，发动和组织社会力量，共同推进工作。社区康复服务自始至终均应遵循这一原则。社会化工作原则主要体现在以下五个方面。

（1）成立由政府领导负责，卫生、民政、教育等多个部门参加的社区康复服务协调组织，制定政策，编制规划，采取措施，统筹安排，督导检查，使社区康复服务计划顺利、健康实施。

（2）相关职能部门将社区康复服务的有关内容纳入本部门的行业职能和业务领域之中，共同承担社区康复服务计划的落实。

（3）挖掘和利用康复资源，在设施、设备、网络、人力、财力等方面，打破部门界限和行业界限，实现资源共享，为康复对象提供全方位的服务。

（4）广泛动员社会力量，充分利用传播媒介，宣传和动员社会团体、中介组织、慈善机构、民间组织、志愿者，积极参与社区康复服务，在资金、技术、科研、服务等各方面提供支持。

（5）创造良好的社会氛围，发扬助人为乐、无私奉献的精神，为残疾人和其他康复对象提供热忱服务。

（三）社区为本的原则

以社区为本，就是社区康复服务的生存与发展必须从社区实际出发，必须立足于社区内部的力量，使社区康复服务做到社区组织、社区参与、社区支持、社区受益。主要体现在以下几个方面。

（1）以社区残疾人康复需求为导向提供服务。每个社区的康复对象构成不同，需求也不同。有些地区老年人的比例逐年增高，有些地区流行病造成的慢性病人增多。因此，只有根据社区内康复对象的具体需求制订的社区康复服务计划，才能切实可行。

（2）社区政府应当把社区康复服务纳入当地经济与社会发展计划和两个文明建设之中。政府统筹规划，加强领导，协调有关部门，按照职责分工承担相关的社区康复服务工作，使社区康复服务成为在社区政府领导下的，社区有关职能部门各司其职的政府行为。

（3）充分利用社区内部资源，实现资源利用一体化。社区康复服务是一个社会化的系统工程，需要社区多种资源的合理布局，充分使用。打破部门、行业界限，实现社区资源共享，这是使社区康复持久发展的主要物质基础。国内外实践证明，大多数依赖国外或社区外支持开展的社区康复服务项目，都因为未充分利用社区内部的资源，而当项目结束、外援撤出后，社区康复服务也逐渐萎缩，甚至停滞。因此，只有充分利用社区内部的资源，才能使社区康复服务持续发展下去。

（4）社区残疾人及其亲友要主动参与、积极配合。一方面，残疾人要树立自我康复意识，发挥主观能动性进行自我康复训练。残疾人亲友要及时反映家中残疾人的康复需求，帮助实施康复训练计划。另一方面，残疾人及其亲友也可以参加社区助残志愿者和康复员队伍，为社区中的其他残疾人和康复对象，提供力所能及的相关服务。

（5）根据本社区病伤残的发生及康复问题，有针对性地开展健康教育。我国是一个人口众多、地域辽阔、社会经济发展不平衡、文化习俗各异的多民族国家，每个社区具有不同的疾病、损伤、残疾情况和康复需求。根据社区中常见的、危害严重的致病、致残因素，有针对性地开展诊断、治疗、预防、保健、康复等一系列健康教育，普及相关知识，使社区大众防病、防残、康复的意识不断增强，社区人群的健康素质不断提高。

（四）服务成效最大化原则

服务成效最大化是指以较少的人力、物力、财力投入，使大多数服务对象能够享有服务，即获得较大的服务覆盖面。具体地说，在社区康复服务中，以较少的投入，保障康复对象的基本康复需求，使大多数康复对象享有可及的康复服务。

我国尚处于社会主义初级阶段，不能盲目追求康复机构在规模和数量上的发展，而是要加强康复资源的有效利用，提高康复服务质量，走低水平、广覆盖、低投入、高效益的道路。据国外统计，机构式康复人均费用约为 100 美元，仅覆盖了 20% 的康复对象，而社区康复服务人均费用仅 9 美元，却覆盖了 80% 的康复对象。据国内统计，以脑瘫儿童康复为例，由于床位有限，加之大多数脑瘫儿童受经济、交通、陪护等条件的限制，很少能到机构进行康复训练。少数能到康复机构进行训练的，3 个月为 1 个疗程，费用近万元。社区康复服务可以就地就近，甚至在家庭中开展，不受疗程的限制，投入数百元就可以满足训练的设备要求，可以长期进行，且经济便捷。

（五）因地制宜原则

社区康复服务既适合于发达国家，也适合于发展中国家，其目的是使大多数的康复对象享有全方位的康复服务。由于发达国家和发展中国家在经济发展水平、文化习俗、康复技术及资源、康复对象的康复需求等方面有很大的差异，即使是在欠发达国家和地区也有很大不同，因此，只有根据实际情况，因地制宜地采取适合本地区的社区康复服务模式，才能解决当地的康复问题。

（1）发达地区社区康复服务的特点。在经济发达地区的社区康复服务可以兼顾到经济效益和社会保障政策，为康复对象提供的各项康复服务可以是有偿的；在设施设备方面，多具有专门的训练场所，设置有现代化的康复评定、康复治疗和康复训练等设备；在训练地点方面，以专业人员、全科医生、护士在康复机构中直接为康复对象提供服务为主，以家庭指导康复训练为辅；采取的是现代康复技术，如运动疗法、作业疗法、物理疗法、语言疗法、现代康复工程等。

（2）欠发达地区社区康复服务的特点。在经济欠发达地区以便捷、实用的服务为主，采取低偿或无偿方式提供服务；在设施方面，利用现有场所或采取一室多用的方式提供康复服务；在设备方面，以自制的简便训练器具为主；在训练地点上，采取以家庭训练为重点，在康复人员的指导下，以康复对象进行自我训练为主；主要应用的是当地传统的或简单的康复技术。

（六）康复技术实用原则

要想使大多数康复对象享有全面康复服务，必须使大多数康复人员、康复对象本人及其亲友掌握康复技术，这就要求康复技术必须易懂、易学、易会，因此康复技术应注意在以下几个方面进行实用性转化。

（1）现代复杂康复和就业技术向简单、实用化方向转化。

（2）机构康复、教育、职业技术向基层社区、家庭方向转化。

（3）城市技术向广大农村方向转化。

（4）外来技术向适用于本地的传统康复技术转化。

（七）服务对象主动参与原则

社区康复服务与传统的机构式康复服务的区别之一是康复对象角色的改变使其由被动参与、接受服务的角色，成为主动参与的一方，参与康复计划的制订、目标的确定、训练的开展以及回归社会等全部康复活动。康复对象的主动参与主要体现在以下几个方面。

（1）服务对象要树立自我康复意识。

（2）服务对象要积极配合康复训练。

（3）服务对象要参与社区康复服务工作。

（4）服务对象要努力学习文化知识，掌握劳动技能，自食其力，贡献社会。

五、社区康复服务人员

社区康复服务人员包括：社区康复管理人员、社区康复员、社区康复协调员、社区志愿者等。社区（村）康复协调员与社区（村）医生共同组成的残疾人精准康复服务小组是基层精准康复服务行动落实的基本单位。

（一）社区康复管理人员

社区（村）居委会干部是基层社区康复工作管理人员，负责制订社区康复工作计划，确定工作内容和工作流程，协调有关部门共同实施。社区居委会干部应具备残疾人社区康复相关管理知识，接受上级组织和相关专业机构的培训。

（二）社区康复员

社区康复员由社区卫生服务中心（站）、乡镇卫生院、村卫生室的社区医务人员和学校、幼儿园的教育工作者组成，需具备一定的专业知识和技能，并具有社区工作经验。社区医务人员的主要工作内容是在上级医疗机构专业人员的指导下，开展医疗康复工作，筛查康复对象，制订康复训练计划，传授康复训练技术，监督精神病人定期服药，指导社区、家庭开展康复训练工作，评估康复训练效果，为残疾人提供医疗卫生咨询和转诊服务。教育工作者由社区学校、幼儿园人员组成，负责传授特殊教育知识，指导残疾儿童家长开展教育康复，帮助残疾儿童在社区、家庭接受康复训练并提供技术支持，对残疾儿童进行学业能力评定，协调有关机构进行教育安置。社区康复员应接受相关工作内容的培训，经考核合格后方能上岗。

（三）社区康复协调员

社区康复协调员可以由政府购买公益岗位提供，也可由社区（村）居委会干部、基层卫生工作人员、社区志愿者、残疾人及其家属兼任，负责配合街道或乡镇残联制订残疾人社区康复工作计划，组织残疾人的康复需求摸底调查，建立康复服务档案，做好登记统计工作，向残疾人提供康复服务信息和转介服务，协调组织社区内有关机构、人员，为残疾人提供康复服务和相应的支持。社区康复协调员上岗前应接受相关知识的培训，考核合格后方能上岗。

（四）社区志愿者

社区志愿者包括残疾人邻里、爱心专业人士、助残志愿者等，他们通过自身掌握的专业知识关心残疾人，为残疾人提供必要的帮助，协助残疾人参加各种功能恢复训练，加强宣传，营造扶残助残的社会氛围，帮助残疾人融入社会生活。

【案例分析】

1.社区康复的内容包括哪些方面？

隶属于卫生、民政等系统的基层工作人员，由于专业不同，工作内容、工作方法等也不相同。而社区康复服务是跨学科、跨专业的服务内容，不仅需要基层医务人员的参与，也需要各类社区工作协同配合。所以基层工作人员经常会面临"什么是社区康复？我应该接受哪些培训才能开展好社区康复服务？"这个问题。概括地讲，基层社区康复工作人员需要了解的是：社区康复是在社区层面，利用各种资源为各类康复对象提供的方便、简易、可及的康复服务，包括并不限于医疗、社会、心理等领域。社区康复由最初的基层医疗服务，扩展到以促进发展、提高生活质量、提升社会参与能力为目标的各种服务内容。

2.开展社区康复的原则有哪些？

开展社区康复时，应遵循的原则包括：促进服务对象全面发展的原则、整合利用各类资源的社会化原则、基于社区情况的社区为本的原则、服务成效最大化原则、就近就便和因地制宜的原则、康复技术实用的原则，以及鼓励服务对象主动参与社区康复活动的原则。

学习检测

1.我国社区康复的定义是什么？
2.社区康复的主要原则是什么？
3.社区康复的服务人员有哪些？
4.社区康复主要开展哪些服务内容？

任务二　我国社区康复的组织实施

案例导入 ◆

　　在基层社区康复实践中，做好康复需求调查显得尤为重要。为提供有针对性的社区康复服务，掌握康复服务对象的康复需求是重要的一步。需求调查的对象是辖区一个群体，开展康复需求调查需要街道（乡镇）和社区（村）基层政府人员的参与、需要社区康复工作人员参与，也需要专业人员参与。他们在康复需求调查中发挥不同的作用，是充分掌握康复需求，顺利完成康复需求调查工作的基础。

思　考 ·····

如何进行康复需求调查？

一、建立社会化的工作体系

（一）组织管理网络

组织管理网络由各级政府及卫生、民政、教育、残联等相关部门组成，负责制定康复保障措施，实施社区康复计划，根据残疾人的康复需求和康复资源，因地制宜开展社区康复工作。社区居委会、村委会配备专职或兼职的社区康复员，为残疾人提供就近就便的康复服务。

（二）技术指导网络

技术指导网络由医疗、康复、教育、就业、辅助器具等各级专业技术人员组成，负责制定相关技术标准，推广实用技术、培训人员和评估康复效果；加强各级残疾人康复中心的规范化管理，发挥技术示范和指导作用；整合当地康复资源，县（区）建立技术指导中心和服务站（点），为残疾人提供服务，并发挥普及知识、人员培训、社区家庭指导、咨询转介等服务作用。

（三）训练服务网络

训练服务网络有各级残疾人康复训练与服务的机构组成，包括社区卫生服务中心（站）和乡镇卫生院、村卫生室，发挥社区服务中心、星光计划设施、福利企事业单位、学校、幼儿园、工疗站、残疾人活动场所的作用，以社区和家庭为重点，为残疾人提供康复训练等各种服务。

（四）信息化管理网络

信息化管理网络由各级残疾人服务机构与管理部门组成，完善咨询和转介服务机制，建立康复信息收集、整理、上报，对残疾人社区康复管理工作和残疾人社区康复服务情况及时、准确地掌握和管理，不断加强信息化管理网络的建设。

二、制订计划与培训人员

（一）制订社区康复工作计划

以国家残疾人康复工作方针政策、计划方案为依据，结合当地实际情况，制订本地残疾人社区康复工作计划，明确任务目标、主要措施、实施进度、统计检查和经费保障等。为确保工作计划的落实，还要制订年度工作计划，部署工作任务，提出工作要求，检查工作进度，发现解决问题，为下一年工作打好基础。

在制订社区康复工作计划的过程中，应加强卫生、民政、教育、残联等各部门的沟通，听取各方意见，形成共识，完善工作计划，推动工作开展。

（二）培训人员

培养和建立由管理人员、专业技术人员、社区康复协调员、志愿工作者、残疾人及其家属组成的社区康复工作队伍，是做好全面康复服务、提高质量的关键。培训要遵循实用性原则，采取逐级培训的方式进行。各级残疾人康复工作办公室要将社区康复的培训工作纳入卫生、民政、妇联和残联等部门的人员培训计划中，如全科医学教育、卫生技术人员继续教育、民政干部培训、特殊教育师资培训、妇女干部和残疾人工作者培训等，根据工作需要，举办各类培训班，为本地培养骨干人员。各县（市、区）要围绕残疾人基本康复需求，以社区康复为重点培训内容，为提供社区康复服务的机构输送专业技术人员。

三、开展需求调查

（一）调查目的

（1）通过残疾人康复需求调查可为制订社区康复工作规划、残疾人精准康复服务计划和残疾人家庭一生签约等提供客观依据。

（2）准确地掌握残疾人的残疾情况、康复需求和相关情况，才能有的放矢，因人而异，按需提供"以人为本"的康复服务，实现"精细化识别"的精准康复服务要求。

（3）通过对本社区残疾人康复需求的调查，可分析出本地残疾发生、分布情况，残疾人康复需求的特点，现阶段优先解决的残疾人基本康复需求，以便有针对性地采取有效措施，实现残疾人"人人享有康复服务"。

（4）动态地进行残疾人康复需求调查，及时了解社区康复服务的效果和实现目标的程度及存在的问题，发挥精准康复服务小组的作用，对评估社区康复具有重要意义。

（二）调查方法

不论是社区康复工作中进行的辖区残疾人康复需求调查，还是以个案服务为主的康复服务中的康复需求调查，两者的调查方法是一致的，可综合运用以下方法。

1. 采取普查方法 抽样调查是依据统计学的原则，在调查总体中，抽取一部分样本进行调查。通过对样本调查结果的整理、分析，反映出总体特征。所抽取的样本虽然具有总体特征的代表性，然而抽样误差是不可避免的。社区康复所进行的残疾人康复需求调查是普查方法，即对社区中每一户全部进行入户调查，并对筛查出的全部残疾人或可疑残疾人进行调查。这样就可克服抽样调查所带来的误差，提高调查资料的可靠性与准确性，为每个残疾人的康复服务提供依据。

2. 线索调查 通常社区居委会和村民居委会对辖区内有残疾人的住户十分了解，这就为调查残疾人康复需求提供了直接、便捷的条件。对于已经持有残疾人证的残疾人可以"证"为线索，入户调查，对于尚未持有残疾人证的残疾人和残疾儿童，可以由社区康复协调员等社区（村）中熟悉情况的人带领入户调查。在调查中要积极鼓励残疾人进行残疾评定，申领残疾人证，以纳入残疾人精准康复服务的行动计划和其他康复项目的服务对象。

3. 专业调查与社会调查相结合 各种因素影响着残疾人，使残疾人在社会经济地位上与普通人不同。在调查中，一方面要了解残疾史，另一方面也要注重了解残疾人的婚姻、家庭、就业、受教育、参与社区活动等情况，并了解影响以上诸情况的个人、家庭、社会因素、环境因素等，以便有针对性的提供综合服务，促进残疾人平等参与社区生活。

4. 调查与服务相结合 残疾人康复需求调查不是为了调查而进行的调查。在调查中，调查人员要讲明调查目的，热情地关心他们，宣传相关残疾人的法律法规和政策，耐心倾听他们的诉求，力所能及地提供现场服务或给予明确答复，切实解决实际困难，同时要鼓励残疾人树立康复信心和生活勇气。

5. 收阅残疾人相关资料 调查人员要认真搜集和阅读有关残疾人的一些文字、照片、甚至实物等材料，如医疗诊断书、医疗和康复病历、体检表、上学和就业资料、医疗保险和新农合等社会保障资料，以及得到的优惠政策和康复服务等，详尽的资料可帮助康复服务人员更全面准确地掌握残疾人康复需求，向残疾人介绍康复服务项目，更好地提供精准、专业的康复服务。

（三）调查内容

残疾人康复需求调查内容主要包括残疾人的一般性资料、残疾情况和康复需求三部分。

1. 一般性资料 主要包括残疾人姓名、性别、出生年月、住址、民族、文化程度、就业状况、主要生活来源、婚姻状况、医疗保障、康复救助及保障情况以及监护人的姓名、联系方式等。

2. 残疾状况 主要包括残疾人的主要残疾类别、残疾等级、致残原因、生活自理程度、是否持有残疾人证等。

3. 康复需求

（1）康复医疗需求主要包括医疗诊断、残疾评定、白内障复明手术、人工耳蜗植入、肢体矫治手术、理疗、传统医疗、康复护理、精神病服药、家庭医生签约服务、住院治疗、转诊等。

（2）功能训练需求主要包括视力残疾的盲人定向行走训练、低视力视功能训练等；听力语言残疾的听觉言语能力训练、言语矫治、双语训练、手语指导等；肢体残疾的运动功能训练、生活自理训练、社会适应训练等；智力残疾的运动能力训练、感知能力训练、认知能力训练、职业技能训练等；精神障碍的工（农）疗、社会适应训练、作业治疗、工疗、娱（体）疗等。

（3）辅助器具需求主要包括视力残疾用辅助器具（如助视器、盲杖、盲人书写用具、盲人报时等用具等）；听力言语残疾用辅助器具（如助听器、人工耳蜗、双语训练、手语训练等用具等）；智力残疾用辅助器具（如认知图片、认知玩具、启智、简单劳动等用具等）；肢体残疾用辅助器具（如生活自助器具，辅助坐、卧、翻身、站立器具，腋杖、拐杖、轮椅、手摇三轮车等代步工具、助行器具，防褥疮垫，集尿器具，坐便器具，阅读书写器具，操作电脑辅助器具等）；精神残疾用的文体器具等。

（4）心理服务需求主要包括心理咨询、心理治疗、家庭成员心理支持等

（5）知识普及需求主要包括对残疾人及其亲友通过家长学校、知识讲座、公益活动、读物发放等形式进行知识普及和社会宣传。

（6）转介服务需求主要包括对康复医疗、功能训练、辅助器具、心理疏导、信息咨询、知识普及、文化教育、职业培训、劳动就业、生活保障、居家无障碍环境改造、参与社会生活等。

（四）调查流程

残疾人康复需求调查应把握好每一个环节，按照一定的流程有序进行。调查流程为：制订调查工作计划→设计调查表格和调查工具→选择并培训调查人员→预调查→进行线索调查→进行入户调查→填写康复需求调查表→进行复查和抽查→对康复需求和相关因素进行分析→提供制订康复服务计划的建议→进行数据和信息录入、报送。

区、县残联牵头，协调卫生、民政、教育、统计、妇联、计生等部门，负责组织和指导辖区残疾人康复需求调查工作，对参加调查的人员进行培训，使他们掌握入户调查内容、表格填写和统计汇总等方面的知识；街道、乡镇残联指导所辖社区组织医务人员、社区康复协调员、志愿者、残疾人工作者、社区居委会或村委会人员，深入残疾人家庭进行康复需求调查，掌握残疾类别、残疾程度和康复、教育、职业培训、就业等需求情况，由社区康复协调员为有需求的残疾人建立康复服务档案。

除集中进行的需求调查外，社区康复协调员应密切联系社区的残疾人，随时了解社区残疾人的康复需求变化情况，根据残疾人的康复需求及时向上级康复机构或卫生医疗部门转介，或在社区内提供力所能及的康复服务。

表8-2-1为康复需求调查表。

表 8-2-1 康复需求调查表

姓名		性别 男□女□	出生日期		年 月 日 民族	
监护人姓名		与残疾人关系	配偶□ 父母□ 祖父母□ 兄弟姐妹□ 邻里□ 其他□		联系电话	
家庭住址			残疾人证	有□残疾人证号： 无□		
婚姻状况	未婚□已婚□离异□丧偶□		职业	就业□ 未就业□务农□		
文化程度	小学及以下□初中□高中（专）□大学（专）及以上□					
主要生活来源	个人所得□家庭供养□不定期社会救助□ 享受最低生活保障（城市）□ 享受五保供养（农村）□					
医疗保障情况	享受城镇职工基本医疗保险□ 享受农村合作医疗□ 得到医疗、康复救助□ 有其他医疗保险□ 费用全部自理□					
生活自理程度	完全自理□需他人部分帮助□完全依赖他人帮助□					
主要残疾	视力：□（盲□低视力□） 听力：□ 言语：□（失语□发音障碍□其他□） 肢体：□（偏瘫□截瘫□脑瘫□截/缺肢□ 儿麻后遗症□关节疾患□畸形□其他□） 智力：□ 精神：□多重：□					
残疾等级	一级□ 二级□ 三级□ 四级□ 未评定□					
致残原因	致残原因：遗传□ 先天□ 疾病□ 药物中毒□ 创伤或意外损伤□ 有害环境□ 原因不明□ 围产期因素□ 接受热辐射（桑拿、睡热炕等）□ 其他□ 致残时间： 年 月 （精神病首次发病时间： 年 月）					
康复需求	康复医疗	医疗诊断□ 残疾评定□ 白内障复明手术□ 人工耳蜗植入□ 肢体矫形手术□ 理疗□ 传统医疗□ 医疗、康复护理□ 精神病服药□ 家庭病床□ 住院□ 转诊□				
	功能训练	视力：盲人定向行走训练□ 低视力视功能训练□ 其他□ 听力语言：听觉言语能力训练□ 言语矫治□ 双语训练□ 手语指导□ 其他□ 肢体：运动功能训练□ 生活自理训练□ 社会适应训练□ 其他□ 智力：运动能力训练□ 感知能力训练□ 认知能力训练□ 其他□ 生活自理能力训练□ 语言交流训练□ 社会适应能力训练□ 其他□ 精神：工（农）疗□ 社会适应训练□ 作业治疗□ 娱（体）疗□				
	辅助器具	视力：助视器□ 盲杖□ 盲人书写用具□ 盲人报时用具□ 听力语言：助听器□ 人工耳蜗□ 语言训练器具□ 会话交流用具□ 智力：认知图片□ 认知玩具□ 启智用具□ 肢体：生活自助器具□ 辅助坐、卧、翻身、站立器具□ 拐杖及助行器具□ 轮椅、手摇三轮车等代步工具□ 防褥疮垫□ 集尿器具□ 坐便器具□阅读书写器具□ 操作电脑辅助器□ 装配假肢□ 装配矫形器□ 其他器具□ 精神：文体用品□ 其他□ 其他服务：购买□ 租借□ 咨询□ 信息□ 维修服务□ 家居环境无障碍改造□				
	心理服务	心理咨询□心理治疗□家庭成员心理支持□其他□				
	知识普及	培训残疾人□培训亲友□家长学校□普及读物□ 知识讲座□公益活动□社会宣传□其他□				
	转介服务	康复医疗□ 功能训练□ 辅助器具□ 心理服务□ 信息服务□ 知识普及□ 文化教育□ 职业培训□ 劳动就业□ 生活保障□ 家庭无障碍改造□ 参与社会生活□ 其他□				
	支持性康复需求					

填写日期： 年 月 日 填写人：

四、提供社区康复服务

康复服务是指在残疾发生后，综合运用医学、教育、职业、社会、心理和辅助器具等措施，帮助残疾人恢复或者补偿功能、减轻功能障碍、增强生活自理和社会参与能力的服务。康复服务的实施应在政府领导下，通过相关部门密切合作和社会力量的广泛参与，充分利用现有的康复资源，针对残疾人的基本康复需求来提供。康复服务应尽量经济、有效、及时、方便，促进残疾人实现全面康复的目标。社区康复服务主要包括以下内容。

（一）残疾筛查

为掌握社区残疾人基本情况，及时发现新增残疾人或容易导致残疾的高危人群并采取积极的干预措施，需要建立社区残疾筛查制度，这是残疾人精准康复服务实施的基础环节，也是实现"精细化识别"的基本要求。以社区为单位召开残疾人线索调查会议，由社区居（村）委会干部、社区康复员、社区康复协调员和其他专业人士共同对疑似残疾人进行残疾筛查和确定，将社区残疾人基本情况、残疾类别、致残原因、康复需求信息等进行记录和整理，并向当地社区卫生服务中心（站）、乡镇卫生院和残联报告。县级残疾人康复专家技术指导组（由医疗、康复、教育、辅助器具适配、职业康复等专业人员组成）对筛查出的残疾人进行综合评定，制订康复训练计划，在社区建档立卡。对社区内新发生的残疾人，要及时报告相关部门，进行综合评定并进行早期干预，减轻残疾程度。同时鼓励新增残疾人领取《残疾人证》，将其作为精准康复服务对象，纳入已有的康复服务网络，及时提供有效服务。

（二）医疗康复服务

根据残疾人的功能障碍状况、康复需求及家庭经济条件，依托城市社区卫生服务中心（站）和有条件的农村乡镇卫生院、村卫生室及其他医疗康复机构，采取直接服务、家庭病床和入户指导等形式，为残疾人提供诊断、功能评定、康复治疗、康复护理、咨询转诊（介）、支持性康复服务等服务。例如，对各类残疾人进行健康体检，开展残疾人早期筛查、诊断，对肢体残疾人进行运动功能、生活自理能力训练，指导精神病患者合理用药等。

（三）训练指导服务

在专家技术指导组和社区卫生服务中心（站）、乡镇卫生院、学校、幼儿园等机构专业人员指导下，在社区和家庭为各类残疾人提供康复训练指导服务。例如，为肢体残疾人制订训练计划，指导其开展各项功能训练，做好训练记录和效果评估；开展低视力患者康复和盲人定向行走训练；监督精神病患者服药，对康复期的精神病人进行综合性康复；组织智力残疾人进行简单劳动，提高生活自理能力；对听力残疾人进行听力语言康复训练；对各类残疾儿童开展早期康复；为需要佩戴辅助器具的残疾人提供信息咨询、辅助器具适配、维修和租借等服务，指导其正确使用辅助器具，并对残疾人佩戴辅助器具后的效果进行阶段性评估；对残疾人生活环境进行评估，对影响残疾人出入，导致残疾人行动不便的家庭和社区环境进行无障碍改造；根据残疾人在文化教育、职业培训、劳动就业、生活保障、无障碍环境改造及参与社会生活等方面的需求，联系有关部门和单位，提供有效的转介服务。

（四）日间照料服务

依托社区现有资源如养老所，在社区开设场所，为丧失生活自理能力的重度精神或智力、肢体等残疾人等提供日间照料和养护服务，增强其参与社会生活的能力，使社区中的精神、智力残疾人就近、就便得到康复服务。

（五）工（农、娱）疗服务

利用工疗站、娱疗站、农疗基地等现有设施和人员，安排轻度智力残疾人和病情稳定的精神病患者进行社区清洁、体育游戏等康复活动，参加简单手工制作或简单生产劳动，减缓心理压力，开展社会适应能力训练和各种文体娱乐活动。

（六）职业康复服务

根据劳动就业部门相关职业信息，通过对残疾人个体能力进行评估，依托社区开展针对性的职业康复活动，帮助改善身体功能，提供职业技能培训，促进残疾人参与社会生活。

（七）心理支持服务

通过了解、分析、劝说、鼓励和指导等心理咨询和心理治疗的方法，以个别访谈和小组交流等方式，鼓励残疾人及其亲友正确面对残疾，树立康复信心，坚持康复训练，帮助残疾人取得良好的康复效果。组织成立残疾人亲友会和残疾人互助组织，开展康复经验交流、支持互助等活动。

（八）知识普及服务

组织卫生、教育、心理等专业技术人员，为社区内残疾人及其亲友举办知识讲座，开展康复咨询活动，发放康复科普读物，宣传国家康复政策、残疾预防知识和康复训练方法。

【案例分析】

如何进行康复需求调查？

作为参与社区康复工作的人员应该熟悉康复需求调查工作。开展康复需求调查是一个多环节的工作。需要制定调查方案，明确调查的目的、时间、人员、对象、内容、方法、流程，以及调查后数据的汇总、统计、分析等。康复需求调查通常由区、县残联牵头，协调卫生、民政、教育、统计、妇联等部门，负责组织和指导辖区康复需求调查工作。对参加调查的人员进行培训，使他们掌握入户调查的调查内容、表格填写和统计汇总等方面的知识和方法；街道、乡镇残联组织医务人员、教师、志愿者、残疾人工作者、社区居民委员会和村民委员会人员，深入康复服务对象家庭进行康复需求调查，掌握伤病或残疾的类别、障碍程度，明确康复需求等情况，做好登记。对需求调查情况和数据及时进行汇总、统计、分析，形成需求调查报告，为制订康复服务计划提供参考。

学习检测

1. 我国社区康复的社会化工作体系是如何构建的？
2. 康复需求调查有哪些主要方法？
3. 社区康复服务有哪些主要内容？

项目九
康复医学科病历书写规范

康复病历是康复工作者正确地进行康复诊断、功能评定、制定康复计划、评定康复疗效、确定病人预后等问题的依据，因此学会如何正确书写康复病历对于康复医师、康复治疗师具有非常重要的意义。

■ 任务一 康复治疗处方

案例导入

患者，王×，男，50岁，主因"左侧肢体活动不利伴麻木4个月余"以"右侧丘脑出血"入院。查体：左肩关节疼痛，ROM前屈60° 外展90° 受限，肩手综合征Ⅱ期。左上肢布氏分期Ⅲ期，左手Ⅰ期，左侧下肢布氏分期Ⅳ期。左侧上肢肌张力（改良Ashworth分级）：屈肌2级、伸肌2级，左手2级，左侧下肢伸肌3级。左侧腱反射亢进，左侧Babinski征（＋），左侧偏身深浅感觉中度减退。患者可自主翻身、起坐，健侧单腿站立可达3～4 s，患侧＜1 s，左踝关节下垂、内翻，左足跟腱短缩。

思 考

1. 患者主要的功能障碍点有哪些？
2. 如何制定PT、OT康复处方？

一、康复治疗处方的目的及意义

康复治疗处方是康复医师向康复治疗师提供的康复治疗医嘱，以明确各治疗小组成员应完成的治疗工作。康复治疗处方应包括诊断、患者的功能障碍、治疗目的及具体方法，包括治疗部位、治疗种类、剂量、训练时间、频率、次数及注意事项等。康复治疗处方应附在住院病历或门诊病历中，在后续治疗及康复评定中作为参考依据。

二、康复治疗处方的种类

康复治疗处方包括：

（1）物理疗法处方（含物理因子治疗）。

（2）作业疗法处方。

（3）言语疗法处方。

（4）心理疗法处方。

（5）中医传统疗法处方（含中药、按摩、推拿、针灸等）。

（6）假肢、矫形器、支具处方。

（7）轮椅处方。

（8）牵引疗法处方。

（9）文体疗法处方。

（10）其他：如音乐疗法处方、悬吊疗法处方等新技术处方。

三、康复治疗处方的内容

（1）患者的一般项目（姓名、性别、年龄、病案号）。

（2）疗法名称及治疗师姓名。

（3）病史摘要。

（4）康复诊断。

（5）主要功能障碍点。

（6）治疗部位。

（7）治疗方法。

（8）治疗剂量。

（9）治疗时间、频率、次数和疗程。

（10）注意事项。

（11）医师签名。

（12）开具日期。

由于康复治疗的种类不同，治疗的目的和要求也不同，因此各处方的具体要求也不同。

【案例分析】

1. 患者主要的功能障碍点有哪些?

患者主要的功能障碍有:①肩痛、肩手综合征II期、肩关节活动受限,ROM前屈60°、外展90°。②左侧肢体运动功能障碍包括左上肢布氏分期III期,左手I期,左侧下肢布氏分期IV期,以及左侧上肢肌张力改良Ashworth分级屈肌II级、伸肌II级,左手II级,左侧下肢伸肌III级。③左侧肢体感觉功能障碍为左侧偏身深浅感觉中度减退。④平衡功能障碍为立位平衡障碍。⑤废用综合征为左足跟腱短缩。

2. 如何制定PT、OT康复处方?

PT、OT康复处方除填写一般信息、病史摘要,主要应详细分析患者的功能障碍后再制订下一步康复计划,并标明注意事项。

学习检测

康复处方应包含哪些内容?

任务二　康复治疗记录

案例导入

患者,男,53岁,主因"左侧肢体活动不利1年半"入院。患者于1年半前突发左侧肢体完全不能活动。诊断为"左侧大脑前动脉区急性脑梗死伴出血转化、急性心衰",经治疗后患者手功能基本恢复正常,可独立步行,但步态僵硬,不能遵指令完成部分动作。既往有高血压病史、心脏瓣膜病、三尖瓣反流病史。

思　考

1. 患者在康复训练过程中应注意记录哪些特殊情况?
2. 应记录哪些量表的评分?关注哪些专项指标?

康复治疗记录是康复治疗师执行康复医师处方医嘱情况的记录。康复治疗记录可以反映患者治疗中的情况及治疗后的变化,对于科研资料收集有很重要的作用。

一、记录的内容与要求

(1)患者的一般资料:姓名、性别、年龄、科别、床号、病案号。

(2)记录治疗日期、次数、部位、方法、剂量、时间、特殊情况(如疼痛、过敏反应,以及血压、心率、呼吸等全身反应)。

（3）相关量表评定或专项指标的观察及记录。

（4）治疗师签名。

康复治疗记录可在电子病历中书写，也可单独以附表的形式附于康复处方的后面，方便查看及执行。

二、康复评价分期

一类特殊的并且极重要的康复治疗记录为康复评价记录。康复评价分为初期康复评价、中期康复评价、末期康复评价（详见项目五 康复评定）。

1. 初期康复评价　应在患者入院7～10天内完成，是由康复组组长带头，其他康复组各专业成员评估患者的情况，集中讨论以下内容：找出患者的主要功能障碍并完善问题小结；确定近期目标、远期目标；制订康复治疗计划和提出注意事项、预测预后及判断康复的影响因素。初期康复评价在整个康复治疗过程中起到重要作用。

2. 中期康复评价　在初期评价后1个月内完成。其内容包括：初期评价所设定的目标是否完成，未完成的原因，并找出解决问题的方法；根据目前的功能情况制订下一步康复治疗计划，确定下一步近期目标、远期目标。

3. 末期康复评价　在患者出院前1周进行。其内容包括：康复治疗经过的总结，康复目标实施的程度，功能和能力提高的程度，各种康复治疗方法的有效程度；经验及教训，出院后建议及出院后的康复指导。

三、注意事项

（1）评价会结束后由主管医师总结，将评定结果综合整理，以便前后对比。

（2）康复评价会原则上每月一次，根据各地方住院时间政策可适当缩短间隔时间，如入院第2～3周进行中期康复评价，出院前进行末期康复评价。

（3）如果患者住院时间较长，超过3个月，可在中期康复评价后1个月进行"联合查房"，相当于1次中期评价，联合查房的内容与格式同康复评定记录。目的是了解经过一段时间的康复治疗后，患者功能改变的情况，并分析原因，以此作为调整康复治疗计划的依据。

目前康复治疗处方及治疗记录尚缺乏统一的书写格式及表格，但基本要求和内容是一致的，因此各级医院的康复医学科可参照基本要求根据具体情况设计适合自己科室的病历、处方和记录。

【案例分析】

1. 患者在康复训练过程中应注意记录哪些特殊情况？

患者既往有高血压、心脏瓣膜病、三尖瓣反流病史，因此应注意关注血压、心率变化，注意记录患者有无头晕、胸闷、胸痛等不适感。

2. 应记录哪些量表的评分？关注哪些专项指标？

应记录的量表评分有：MMSE、Fugl-Meyer运动评分、Fugl-Meyer平衡评分、上田敏分级、手功能分级、Holden 步行分级、Berg 平衡量表等。应关注患者 24 小时动态血压、心电图、心脏超声、肝肾功、BNP 等检查指标。

学习检测

初期康复评价、中期康复评价、末期康复评价分别应侧重哪些方面的评价？

任务三　康复病历书写规范

案例导入 ◆

　　患者，男，23 岁，主因"高处坠落后双下肢活动不利 1 个月"入院。患者 1 个月前因工作时不慎坠落，当即出现腰部剧烈疼痛，双下肢运动感觉丧失，诊断为"第 1 腰椎、第 2 腰椎爆裂性骨折，脊髓损伤"，行手术治疗后无明显恢复。目前双下肢不能活动，感觉丧失，大小便失禁。

思　考

1. 围绕此次疾病过程应询问患者哪些方面？
2. 查体应包括哪些方面？

　　康复病历是康复医疗机构根据对病人的调查研究，即问诊、体格检查、功能评定以及各种实验室检查、影像学检查等资料，进行综合、分析、整理后而书写成的具有康复医疗专业特点的记录。在神经系统疾病的康复医疗过程中，一份完整准确的康复病历，是康复工作者正确进行康复诊断、功能评定、制订康复计划、评定康复疗效、确定病人回归等问题的依据。同时也是进行康复科研、教学和总结临床工作经验的宝贵资料。

一、康复病历的特点

1. 以功能障碍为中心　康复病历是以功能障碍为中心，在病历上全面反映其功能障碍的水平、程度和性质、病人对残疾的适应情况及需求，从而分析需要解决的问题，制定康复治疗方案。

2. 以功能评定为中心的综合评估　完整的康复病历是对运动、感觉、言语、认知、心理、情绪等多方面进行评定，并拟定功能康复的措施；需要由具有多学科性质的康复专业协作组来采集和填写。

3. 重视三期康复评定　完整的康复病历应该包括三期评定的内容。通常入院患者应对其进行"三期评定"，即初期评定、中期评定、末期评定，康复小组成员以康复评价会的形式对患者进行全面性功能评定。

二、康复病历的分类

康复病历有不同的分类形式（表 9-3-1），按医疗部门分为住院康复病历、门诊康复病历、社区康复病历；按病历性质分为综合康复病历、亚专科康复病历。

表 9-3-1　康复病历的分类

	种类	使用部门	填写人
按医疗部门分类	住院康复病历	医院、康复中心等住院部	康复医师及治疗组成员
	门诊康复病历	康复门诊	康复医师及治疗组成员
	社区康复病历	社区康复站	社区康复医务人员
按病历性质分类	综合康复病历	康复门诊、康复住院部	康复医师及治疗组成员
	分科康复病历	PT、OT、ST 等康复治疗科室	康复治疗师

三、康复病历的结构

（一）住院病历

康复医学是一门新兴学科，目前尚未形成独立、统一的格式，康复住院病历具有临床医学病历的一般结构，也具有不同的部分。

1. 一般资料　包括姓名、性别、年龄、婚姻、职业、籍贯、民族、住址、工作单位、入院日期、记录日期、病史陈述者（与患者关系）及可靠性等。

2. 主诉　主诉即患者叙述的促使就诊的主要功能障碍及持续时间。可以是 1 个或 2～3 个促使病人就诊的主要原因或障碍。文字应简明扼要，一般不超过 20 个字。

3. 病残史　病残史是病史的主要组成部分，包括两部分内容，即疾病史及残障史；从发病至本次就诊时，疾病的发生、发展过程及由于疾病所致功能障碍的发生、发展及变化的全过程。

（1）起病情况：包括起病时的环境及具体时间，活动状态，起病急缓、原因或诱因。当时就诊医院的诊断、检查和治疗经过，疾病所造成的功能障碍的部位、性质、程度。

（2）功能障碍的发展与演变：通过临床治疗，病人的功能障碍固定不变还是逐渐加重或减轻，以及功能障碍对病人日常生活能力的影响及影响程度。

（3）伴随症状：病人除了主要症状外，往往还会出现一些伴随症状。应详细询问各伴随症状出现的时间、特点及演变过程，并了解各伴随症状之间，特别是与主要症状之间的相互关系。

（4）诊疗经过：此次就诊前患者是否接受过康复治疗，如果接受过则询问疗效如何；病人的接受程度或康复欲望如何；是否有使用矫形器、支具的经历，效果如何等。

（5）一般情况：包括患者发病后病人的精神状态、食欲、大小便、睡眠和体重等方面的变化。

4. 既往史 既往史包括病人过去的健康状况及曾患疾病，尤其与现在疾病有密切关系的疾患。通过对过去病史的了解，有助于分析病人过去患过的疾病是否遗留有功能障碍，过去伤病所致功能障碍与本次疾病所致的功能障碍的异同及相互关系。尤其应注意过去的心肺疾患、骨关节神经肌肉疾病遗留的功能障碍及一些继发性疾患如继发性癫痫等。了解患者的既往史有助于制定切实可行的康复训练方案，此外还应询问病人的过敏史。

在病史采集中，应注意询问下列有关的症状和功能情况。

（1）生长发育情况及遗传病史：儿童患者及疑有先天性疾病患者需详细了解。

（2）体质有无消瘦、倦怠、过敏体质或超重肥胖。

（3）感官：听力、视力、语言有无障碍。

（4）呼吸系统：有无慢性咳嗽、哮喘、体力活动后的呼吸困难等。

（5）循环系统：有无心律失常、心前区痛、心悸、间歇跛行、下肢深静脉血栓、体力活动后的呼吸困难等。

（6）消化系统：有无消化吸收障碍、排便困难或大便失禁，有无十二指肠溃疡等。

（7）泌尿、生殖系统：对脊髓损伤者，有无小便失禁；对于神经源性膀胱，是否已采用膀胱护理技术，有无泌尿系统感染征象，有无性功能障碍。

5. 个人社会生活史 个人社会生活史是康复病史中重要和特有的组成部分。这是由于个人生活和社会能力与其身体功能障碍的康复相互关联所决定的。通常包括两部分内容，即个人生活史和社会生活史，包括生活方式（是否规律、是否经常运动、有无烟酒嗜好、饮食习惯、个人兴趣爱好、居住地区、楼层、是否有电梯、居住环境等）、家庭生活（婚姻状态、家中人口、家庭关系是否和睦、经济情况、女性月经史和生育史）。

6. 家族史 主要了解患者的父母、配偶、兄弟、姐妹及子女的健康状况。注意家族中有无患遗传性或有遗传性倾向疾病的病史，如高血压、精神疾患、脑血管疾病等。

7. 职业史 包括文化程度、职业经历、目前职业情况、就业愿望。

8. 心理史 本次伤病前患者的性格、情绪、心态，有无精神和行为异常。过去有无重大事件（家庭变故、不幸、婚恋变化、严重挫折、重大疾病等引起的心理、情绪和精神的改变），此次伤病后患者的心理、情绪和精神变化。

9. 体格检查 应包括临床体格检查的全部内容，重点应注意以下方面。

（1）外表和生命体征：身体的姿势、有无畸形、精神状态、营养发育、体温、脉搏、呼吸、血压、体重变化等。

（2）皮肤及淋巴结：皮肤颜色，有无局部红肿、瘀血、破溃、压疮、瘢痕等；淋巴结有无肿大、压痛、质地等；肢体有无淋巴水肿、血管神经性水肿、有无凹陷性水肿等。

（3）头部：有无畸形、瘢痕等。

（4）眼部：视力情况，是否佩戴合适的眼镜，视野是否缺损。

（5）耳：听力是否正常。

（6）口、咽部：牙齿排列是否整齐，有无义齿，颞颌关节活动度、舌的运动，发声和吞咽活动是否正常等。

（7）呼吸系统：胸廓有无畸形，呼吸运动及肺通气功能是否正常，咳痰能力。

（8）心血管系统：心功能是否正常，末梢循环情况，有无静脉曲张及动脉阻塞等。

（9）腹部：腹部有无压痛、包块、腹水等，腹腔内器官有无肿大。

（10）泌尿生殖系统和直肠：有无大小便失禁或潴留，括约肌功能是否正常。

（11）骨关节与肌肉系统：应注意观察骨关节的外形有无异常，是否对称，关节有否红肿疼痛，活动是否受限，是否有异常活动。肌肉有无萎缩或肿胀、周径等，如有残肢应观察皮肤是否正常，残肢长度、水平、形状、功能状态等，脊柱有无畸形、压痛，坐姿、行走的步态等。

（12）神经系统：包括患者的神志、高级神经活动、脑神经检查、肌力、肌张力、深浅感觉、平衡、共济运动、腱反射、病理症、脑膜刺激征等。

（13）专科检查：重点说明与此次疾病有关的体征、功能障碍的部位及其相关部位的功能状态。

10. 功能评定　根据不同的疾病和功能障碍进行评定，如脑卒中患者伴有偏瘫和失语症应进行偏瘫功能评定、日常生活活动能力的 Barthel 指数评定、功能独立性测量（FIM）、言语功能评定；骨关节、肌肉或周围神经疾病应进行关节活动度、肌力评定；脊髓损伤应进行感觉功能、运动功能等专项评定。专项评定有助于康复目标与治疗计划的拟订和疗效的评估。进行专项评定，应另外填写评定表格。

11. 康复诊断　目前我国使用比较多的康复诊断是以 ICIDH 的分类标准为依据确定的诊断方法。随着 ICF 推广使用，将来的康复诊断方法可能有所变化。康复病历中的诊断（评估）包括以下四个方面：

（1）致残性疾病：指直接导致残损或结构、功能损伤障碍的疾病。

（2）残损：由于创伤或疾病等原因引起身体结构异常或器官功能缺陷。

（3）残疾：由于残损所致个人生活能力及活动表现障碍。

（4）残障：由于残疾所致的社会功能障碍或所处环境的不利。

12. 问题小结及康复治疗计划　在病史以及体格检查的基础上，康复医师将其材料加以整体分析，根据疾病和障碍相并存这一特点，按照临床医疗和功能障碍（病损、失能、残障等方面的情况）作为有待康复解决的问题，即写出"问题小结"。根据以上问题，明确进一步检查和长短期康复治疗计划、注意事项、并按照康复治疗计划的内容，组成相应的康复治疗小组负责该病人的康复治疗。

（二）门诊病历

按照门诊病历规范要求，其内容应包括主诉、现病史、既往史、查体和专科情况（康复治疗处方应重点描述功能障碍的主要表现）、相关辅助检查的结果、诊断、处理方法（包括临床用药及康复处方）。

【案例分析】

1. 围绕此次疾病过程应询问患者哪些方面?

应仔细询问患者的起病情况:包括外伤时坠落的高度、具体时间、就诊时间、转移时是否在保护脊柱下进行、医院的诊断、检查和治疗经过,疾病所造成的功能障碍的部位、性质、程度,患者的治疗方式、病人的功能障碍是否好转或加重,以及功能障碍对病人日常生活能力的影响及影响程度。

2. 查体应包括哪些方面?

查体应包括三部分:一般系统查体、专科查体和量表评定。

学习检测

1. 康复病历包括哪些主要项目?
2. 康复病历与临床病历有哪些不同?

参考文献

[1] 缪鸿石.康复医学理论与实践[M].上海：上海科学技术出版社，2000.

[2] 卓大宏.中国康复医学[M].2版.北京：华夏出版社，2003.

[3] [日]津山直一.標準リハビリテーシヨン医学[M].东京：医学書院，1996.

[4] 李建军，桑德春.康复医学导论[M].2版.北京：华夏出版社，2012.

[5] 章稼，吴毅.康复医学概论[M].2版.南京：江苏凤凰科学技术出版社，2014.

[6] 陈立典.康复医学概论[M].北京：人民卫生出版社，2012.

[7] 谭工.康复医学导论[M].北京：人民卫生出版社，2010.

[8] 王宁华.康复医学概论[M].2版.北京：人民卫生出版社，2017.

[9] 李贻能.康复医学概论[M].北京：高等教育出版社，2009.

[10] 杨毅.康复医学概论[M].上海：复旦大学出版社，2009.

[11] 熊恩富.康复医学基础[M].北京：人民军医出版社，2010.

[12] 邱卓英，励建安，吴炫光.ICF核心分类组合临床实践手册[M].北京：人民军医出版社，2013.

[13] 南登昆.康复医学[M].4版.北京：人民卫生出版社，2004.

[14] 励建安，黄晓琳.康复医学[M].北京：人民卫生出版社，2016.

[15] 吴江.神经病学[M].2版.北京：人民卫生出版社，2010.

[16] 左天香，冬晨.人体发育学[M].武汉：华中科技大学出版社，2012.

[17] 李晓捷.人体发育学[M].北京：人民卫生出版社，2013.

[18] 中国脑性瘫痪康复指南编委会.中国脑性瘫痪康复指南（2015）：第一部分[J].中国康复医学杂志，2015，30（7）：749.

[19] 黄晓琳.人体运动学[M].2版.北京：人民卫生出版社，2013.

[20] 戴红.人体运动学[M].北京：人民卫生出版社，2008.

[21] [美]诺伊曼著，刘颖等译.骨骼肌肉功能解剖学[M].2版.北京：人民军医出版社，2015.

[22] 朱红华，温优良.康复心理学[M].2版.上海：复旦大学出版社，2017.

[23] 芮德源，朱雨岚，陈力杰.临床神经解剖学[M].2版.北京：人民卫生出版社，2015.

[24] 吴江，贾建平.神经病学[M].3版.北京：人民卫生出版社，2015.

[25] 周郁秋，张渝成.康复心理学[M].2版.北京：人民卫生出版社，2014.

[26] 恽晓平.康复疗法评定学[M].2版.北京：华夏出版社，2014.

[27] Clarkson HM. Musculoskeletal Assessment – Joint Range of Motion and Manual

Muscle Strength[M]. 2nded. Baltimore：Lippincott Williams & Wilkins，2000.

[28] Norkin CC and White DJ. Measurement of Joint Motion：A guide to Goniometry. [M]. 3rd ed. Philadelphia. F.A. Davis Company，2004.

[29] Michael W. Whittle. Gait analysis：an introduction[M]. 4th ed. Philadelphia：Heidi Harrison Publisher，2007.

[30] Jacquelin Perry, Judith M. Burnfield. 步态分析:正常和病理功能 . 姜淑云，译 [M]. 上海：上海科学技术出版社，2017.

[31] 南登崑 . 康复医学 [M]. 5 版 . 北京：人民卫生出版社，2017.

[32] [美]Ann Shumwag–Cook，Marjorie H. Woollacott 著，毕胜译 . 运动控制原理与实践 [M]. 3 版 . 北京：人民卫生出版社，2009.

[33] Itzkovich M，Gelernter I，Biering–Sorensen F et al. The Spinal Cord Independence Measure（SCIM）version III：reliability and validity in a multi–center international study[J]. Disabil Rehabil，2007，29（24）：1926–1933.

[34] HELENJ，HISLOP，et al.Muscle Teating [M].9th ed.EISEVIER，2014.

[35] 李茂松 . 康复医学概论 [M]. 北京：人民卫生出版社，2002 年 .

[36] 邢华燕，张烨，张银萍 . 康复医学概论 [M]. 武汉：华中科技大学出版社，2012 年 .

[37] 谭工 . 康复医学导论 [M]. 2 版 . 北京：人民卫生出版社，2014 年 .

[38] 王前新，姜贵云 . 康复医学 [M]. 北京：人民卫生出版社，2004 年 .

[39] 王俊华，周立峰 . 康复治疗基础 [M]. 2 版 . 北京：人民卫生出版社，2014 年 .

[40] 刘翠，杜萍，田梅梅等 . 康复医学专业技术人员现状及其思考 [J]，中国医院，2008，12（8）：66–68.

[41] 付国鑫，赵立平，向珩等 . 天津市康复医学从业人员现状及需求调查 [J]，中国康复理论与实践，2012，18（4）：392–394.

[42] 任成旭 . 陕西省康复医学专业技术人员现状调查分析 [J]，中国卫生质量管理，2007，14（2）：62–64.

[43] 肖耀华 . 康复医师在康复评定中的角色 [J]，中国康复理论与实践，2003，9（12）：760–761.

[44] 盛芝仁，徐倩，郑彩娥 . 我国康复专科护士发展的研究进展 [J]，护理与康复，2017，16（3）：240–243.

[45] 张保锋，罗素英 . 我国现代物理治疗师的技术素养与发展现状 [J]，中国康复理论与实践，2009，15（2）：199–200.

[46] 李奎成 . 作业治疗师应具备的素质——与香港职业治疗学院合作的启示 [J]，中国康复理论与实践，2006，12（2）：173–174.

[47] 张敬，章志芳，肖永涛等 . 国内多省份医疗系统和非医疗系统言语治疗从业人员现状调查分析 [J]，中国现代医学杂志，2017，27（2）：98–105.

[48] 杨雪岭，张培宁，马晓欣等 . 心理治疗和咨询中的伤害性因素:治疗师的视角 [J]，医学与哲学，2016，37（4B）：71–84.

[49] 赵力力，蒋进明.脑卒中康复的学科间合作 [J]，国外医学：物理医学与康复学分册，2005，25（3）：127-129.

[50] 何成奇.康复医学科管理指南 [M].北京：人民卫生出版社，2009.

[51] 燕铁斌.物理治疗学 [M].北京：人民卫生出版社，2013.

[52] 卓大宏.综合医院康复医学科建设的发展与提高 [J].中国临床康复，2005，9（1）

[53] 张金明，赵悌尊.国际社区康复发展趋势及对我国社区康复工作的思考 [J]，中国康复理论与实践，2011，17（2）：184-186.

[54] 张金明，社区康复与机构康复的 30 项比较 [J]，中国残疾人，2013（8）：65.

[55] 张金明，从社区康复到社区融合发展 [J]，中国残疾人，2016.（3）：61.

[56] 密忠祥，张金明.残疾人社区康复发展中关键问题的探讨 [J]，残疾人研究，2017（4）：30-34

[57] 张金明，赵悌尊.中国残疾人社区康复30年回顾与展望 [J]，中国康复理论与实践，2017，23（11）：1357-1360

[58] 朱红华，温优良.康复心理学 [M].2 版.上海：复旦大学出版社，2017.

[59] 芮德源，朱雨岚，陈力杰.临床神经解剖学 [M].2 版.北京：人民卫生出版社，2015.

[60] 周郁秋，张渝成.康复心理学 [M].2 版.北京：人民卫生出版社，2014.

[61] 朱镛连.神经康复学 [M].2 版.北京：人民卫生出版社，2014.